体育教学改革与训练方法研究

张宏宇 张 丽 徐重午 著

图书在版编目（CIP）数据

体育教学改革与训练方法研究／张宏宇，张丽，徐重午著．－－长春：吉林出版集团股份有限公司，2023.1
ISBN 978-7-5731-2896-6

Ⅰ.①体… Ⅱ.①张… ②张… ③徐… Ⅲ.①体育教学－教学改革－研究 Ⅳ.①G807.01

中国版本图书馆 CIP 数据核字（2022）第 257192 号

TIYU JIAOXUE GAIGE YU XUNLIAN FANGFA YANJIU
体育教学改革与训练方法研究

著：张宏宇　张　丽　徐重午
责任编辑：朱　玲
封面设计：雅硕图文
开　　本：720mm×1000mm　1/16
字　　数：250 千字
印　　张：14.25
版　　次：2023 年 1 月第 1 版
印　　次：2023 年 1 月第 1 次印刷

出　　版：吉林出版集团股份有限公司
发　　行：吉林出版集团外语教育有限公司
地　　址：长春市福祉大路 5788 号龙腾国际大厦 B 座 7 层
电　　话：总编办　0431-81629929
印　　刷：三河市金兆印刷装订有限公司

ISBN 978-7-5731-2896-6　　定　　价：78.00 元
版权所有　侵权必究　举报电话：0431-81629929

前　言

体育是一个老生常谈的话题，它内涵丰富、历史悠久，集身体运动和智慧活动于一体。随着科技的发展和社会的进步，体育的内涵、性质、功能、范围、对象、形式等不断完善，人们对体育的认识也越来越深入。从本质上而言，体育是一种复杂的社会文化活动，它具有增强体质、提高素质、陶冶情操、提升能力、促进发展的作用。如今，体育的发展水平已成为衡量一个国家发展水平的重要标志。因此，世界各国都十分重视体育这一社会文化活动。中国也不例外。一直以来，中国都十分重视体育的发展，提倡"德、智、体、美、劳"的全面发展，更是将"体育强国"作为体育发展的重要目标。在新时期，要想实现这一目标，要想使中国体育走向世界，就应该培养更多优秀的专业体育人才。而体育教学是体育人才培养的重要途径，也是解决体育人才竞争的关键手段。因此，体育教学受到前所未有的关注。

体育教学强调的是学生在教师的指导下，学习体育知识和技能，增强体质、促进身心健康的一种教育活动，它具有综合性、艺术性、实践性、发展性、开放性、统一性、多元性、独特性、复杂性等特征，在传授运动技术、传承体育文化、促进身心发展、增强体能素质等方面发挥着不可替代的作用。受各种因素的影响，体育教学仍存在着很多问题。例如，教学理念陈旧、教学方法落后、教学模式单一等。这些问题在很大程度上影响着新时期体育教学的发展。只有对体育教学进行改革和创新，才能使体育教学适应当今教育改革的发展，才能促进体育教学目标的实现。可以说，体育教学改革势在必行。

近年来，随着教育改革的不断推进，除了要重视体育教学改革以外，还应该重视体育教学中的各种训练。训练是巩固体育知识的重要手段，是提升技能的重要途径，更是促进教学改革的重要举措。因此，教师在体育教学中应该重视体育训练，引导学生科学进行训练，并掌握多种训练方法，这样才能起到事半功倍的效果。基于此，笔者在总结前人研究成果及自身多年教学经验的基础上，系统梳理了新时期体育教学改革与训练方法的相关知识，以期能够为体育教学改革与训练相关研究提供有益借鉴。

本书共分上下篇。上篇主要论述的是体育教学改革。具体而言，第一章主要介绍了体育教学的内涵、特征、目标、功能、规律、原则、内容、过程，同时还探讨了体育教学改革的必要性。第二章到第三章主要从体育教学模式与体育教学方法两大方面阐述了体育教学改革。第四章和第五章主要结合当今信息化教学手段——微课、慕课、翻转课堂、智慧课堂，进一步探讨了体育教学改革，拓宽了体育教学改革研究的范围，也为体育教学改革提供了新的思路。下篇主要论述了体育教学中的训练及其方法。具体而言，第六章到第九章主要从体能训练、技战术训练、心智训练、重点运动项目训练多个维度对体育训练的相关知识进行了论述，并分别提出了训练方法。第十章主要探讨了体育教师的专业发展及训练的相关知识，为体育教学改革与训练提供了保障。

　　在写作过程中，笔者查阅了很多国内外参考资料，吸收了很多与之相关的最新研究成果，借鉴了大量学者的观点，在此表示诚挚的感谢！由于体育教学的发展性和复杂性，再加上笔者能力有限，书中难免存在不足之处，请广大读者批评指正。

目　录

上　篇：体育教学改革

第一章　体育教学及改革概述 ·· 3
　第一节　体育教学的内涵与特征 ·· 3
　第二节　体育教学的目标与功能 ·· 6
　第三节　体育教学的规律与原则 ·· 10
　第四节　体育教学的内容与过程 ·· 18
　第五节　体育教学改革的必要性 ·· 23

第二章　体育教学模式及其改革 ·· 25
　第一节　体育教学模式解读 ·· 25
　第二节　体育教学中典型的教学模式 ······································ 30
　第三节　体育教学模式改革与发展 ··· 36
　第四节　新型体育教学模式的构建 ··· 41

第三章　体育教学方法及其改革 ·· 47
　第一节　体育教学方法解读 ·· 47
　第二节　体育教学方法的影响因素 ··· 53
　第三节　常见的体育教学方法 ··· 57
　第四节　体育教学方法的改革 ··· 64

第四章　基于微课与慕课的体育教学改革 ······························· 68
　第一节　微课与慕课解读 ··· 68
　第二节　微课与体育教学改革 ··· 77
　第三节　慕课与体育教学改革 ··· 81

第五章　依托翻转课堂与智慧课堂的体育教学改革 …… 87
第一节　翻转课堂与智慧课堂解读 …… 87
第二节　翻转课堂与体育教学改革 …… 95
第三节　智慧课堂与体育教学改革 …… 101

下　篇：体育教学中的训练及其方法

第六章　体育教学中的体能训练及其方法 …… 111
第一节　力量素质训练及方法 …… 111
第二节　速度素质训练及方法 …… 116
第三节　灵敏素质训练及方法 …… 121
第四节　耐力素质训练及方法 …… 125
第五节　柔韧素质训练及方法 …… 128

第七章　体育教学中技战术训练及其方法 …… 132
第一节　体育技术训练及方法 …… 132
第二节　体育战术训练及方法 …… 143

第八章　体育教学中的心智训练及其方法 …… 153
第一节　心智训练概述 …… 153
第二节　心理训练及方法 …… 155
第三节　智力训练及方法 …… 164

第九章　体育教学中重点运动项目训练及其方法 …… 168
第一节　篮球运动训练及方法 …… 168
第二节　足球运动训练及方法 …… 173
第三节　武术运动训练及方法 …… 178
第四节　其他运动项目训练及方法 …… 182

第十章　体育教学改革与训练的保障——体育教师 …… 190
第一节　体育教师的素质与角色定位 …… 190
第二节　体育教师的专业发展 …… 196
第三节　体育教师嗓音训练 …… 205
第四节　体育教师职业技能训练 …… 207

参考文献 …… 217

上　篇：体育教学改革

随着人类文明的不断发展，健康开始受到人们的重点关注。全民健身与全民健康不仅属于国家战略，也对国家发展和社会进步具有重要推动作用。少年强则国强，加强体育教育改革，不仅能有效提升体育教学质量与教学效率，也能在一定程度上提升学生锻炼意识，从而有效促进学生身心健康发展。传统体育教学工作重理论、轻实践，这不仅不符合学生发展需要，也不符合时代进步需求。因此，学校要不断加强对体育教学工作的完善和改革，这样才能使新一代青年人的体魄得到良好锻炼。本篇主要对体育教学改革的相关知识进行了系统论述。具体而言，首先，绍了体育教学的内涵、特征、目标、功能、规律、原则、内容、过程以及体育教学改革的必要性；其次，从体育教学模式与体育教学方法两大方面阐述了体育教学改革；最后，结合当今信息化教学手段——微课、慕课、翻转课堂、智慧课堂，进一步探讨了体育教学改革。

第一章 体育教学及改革概述

随着国家对体育的高度重视，体育教学也受到前所未有的关注。体育教学的主要目的是促进学生的身心发展。目前，体育教学中存在着很多的问题，这些问题在很大程度上影响着体育教学的发展。教育者必须对体育教学进行改革，这样才能适应当今教育改革的发展。本章主要分析了体育教学的基础知识，以及体育教学改革的必要性。

第一节 体育教学的内涵与特征

一、体育教学的内涵

体育教学活动并不是一成不变的，而是一个动态过程，这一过程中包括知识和技能的传授过程。在体育教学的不同阶段，体育教学的概念、角色等也因为多方面的作用和影响而不断发生着变化。经过多年发展，现阶段体育教学的内涵包括以下三方面。

1. 体育教学是一门学科

在体育教学体系中有着诸多构成要素，其中主要有教学目标、教学内容、教学方法、教学模式、教学评价等内容。体育教学的目标主要是锻炼学生体能、提高身体素质增进学生身心健康，它是一门相对特殊的课程，配合德、智、美、劳的发展，促进学生身心的全面发展。体育教学中主要的教学组织形式是课程教学，体育课程教学是指为了实现教学目标，配合德、智、美全面发展，并以发展学生体能、促进学生身心健康为主的特殊课程教学。通过上述界定，明确了学习体育运动的知识与技能，但对学生的活动与对体育运动的体验，情感的反映与社会适应的关注还比较有限。

2. 体育教学是教育的组成部分

体育教学是在体育教师的指导下，从运动科学、生物学、教育学、运动心理学、运动保健学、社会学等学科中吸收知识的精华，在体育与健康方面有规划、有组织、有目标地以身体练习为主要形式的活动，它与德、智、美、劳方面的培养相配合，共同促进学生身心的全面发展。除了在运动能力上没有比较详尽的要求外，在体育运动与体育活动训练方面的教育都能让学生身心的发展得到锻炼和培养，这也是素质教育的主要内容及方法。

3. 体育教学是活动

体育教学主要是相关有组织、有计划、有目标的体育活动的组合。因此，在教学实践中，学生仅仅掌握了课本上的理论是远远不够的，它是在亲身参与学习运动技能的基础上，进行动作技能的体育活动，要达到一定的标准，是体育感受体验的积累，通过这种身体的感觉和感触才会学习并掌握技术动作。

二、体育教学的特征

（一）实践性

体育教学内容主要是以身体锻炼、身体练习、运动技术与技能的学习以及教学比赛等形式为主的，而这些形式的实现又主要是以"身体活动"为主要手段。体育教学主要是让学生直接参加各种身体练习，使身体活动与思维活动有机结合，从而掌握体育知识、技术技能、培养能力，形成正确的态度、情感、价值观，这属于运动性认知，进行运动学习是体育教学的主要特点。因此，实践性是体育教学内容最突出的特点之一。

（二）直观性

体育教学过程的直观性有多种体现，体育教师对体育教学内容的教授除了要达到与其他学科教师讲解要求一致外，还要求体育教师的语言更加生动，并且还要富有一定的肢体表现能力，以使学生有形象、贴切、有趣的感觉。在某些拥有较难技术动作的体育运动教学中教师一方面要把传授的重点进行艺术性的描述，另一方面还要用生动的语言、巧妙的解释方法把复杂的技术动作简单化，提升学生对学习成功的自信心，加深学生对教学内容的感知。

实际上，体育教学过程中的每一项内容都具有直观性特点。除刚才说到的课堂讲解，在实践演示中也是如此。在教师运用示范法时，需要运用非常直观形象的动作示范，其中包括正确动作的演示和错误动作的演示，这些演示都是非常直观地展现在学生眼前，并没有一丝做作。这样才会使学生从感官上直接感知动作的正确与错误，以利于他们建立正确的、清晰的运动表象。当学生获得正确表象后，才能使之与思维结合起来，从而达到掌握体育知识、技术和技能的目的，同时，还发展了自身的观察能力和形象思维能力。

从体育教学组织与管理过程方面，也能够看到直观性的特点。鉴于教学过程的直观性，教师的行为也应该带有直观性，如要更加富有责任心、为人师表、德高望重，这对学生的身心也是一种无形的教育。

另外，直观性特点使得学生在课堂的表现都是最真实的、最直接的，任何伪装在体育教学活动中都是毫无意义的，因此，学生在教学中表现出来的言行都是他们最为真实的一面，而这就非常有利于体育教师对学生的观察与帮助，有利于教师获得正确的教学反馈。

（三）多元性

体育的特殊性决定了体育教学目标具有多元性的特点。首先，它必须让学生掌握体育运动的相关知识和技能，提高学生的体能和运动技能水平，促进学生的身体健康。同时，还要帮助学生学会通过参加体育活动调节情感和提高心理素质，并且通过体育活动逐步提高学生的社会化水平。与其他学科教学相比，体育教学目标更广、更具多元性。

（四）独特性

由于体育教学内容的实践性，因而体育教学单靠记忆、识记和理解并不能掌握运动技术、形成运动技能，同样也不能增强体质，学生只有通过身体练习，不断进行身心方面的运动体验，来强化本体感知觉，才能形成技能，增强体质，增进健康。

所以体育教学的主要方法与其他学科的教学方法相比，具有自身的独特性，在体育教学这种技能性教学活动中，主要运用如讲解与示范法、预防与纠正错误法、完整与分解法等身体动作而进行的教学方法。这些特殊的体育教学方法要求体育教师不仅能讲解指导，还需要能亲自示范动作；不仅会讲会做，还要会教会纠，因而对教师的要求较高。

（五）传承性

体育是以身体锻炼为主要形式的教育活动。如果从教与学的角度来说，可以将体育知识形容成一种"身体的知识"。这种知识伴随着人类的发展而发展，在不同时期都有它的形式。而在现代社会中，体育知识的传承内容变成了某项体育运动或体育技能，如足球、篮球、排球、乒乓球、游泳、田径和武术等专项运动技能。

现代教育越发注重教学过程中学生的主体性作用和"以人为本"的教育理念。人们对这种理念的追求使得人类自我知识的回归不仅代表了体育教学的特殊性，还给予了体育教学知识传承的特殊意义。从这个层面来看，这种体育教学所传承下来的体育知识已经超越了简单的模仿行为，而将更多的相关文化也融入其中。

（六）及时性

一方面，由于体育教学目标的多元性和体育教学内容的实践性，使得体育教学评价与其他教学评价相比显得更复杂，更注重其锻炼效果的过程评价；另一方面，不但体育教学的行为过程转瞬即逝，而且学生体育学习的结果即体能、机能和技能等的变化也不像理论知识那样可以在掌握以后长期记忆甚至以文字的方式长期保存。体育行为一旦中断，体育学习的结果如体能、机能和技能已经发生的积极变化会很快地消退，学生对技能的掌握情况在体育动作行为中止后评价对象也就不复存在。因此，对体育教学特别是对学生体育学习的情况及时地进行评价，才能对学生的学做到及时反馈、不断提高，并尽可能延长和保持好的体育学习效果，修正不良的体育学习行为。因此，对体育教学过程，特别是学生体育学习过程的评价甚至比单纯的终结性评价更为重要。

第二节　体育教学的目标与功能

一、体育教学的目标

1. 总目标

此目标是教学活动中最根本的目标，是期望学生达到的最终结果，对各个层次的具体教学目标具有指导性的意义。在我国，体育教学总目标一般由三部分组成：一是实质性目标，即使学生掌握一定的知识和技能；二是发展性目标，即使学生的体力得到发展；三是教育性目标，即培养学生正确的世界观，形成健康的个性品质。

2. 课程目标

体育课程目标是指课程计划中所具体规定的根据各门课程特点制订目标，

它是教学总目标在学校教学中的具体化。在小学直至大学的各个教育阶段，都有开设体育课，这就需要制订出分阶段的课程目标。这种分段目标具有两个主要的特性：一是能体现各阶段之间的连续性，二是具有相对的独立性。

3. 单元目标

单元体育教学目标则是在学年体育教学目标的基础上制定的，单元是在学年目标的教学过程中，根据教学的模块进行的划分，是各门课程教学中相对完整的划分单位，它代表着课程编写者和课程开发者对课程结构的总的看法和认识，以及在此基础上对某一个教学内容的要求。任何一位教师在对学科课程进行教学时，都是按照单元组织教学活动的。

4. 课时目标

课时作为教学活动的基本单位，其目标是单元目标的进一步具体化，它与每节课的教学活动相联系。课时目标应当是具体、明确而富有成效的，究其原因，在于课时目标关系到每一次具体的教学活动，只有制订的课时目标符合要求，才会在一堂课中得到落实。各个层次的体育教学目标都具有独特的"个性"和"作用"，这就要求各层目标的功能与特性明确，否则这层目标就会与其他层次的目标相混淆。因此，在制订各层次的体育教学目标时，都要有各自的重点工作，即"制订本层目标应该做哪些事"和"制订本层目标应该看哪些事"。

二、体育教学的功能

（一）健身功能

健身功能是体育教学最为基础的一项功能，它体现了体育的本质属性。对于体育教学来说，在经过漫长的实践与改革后，其课程规划、教学大纲设计、教材内容的选择、课时的安排、教学组织的实施等已经逐步科学化、合理化。具体来说，体育教学的健身功能主要体现在以下几点。

1. 促进学生生长发育

身体是体育教学活动最直接的载体和受益方，体育教学能够有效促进学生的生长发育。学生正处于生长发育的黄金时期，经常参加体育锻炼的学生其身体素质通常明显高于没有经常进行体育锻炼的学生。经常参加体育锻炼可以有效地促进学生的生长发育，提高学生的健康水平。

2. 提高身体机能水平

体育锻炼可以明显改善人体的各项身体机能水平，如加快新陈代谢、促进骨骼发育增强心肺功能、增加肺活量、增加肌肉体积、改善血液循环、提高免疫功能等。身体机能水平得到提高，学生的抗病能力和环境适应能力也会得到相应提高和改善。

3. 全面发展身体体能

体能主要是指人体的力量、速度、耐力、协调、柔韧、平衡、灵敏等运动素质能力。身体体能一部分来自先天，另一部分来自个体长期以来所进行的体育锻炼和其他活动。体育教学能够有效增强学生各方面素质能力，全面发展身体体能，有效提高运动能力。

（二）健心功能

第一，增强意志品质。

当代体育教学的目的不仅在于学生身体素质的提高，而且在于学生意志品质的培养。随着时代的进步和我国社会经济的发展，当代学生的家庭生活越来越富裕，所遇到的来自各方面的困难挫折的机会越来越少，心理素质没有得到应有的锻炼和提升，面对挫折、失败等困难时不能正确对待；很容易受周围环境的影响，很少积极主动地发挥主观能动性。这些现象产生，固然有时代所限等客观原因，但学生缺乏心理方法的锻炼也是重要的主观因素。众所周知，参与体育活动不仅能强身健体，同时也能磨炼意志。因此，体育教学在增强学生意志品质方面也起着重要的作用。

第二，培养良好的竞争意识。

当前，我国社会正处于转型时期，社会竞争激烈。在体育教育教学实践中，应充分利用体育竞赛的规则来对学生进行公平、公正、公开的竞争意识的培养和强化。鼓励学生积极参与竞争，以增强他们适应未来社会的能力。在鼓励学生参与竞争的同时，还应强化学生的合作意识，这就为学生打好了步入社会前的心理基础。

第三，愉悦心情，减轻心理压力。

有关科学研究表明，一定的体育运动会刺激大脑内啡肽的分泌，从而间接影响人的情绪，因此也有人称内啡肽为"快乐激素"，体育运动刺激"快乐激素"，能够使人感到轻松愉悦，有效缓解学习或生活压力。体育教学注重发挥健心功能，不仅能够排解学生在学习上的紧张、焦虑、不安、抑郁等不良情绪，更有助于让学生建立良好的心理状态，让他们能在复杂多变的环境中始终保持良好的心理状态。

第四，提高团队意识和协作精神。

随着社会合作化程度的不断加深，单个人的力量日益显得单薄，而团队意识和协作精神越来越受到社会的重视和推崇。所以，体育教育应利用课堂体育技能的教学和课外体育活动或竞赛来培养学生顽强拼搏、灵活机智的进取精神和团结协作、互助友爱的团队精神。这样就把体育教育拓展到了人生更为本质的健康教育与终身教育的层面之上，使得体育教学对人的团队意识和协作精神培养的作用和效果愈加显著。

(三) 渗透功能

1. 对思想品德教育的渗透功能

体育教育对实现素质教育起着非常重要的作用，同时体育作为教育的一部分，不仅仅是单纯的锻炼身体，也要练"心"，促进身心能够健康、和谐的共同发展。因为育体与育人存在一致性，那么体育教学对思想品德教育就会产生非常大的影响，具有渗透功能。在体育教学的每个细小的过程中都渗透着思想品德的教育，例如，在练习中，有的学生怕苦怕累，会偷懒；有的学生身体素质较差，会产生惧怕心理，变得异常敏感；有的学生身体素质好，领悟能力强很快掌握所学内容，就会产生骄傲自大的情绪，不听指挥，歧视同学等等。要使这些不同类别的学生都能在同一课堂有所收获，在锻炼身体的同时，能够得到心理上的教育，形成良好的思想品德。教师就要根据不同的情况"对症下药"，对不同的学生采取不同的策略，培养学生爱国主义和集体主义精神，勇于克服困难、自信勇敢、团结协作、奋发向上、顽强拼搏。

2. 对培养良好心理品质的渗透功能

通过体育活动，可以增强学生与学生之间，教师与学生之间的交流、互动，提高学生的人际交往能力。在集体的互动中，也可以使学生展现自我、释放心灵，培养学生积极乐观，热情开朗，活泼自信的良好心理品质。

3. 对培养现代人社会意识的渗透功能

随着我国经济的飞速发展和科技的不断进步，我国社会也正处在关键的转型期，学生要想在社会中拥有一席之地，仅仅依靠丰富的专业知识远远不够，还必须要有现代人的社会意识，能够适应社会的发展变化。通过体育教学，可以培养学生的竞争意识、参与意识、风险意识和协作意识，更好地适应现代社会。

第三节 体育教学的规律与原则

一、体育教学的规律

（一）一般规律

1. 社会制约性规律

体育教学是一种社会性质的活动，因此在教学的过程中会受到社会中多种因素的影响，诸如社会物质、文化条件和社会发展趋势和需求，以及社会政治和经济的特点等等。因此，各国的情况不同、人们的文化水平不同，体育教学的目标和内容也不尽相同。体育教学不仅仅是学校教育的组成部分，并且在学校教育中起到重要的作用。与此同时，体育教学的条件和手段对社会经济的发展和科技水平的高低以及社会文化水平都有不同程度的依赖性。因此，体育教学必须遵循社会制约性的规律，并且随着社会的需求不断变化。

2. 认知事物的规律

进行体育教学的过程是学生掌握体育相关知识、技术和技能的过程，这个过程中需要体育教师正确的引导，才能保证教学顺利完成。为了保证教学目标的实现，在教学的过程中，必须遵循学生认知活动的规律，在此基础上，引导学生将感觉、思维、实践三个环节紧密结合在一起。在学生接受知识和技能的过程中，感知是认识事物的基础，但是不同的学生有着不同的感知能力；思维是学生对所学习事物的理性认识，学生思维的发展具有顺序性和阶段性；实践是对所学知识和技能的巩固和发展，以及不断提高的过程，同时也是增强学生体质、完成体育教学目标的必要途径。因此在进行体育教学的过程中，要严格遵守学生认知事物的发展规律。

3. 教、学相统一的规律

教学的过程是教师的教和学生学习的过程，要想促进教学质量的提高，必须正确地认识教学的过程，在教学的过程中，不仅要充分地发挥教师的主导作用，同时还要十分重视学生的主体作用。在整个体育教学过程中，两者缺一不可，与此同时两者之间还存在着非常紧密的联系。教师的教是学习过程的外因，学生的学是教学过程的内因，外因只有作用于内因，并且通过内因的变化，才能起到教学的作用，因此，教师的主导作用和学生的主体作用是相互联系、相互制约的。在教学的过程中，应该坚持教与学相统一的规律，这样才能取得更好的效果。

4. 教学效果取决于教学基本要素合力的规律

体育教学的基本要素对教学效果有着直接或间接的影响，但它们不是孤立、简单地产生的，而是在各要素相互制约、互相联系和作用下产生的，也就是说在体育教学过程中，每个要素都在产生一定的力，但导致教学效果的力并非各要素之力的简单相加，而是各要素之间在实际关系中形成的一种"合力"。因此，在体育教学中，起主导作用的教师如何把握和处理好其他要素的关系、选用适当的方法、手段与组织形式、精选教学内容、创造良好的教学环境和准确确定教学目标等，都应充分考虑学生的年龄、个性、心理、生理特征，以及已有的知识、经验基础、动机、兴趣、态度与学习方法等，从而组成一个动态、综合的"合力"，这是决定教学效果的关键，可见本规律是获得最佳教学效果的规律。

5. 教育、教养和发展相统一的规律

教学过程是学生受教育的过程，教师结合对学生知识、技术、技能的传授，对学生进行思想品德教育，使他们的思想感情、精神面貌、道德情操和意志品质都受到熏陶和提高，这是教学的教育目标；以一定的、系统的知识、技术、技能武装学生，这是体育教学的教养目标；在向学生传授知识、技术、技能的同时，还必须充分发展学生的体力和智力，这是教学的发展目标。教育、教养和发展是密切相关的统一整体。教学实践表明，三者之间相互联系，相互促进，相互渗透，互为因果，统一于教学目标之中。

6. 教学内容和教学过程相统一的规律

任何一门课程都是教学内容和进程的总和。在教学过程中，内容决定形式，如根据哪些原则、采用何种教法、运用哪种组织形式等都要考虑教学内容；教学内容也影响着教学的进程。这些说明教学内容在很大程度上支配着教学过程，而教学过程的其他规律也制约着教学内容的选择和体系的形成。

(二) 特殊规律

1. 动作技能形成的规律

体育教学要让学生学会和掌握一定的运动技能，而运动技能的形成要经历一个由不会到会、由不熟练到熟练、由不巩固到巩固的发展过程。动作技能的形成通常分为三个阶段，即粗略掌握动作阶段、改进与提高动作阶段和巩固与运用自如阶段。

第一阶段，粗略掌握动作阶段。这是在教某一个新动作的开始阶段，这一阶段的特点，是大脑皮层兴奋与抑制扩散，处于泛化阶段，条件反射联系不稳定，内抑制不够，表现为做动作很吃力，紧张，不协调，缺乏控制力，并伴随着一些多余动作和牵强的动作。这一阶段教学的主要任务是使学生建立动作的正确表象和概念，防止和排除不必要的多余动作和错误动作，使学生在反复练习过程中粗略地掌握动作。在这一阶段，应注意动作的主要环节的教学，不必过多地强调动作细节和规格要求。

第二阶段，改进与提高动作阶段。这一阶段的特点是大脑皮层兴奋与抑制过程处于分化阶段，兴奋相对集中，内抑制逐步发展巩固，并初步建立起动力定型，能比较精确地分析与完成动作。在练习过程中，大部分错误动作得到纠正，能比较顺利和连贯地完成完整动作技术，但不熟练，遇到新的刺激，多余和错误的动作还可能会重新出现。因此，这一阶段教学的主要任务，是在粗略掌握动作的基础上，进一步消除牵强、紧张和错误的动作，加深理解动作各部分之间的内在联系，进而掌握动作的细节，建立动作的动力定型，提高动作的协调性与节奏性，发展学生的体力，使学生能够轻快、协调、正确地完成动作。根据这一阶段的特点，教师应引导学生在反复练习过程中，启发学生的思维，采用比较、分析等方法，使学生了解动作之间的内在联系，在保证动作质量的前提下，加大运动负荷，以改进和提高动作的质量。

第三阶段，动作的巩固与运用自如阶段。这一阶段的特点是大脑皮层兴奋过程高度集中，内抑制相当牢固，形成牢固的动力定型。表现为能够很准确、熟练、省力、轻快地完成动作，并能够灵活自如地运用，达到自动化的程度。当然，随着动作的不断重复和动作细节的不断改进，动作的准确、熟练和自动化的程度还会不断提高。但是，如果长期中断练习，已形成的动力定型就又会逐步消退。因此，这一阶段教学的主要任务，是巩固发展已形成的动力定型，使学生能熟练、省力、轻快地完成动作，并能在各种复杂变化的情况下灵活自如地运用。

上述动作技能形成规律的三个阶段是有机联系的，这三个阶段的划分是相对的，没有严格明显的界限。它既反映在体育教学实践中，由于教学内容的难易程度、教师的教学组织水平以及学生的体育基础等条件的不同，三个阶段的具体特点和所需时间也各不相同。由此可见，三个阶段的划分也是相对的，没有明显的界线。尽管如此，动作技能形成的三个阶段是客观存在的，在不同的阶段中，动作技能的教学各有特点，以及与其相应的教学目标和要求。只有根据这些特点、目标和要求，采用相应的手段和方法，才能收到事半功倍的效果。

2. 人体机能适应性规律

（1）人体生理机能活动变化规律

在运动过程中，随着运动的进行，人的身体机能会呈现出不同的特点。在开始运动时，人的机体要从静止状态变为运动状态，克服生理机能的惰性，体内各器官系统的机能水平逐渐提升。而伴随着身体活动的逐步进行，人体机能活动能力稳定在较高的波浪式范围，且波动不大；而当运动维持一段时间后，体内代谢产物过多，机体的糖原被严重消耗，供氧不足，身体就会产生一定的疲劳感觉，机体活动能力开始下降，直到停止运动，在停止运动后，机体能力会得到逐步恢复，直至安静时的机能状态。由此可见，人体运动中的机能水平是从上升阶段到稳定阶段，再逐渐发展到恢复阶段。在体育教学中，体育教师要掌握这一基本规律，合理地安排运动负荷，促进学生身体机能的正常发展。

（2）体育教学与学生身体发展非线性关系的规律

学生正处于身体生长发育的重要阶段，其发展呈现出特定的规律，按照人体发育的基本生理规律，即使学生不参加任何体育运动，身体也会发育成长，因此运动锻炼因素只是影响学生身体发展的外界因素之一，并不是决定性因素。具体而言，如果学生坚持长期参加体育运动锻炼，就能在一定程度上促进身体的发育；而不参加体育运动锻炼，则会对身体发展产生一定的消极影响。但是还没有确定的研究证明身体在形态上的发育发展到底是由运动锻炼因素影响多一些，还是学生个人生长发育规律更起主导作用。因此，对学生施加的运动负荷与学生身体的变化不是相对应的关系，也就是非线性关系。即在体育教学中对学生施加定的运动负荷，能促进学生的身体发展，但并不是运动负荷越高学生的身体就越健康，二者并不是完全对应的关系，这就是体育教学与学生身体发展非线性关系的规律。

3. 体验运动乐趣规律

在体育教学中，让学生不断地体验运动的乐趣是培养学生体育兴趣，形成运动爱好和专长的首要条件，也是学生掌握运动技能、强身健体的重要前提，更是体育教学过程中教师自始至终要把握的客观规律。

在体育教学中，感受运动快乐是学生学习体育动机的重要组成部分，学生在体育学习过程中的乐趣体验过程具体如下。

（1）学生在自己原有的技能水平上充分地运动从而体验运动乐趣。

（2）学生向新的技能水平挑战从而体验运动学习乐趣。

（3）学生在运动技能习得以后进行技战术创新从而体验探究和创新乐趣。

4. 运动负荷变化与控制知律

体育教学追求的并不仅仅是对学生进行生理负荷和生物性改造，还有其他方面的教育意义（如传承体育文化、健心、美育意义），因此，在体育教学过程中既要合理地利用生理负荷，又要合理地控制生理负荷，这就是体育教学运动负荷变化与控制的规律。

根据人体生理机能活动能力变化的规律，在体育教学过程中学生承受运动负荷的规律也与此相适应，在人体机能活动最强的时段安排较大的负荷，在人体机能活动上升和下降阶段要控制运动负荷，这是一个基本规律。运动负荷的安排要与机能变化的以下三个阶段相匹配。

（1）热身和逐渐加强运动负荷的阶段。结合学生个体情况合理、有序地逐渐增加运动负荷。

（2）根据教学的需要调整和控制运动负荷的阶段。学生承受运动负荷的大小在不同阶段会有所差异，因此要根据现实情况考虑，要及时地予以调整和控制。

（3）恢复和逐渐降低运动负荷的阶段，直至学生恢复到运动前水平。

二、体育教学的原则

（一）目的性原则

目的性原则是体育教学以当时的社会制约性、学生身心发展的规律以及教学的培养、发展和教育统一的规律为依据提出的。其作用在于指导教师全面、正确地规划体育教学发展和教育的任务，并使之具体化，确定体育教学的目的、任务、内容等。我国体育教学是配合其他自然科学和社会科学对学生进行有目的、有计划的教学过程。在这一过程中，必须按照党的教育方针，培养具有共产主义思想品德，掌握科学知识，体魄健壮的全面发展的社会主义建设人才，这就客观地决定了体育教学必须贯彻执行发展身体、增强体质、掌握与提高体育的基本知识、培养学生科学锻炼身体的能力和养成自觉锻炼的习惯，并根据体育教学的目的、任务，结合各校的特点与差异，修订教学大纲，编写教学计划，选择适合本校学生实际情况的教材内容，设计教学方案，并在实施教学方案过程中不断加以修改、补充、完善的原则。这一原则既可指导教学方案的设计和教学方案的实施，又可成为检查和评价教学效果的主要标准。它是教学过程的主要调节器，这与原来只提"身体全面发展原则"相比，显然具有较高的概括性和科学性。

（二）循序渐进原则

循序渐进原则是指在体育教学过程中有关教学目标、教学内容、教学方法、教学手段等的安排应系统、整体、连贯，符合学生年龄、基础能力等方面的特征，显示出学生的差异，使教学目标更好地实现。在体育教学中，必须要遵循从简单到复杂、从容易到困难、从浅显到深入的原则，这样才能使学生的知识、技术、技能等方面得到稳步发展。

（三）直观性原则

在体育教学过程中，体育教师要采用直观教学的方式帮助学生认知事物，培养学生的观察能力和思考能力，推动学生得到直观经验和感性认识，由此为学生掌握体育知识，提高运动技能打下坚实的基础。

一般来说，遵循直观性教学原则需要做到以下基本要求。

1. 采用多种直观教具和手段，有效发挥教师本身的直观作用

直观教具的使用对于提高学生的主观性认识具有非常重要的作用，常用的直观教具有模型、图片、幻灯片、电影等。除此之外，体育教师的动作示范也非常重要，所做的动作要正确和优美，给学生以启发和指导。因此，体育教师一定要不断丰富自己的体育知识，提高自己的运动技能，坚持提高自身修养和运动技术水平，不断丰富自身的体育理论，努力达到动作技术示范的准确性要求与规范性要求。

2. 引导学生善于观察以及激发学生积极思维的能力

要想达到直观性目标，需要学生直接观察运动动作的形象。在体育教师的指导下，经过分析和比较明确掌握正在学习和已经学完的身体练习存在哪些联系。清晰分辨出完整的技术结构，探索出动作技术的要点，明确认识到正确动作和错误动作之间的界限，进而形成运动动作的合理表象，并且要有效避免单方面模仿与一般化观察。另外，还要选择和把握所做动作的时机，以获得良好的直观效果。

3. 综合运用身体各感觉器官，感知体育教材，扩大直观效果

在体育教学过程中，不仅要借助视觉和听觉来感知动作形象、动作结构以及动作要领，还要借助触觉与肌肉本体感觉来感知完成动作时肌肉用力的程度、手段、空间和时间的关系等，从而有效扩大直观教学的实际效果。

（四）负荷适量原则

负荷适量教学原则是指在体育教学过程中，根据学生的自身特点合理安排生理和心理负荷，并合理把握练习与休息的交替尺度，从而达到增进身心健康的目的。运动负荷是把握运动效果的常见指标，由于学生在生长发育的每个阶段自身的生理机能都有一定极限，因此学生在练习中如果其生理负荷和心理负

荷超越了极限,就会造成肌体的伤害。如果练习时负荷刺激量不足,身体机能不会出现反应和变化,则不能达到发展体能的效果。学生在负荷的过程中,还要适当有所间歇。间歇也是体育教学的必要因素,它对于调节课的节奏、消除疲劳、提高学习效率等具有重要作用。因此,负荷与休息是体育教学的两个基本方面,两者安排得越合理就越有利于提高教学的效果。

(五) 直观性、启发性和活动性原则

直观性、启发性和活动性原则是以学生身心发展的制约性,教学认识规律的制约性和动作技能形成规律制约性以及教学任务、内容、方法相互依从性等教学规律为依据的,它是对教学方法的基本要求。在选择和运用教学方法时,不仅应当考虑各校的性质、特点、教学任务及教学内容的不同,而且要考虑学生掌握知识、技能的有效性和个体差异性以及时间和客观条件的可能性,要把实践证明行之有效的各种教学方法和手段配合起来应用。直观的方法和手段在体育教学中具有特别重要的意义,是根据学生对事物的认识规律提出来的,要使学生掌握体育知识、技术和技能,需从建立感性认识开始。在体育教学中主要是通过教师指导,学生自觉积极地从事各种身体练习来完成一定的教学任务。学生在身体练习过程中,首先必须综合地运用各种与之相关的感觉器官来感知动作的外部形象以及与时空的关系。教师利用动作示范、教具模型、电影、电视、录像等手段,主要是给学生一个鲜明、准确的动作形象和模型,结合教师对所学知识要领的讲解以及完成课时任务的提示与要求,启发学生的思维活动过程,对所学的对象进行对照、比较、分析、综合、抽象、概括,掌握技术动作的规律性,进而结合身体活动练习,通过触觉、肌肉的本体感知动作的要领,肌肉用力的程度和方法,验证和体会讲解动作要领的准确性,以及逐步深入了解动作中各技术环节的内在联系,从而建立完整和正确的动作形象和概念,进而经过反复练习形成动作技能,培养锻炼的能力。学生在模仿时,若能一面模仿,一面自我说明其动作或技能,则学习能获益更大。因此在运用教学方法时应当把直观法与语言法,兴趣启发教学法有机地结合起来。教学启发性是衡量教学方法价值的一条重要的标准和重要的指导思想。各种具体教学方法的指导思想不同,采用的手段也各异。但在体育教学实践中,教师精练、准确、生动的讲解与优美的示范,并在学生模仿练习中加以适度地启发学生思维,要比机械模仿练习,完全注入式的教法获得的教学效果要好得多,这在学生的体育教学中尤为突出。在体育教学过程中,最重要的是要注重教学的活动性,所谓教学的活动性是指教和学都处于积极的活动状态。现代教学论把活动看作是发展学生身心健康的重要因素。学生个性的发展与他们本身运用这一切活动（感知、实践操作、表达、思维）有关，这对体育教学来说尤其重要。根据上述的教学的直观性、启发性和活动性原则，在体育教学中，应当把历史上形成的语言法、直观法、练习法、游戏法、比赛法、预防法和纠正错误法、兴趣教学法以及发现教学法、自主教学法中有益的部分和身体锻炼有机地结合起来运用。

(六) 精讲多练原则

精讲多练是体育教学的基本原则之一，也是相对特殊的一个原则。所谓"精讲"，就是体育教师在了解学生、摸透教材的基础上，用精练的语言和较短的时间把体育教学的主要内容、特点、动作技术要领和技能向学生清晰完整地诠释出来。"多练"是指学生在体育教师的指导下，充分利用时间，争取更多机会参与身体运动。

精讲多练要求重讲的作用，也要保证充足的练习，讲练结合要使师生都有积极性。"精讲"是教学的基础和前提，只有"精讲"才能使学生在最短的时间内理解所学的内容与方法，才能有更多的时间去"多练"，从理论联系到实践。

(七) 实效性与发展性相结合的原则

实效性和发展性相结合的原则，是建立在掌握实用的体育知识、技术、技能，并且能够有效利用的基础上，这是体育教学的基本要求和实现体育教学目标的必要手段。体育教学直接面对的对象是学生，因此体育教学与学生身心发展的一般规律有着密切的联系。学生在进行体育学习的过程中，技能的形成和体质的增强之间有着紧密的联系，是相互促进的关系，如果一个学生个体不具备体育相关的技能，那么怎么能够通过体育运动增强体质？换言之，如果一个学生没有强壮的体质，如何能够更好地掌握体育技能。因此，要实现教学目标的发展，不仅要重视学生体育相关知识和技能的获得，还要重视学生的发展性，根据国家对体育教学的要求，坚持实效性和发展性相结合的教学原则。

第四节 体育教学的内容与过程

一、体育教学的内容

体育教学内容是为了达到体育教学目标而选用的体育知识和技能的体系。体育教学内容是在教学实践中，教育者按照育人的要求，在总结前人体育和教育实践经验的基础上，遵循一定的原则和程序，从丰富的体育知识和技能中认真精选出来的。它们对体育教学方法和教学手段起着一定的制约作用，也直接关系到体育教学目标的实现。因此，在理解体育教学基本内容的含义时，还应对其具体包括的类型有一个了解。依据不同的标准，体育教学内容有不同的分类方法。一般来说，主要有以下几种：

1. 依据体育教学目标划分体育教学内容

这一方法依据人们赋予的体育教学要达到的目的分类，是一种比较常见的划分体育教学内容的方法。例如，掌握体育运动技能的练习、掌握科学锻炼方法的练习、发展体能的练习、提高基本活动能力的练习、提高安全意识与能力的练习、提高学生社会交往能力的练习、发展学生心理素质的练习等。依据这一标准划分的体育教学内容目的性更加明确，利于打破以竞赛为目的的教学内容编排体系，保障竞技运动知识和技能的学习。

2. 依据运动项目划分体育教学内容

这一方法是按照运动项目的名称和内容进行分类的。例如，球类、体操、田径、武术、体育舞蹈、冰雪运动、水上运动等，将各种各样的运动项目重新进行分类。这也是体育教学中划分教学内容的常见方法。由于这种分类与社会上进行的竞技运动相一致，在名称和内容上容易理解，有利于学生对竞技运动文化的理解和掌握，因此，这种方法利于根据体育运动项目的特点进行教学。

但是这种划分体育教学内容的方法也存在缺陷，主要表现是容易将一些很有价值的但没有列入正规体育比赛的项目排除在选择的范围之外；而且往往不符合学校教育的条件和学生的身心特征，需要对其做必要的改造从而对学生理解和掌握运动项目造成消极影响。

3. 依据人体基本活动能力划分体育教学内容

这一方法是按人类具有的走、跑、跳、投、攀登、爬越、钻、负重等基本活动能力，将各种各样的运动项目、身体练习等重新进行分类组合。这种方法比较适合低年级。究其原因，在于按照这种方法划分的体育教学内容，能够有目的、有针对性地培养学生的基本活动能力，且不受现有正规的体育运动项目的局限，因此有利于组合教学内容，也有利于协调学生的各种身体动作和发展基本活动能力。

但是，这种分类也存在不足，主要是对于学习掌握体育运动技能、发展体能具有一定的局限性，不容易满足高年级学生学习体育运动项目的要求，使其缺乏学习体育的动机。这就要求教育者在运用这一方法划分体育教学内容时，需考虑学生的身体素质。具体来说，就是考虑学生的速度、力量、耐力、灵敏、柔韧，或按与动作技能相关的体能，如速度、力量、灵敏、协调、平衡、反应等。二者综合，有利于帮助学生正确认识各种体育运动项目与身体练习和发展体能的关系，并有利于有目的、有针对性地发展学生的体能。

二、体育教学的过程

（一）体育教学过程的概念

体育教学过程是一种特殊的认识过程，也是一个促进学生发展的过程。在教学过程中，教师要有目的、有计划地引导学生能动地进行认识活动，自觉地调节自己的志趣和情感，循序渐进地掌握科学文化知识和基本技能，以促进学生智力、体力、品德和审美情趣的发展，并为学生奠定科学世界观的基础。

（二）体育教学过程的基本要素

1. 教师

体育教师是体育教学过程的指导者与组织者。这是因为：（1）教师受社会之委托，以育人为己任，工作方向和目标明确，职责是对学生教之导之；（2）教师是受过职业训练的人，"闻道在先""术有专长"，是人类社会文明（含体育文明）的两种载体之一；（3）教师对每一个具体教学活动均准备在先，胸有成竹；（4）每名教师各有自己的教学风格和个人特色；（5）教师以自己的表率作用对学生施加影响和指导学生进行体育学习和锻炼，所以，教师是体育教学过程中起主导作用的要素。

2. 学生

没有学生也就无所谓教学过程了，学生是教学过程中学习的主体。这主要体现在以下四个方面：一是自我完成作用。即对体育、卫生保健知识的学习，以及锻炼身体等，虽说有教师（外因）的指导与启迪，但必须是学生亲身参与整个教学过程，绝不可由他人代替。二是能动作用。即学生在教学过程中，认识客体和参加身体锻炼的实践，虽有教师、教材和学校的各种安排，但学生并不是消极、被动地接受教育，而是主动、刻苦、创造性地学习、实践和能动地发展自我。三是制约作用。即学校体育教学管理和教师的主动作用，均要以学生的主体作用能否发挥为出发点，同时又是以他们作为检验的主要标志。四是评价反馈作用。即指体育教学的各种措施和方法手段，能否使学生的主体能动作用得到充分保护和发挥。评价学生是否生动、活泼、健康成长，评价学生的学习成绩和个性全面发展的质量，实质也是评价教师是否让学生的主体作用得到充分的保护和发挥。因此，学生是体育教学过程的根本要素。

3. 体育教材

教材是学生的知识源泉，是知识信息的载体。教师应遵循课程标准的要求，结合学生和教学的具体情况，认真选择和设计教学内容，解决好教什么和学生学什么的问题。教材通常分为显性教材和隐性教材两大类。

（1）显性教材。主要指写在课程标准上，教师在体育教学中组织学习与练习的内容。

（2）隐性教材。主要指在体育教学中对学生产生影响，但又不写在课程标准中的那些因素。例如，教师的教态、课堂常规要求、教学场地、器材的设置等。

在体育教学中应认真处理好这两类教材的关系，既不能相互取代，也不应偏废。因此，体育教材内容是体育教学过程最具实质性的要素。

4. 传播媒介

主要指体育教学环境、条件和方法（包括语言、教学方法、组织措施、场地器材、设备和电化手段等），这是教师教学时传递信息的中介物。因此，传播媒介是体育教学过程的物质要素。

5. 教学目标

教学目标有大有小，大到整个学校要有教学目标，小到每节课，每一项教材的教学目标，无数小的目标融于一体，才能培养出一位体质强壮，身心健康的学生，因此，教学目标是体育教学过程中不可缺少的要素之一。

（三）体育教学过程的性质

体育教学过程是体育教学的重要组成部分，是体育教学活动的体现，也是体育教学的必经之路，这个环节同时还包含学生的学和教师的教，因此涉及的相关因素较多，应该引起每一位教学工作者的重视。体育教学过程具有以下几种性质。

1. 体育教学过程是学生掌握运动技能的过程

每一种知识和技能的教授都是一个严谨有序的教学过程，并且每一种教学过程有其相对应的意义。知识类学科的教学过程主要使学生识记概念以及运用判断、推理等思维方式帮助学生掌握学科所需的知识、发展学生的智力，而体育教学是通过不断地引导学生进行身体练习，帮助学生掌握运动技能的同时促进学生身心健康的发展。如在体育教学的过程中，教师通过对学生不断地指导和练习，使学生掌握篮球的比赛规则和投篮的技巧，并通过这种运动的进行，培养学生的应变能力，强身健体。由此可见，体育教学过程实际上就是学生的技能掌握的过程。

2. 体育教学过程是提高教育运动素质的过程

运动技能的获得和运动素质的提高是相辅相成、相互促进的关系，因为运动是通过肌肉群的做功完成的，因此反复的练习能够有效地提高肌肉群的运动素质，因此体育教学本身就是一个不断提高肌体运动素质的过程，也是一个不断增强学生体能的过程。

3. 体育教学的过程是学习知识和形成运动认知的过程

体育教学是一门涉及内容较多的学科，是人文学科和自然学科的综合体，体育教学在要求学生掌握运动技能的基础上，也会涉及许多其他相关知识的学习和运动认知的获得，就认知理论而言，这也是学生掌握运动技能和提高运动素质的基础。有很多的体育运动会在运动的过程中，提升学生的反应能力，通过动作的反复练习，增强学生的体能，增强学生的智力，因此学习过体育运动的人和没有学习过体育运动的人在认知的发展上存在着明显的差异。由此可见，在某种程度上而言，体育教学的过程也是学习知识和形成运动认知的过程，教师应当给予重视。

4. 体育教学过程是集体学习和集体思考的过程

体育教学的主要教学形式就是集体教学，这主要取决于体育运动的特点，大多数的体育运动都是由集体或是小组共同完成的，包括体育学科知识、技能，甚至是体育运动素养的养成都需要建立在集体的平台上。随着体育教学的不断改革，当今社会对体育教学的要求也逐渐趋于集体性，以便充分发掘集体教学过程中的潜在作用。集体教学活动本身能够促进学生之间、学生和教师之间的互动和交流，培养学生的集体主义精神，提高学生的社交能力。如在对学生进行体能训练的过程中，学生之间能够互相帮助，与此同时也能促进经验和技能的交流，从而促进教学质量的提高和教学目标的完成。

(四) 体育教学过程设计的表现形式

1. 练习型

整个体育教学过程以学生的身体练习为主。教学中,运用教师示范和教学媒体的内容展示,为学生提供运动动作的路线、结构、动作要领等,帮助学生理解具体的技术动作,并通过真实的学生身体练习,发现问题,纠正,再练习,最后对学生的动作技术掌握进行评价并指出改进意见和建议。

2. 示范型

示范教学法同样是以身体活动为主要形式的教学过程设计与组织,在运动类的体育教材内容中,示范是体育教学过程设计的必要阶段和重要途径。

与重在"练习"的教学过程不同的是,示范型体育教学过程设计在"示范"上花费的时间和精力是非常多的,这种教学过程设计通常用于复杂的体育运动技能的学习的前一次课中。

3. 探究型

探究发现型主要适用于在体育教学中组织学生观察、思考,探究原因、寻找规律等,如某次体育教学课的主要教学任务是某一动作技能的结构或原理的认知、理解、掌握,通过对教学过程中的"探究"设计,可有效激发学生学习的主动性,培养学生发现问题、探究问题、解决问题的能力。

(五) 体育教学过程的优化

1. 整体观

用整体的观点考察体育教学过程,有助于我们在体育教学过程中科学地把握它的结构以及活动环节。体育教学过程是一个系统,它由纵横两个轴向构成,纵向是由超学段、学段、学年、学期、单元和课时等教学过程组成的;横向是由所在学校所有学科教学过程组成的。使用这种整体的观点才能更好地认识体育教学过程,才能对体育教学的大环境做一个具体的、整体的判断和分析。在体育教学过程中必须整体而有序地考虑教学过程结构成分及相互联系,力求使体育教学全过程发挥最大限度的整体效益。

2. 相互联系性

体育教学过程作为一个系统,必然有很多构成要素,个个要素彼此之间是相互联系的。用联系的观点分析体育教学过程的结构和功能,可以发现教学过程中存在着多种多样的内在和外在联系,其中主要有因果联系、发展联系和控制联系。因果联系是指体育教学过程中各种行为活动与效果之间存在的一定的相互依存关系,因此,在教学过程中及其结束之后要不断地分析和研究各种现象之间的因果联系，寻求教学中的某些因素之间的本质联系，并用这种联系取得优化教学效果的目的。

发展联系是指体育教学过程本身就是一个发展过程。学生在教师影响下所产生的对掌握一定知识、技能、技巧的需求和满足这种需求的实际可能性之间的矛盾，是教学过程内部发展所固有的矛盾，也是推动教学过程不断前进的动力。因此，体育教学要充分发挥教师的主导作用，充分考虑学生的主体地位，精心选择教学内容、方法、形式和手段，以实现学生的身心发展。

控制联系是指教学过程是一个控制和自我控制学习认识的过程。表现在教师对学生学习活动的计划、组织和检查工作上，反映在体育教师教学的主导作用上。对教学过程控制太严，会压抑学生学习的主动性、独立性和创造性，阻碍学生自我控制能力的发挥；对教学过程控制太松，则会降低教师在教学中的主导作用，不利于学生主体地位的体现，影响学习效果。把握合适的尺度，寻求教与学之间控制的优化组合是教学的关键。

3. 用综合的观点处理教学的方法和形式

体育教学内容的执行和体育教学目标的实现均建立在优选的教学方法和组织形式之上。体育教学是一个复杂的过程，涉及的因素比较多，如教材的难度、场馆的设施、教师的亲和力、学生的基础、天气的变化、环境的清洁等。这些因素都可能成为选择教学方法和手段的关键点，所以在体育教学过程中要以综合的观点处理这些问题，优选教学方案，优质执行方案，优化评价标准，综合思考教学过程的优化。

第五节　体育教学改革的必要性

一、适应社会发展的需要

我国社会、经济、文化以及科学技术的飞速发展，对体育教学提出了新的要求。体育教学过程中存在的诸多问题也显现出来，如教学观念滞后，人才培养目标脱离社会发展的需要；教学设计陈旧，实效性不强；课程结构单一，难以反映社会发展的新内容；教学评价方式不合理，无法激发学生学习兴趣等，这与当今体育人才培养目标存在较大的差距。而当前社会迫切需要应用型、复合型人才，如果不进行体育教学改革，就无法更好地为应用型体育人才培养服务。因此，学校必须加强体育教学改革，这样才能更好地适应社会发展的需要。

二、适应市场经济发展的需要

市场经济条件下需要培养社会各方面所需的各种层次的人才，不再统一规格和模式，而是从市场需要、从个人专长兴趣爱好出发，自主选修教学内容。目前体育教学内容竞技化，教材单调枯燥，技术要求较高，重身体素质而不重心理素质，重总体发展而不重个性发展，因而影响了大多数学生的学习积极性。为了改变这一状况，必须加强体育教学改革，改变教学内容，改进教学方法，以满足不同学生的需要，进而培养适应市场经济发展需要的应用型人才。

三、适应学生个性发展的需要

当前体育教学仅仅注重运动技术的教授，而忽视体育教学的其他功能和价值，无法挖掘学生的创新能力和实践能力，与应用型人才的培养目标存在一定的偏差。同时，教学目标指向单一化，课堂教学程序化、模式化，学生缺乏自主选择课程内容、自主选择上课时间、自主选择任课教师的自由度，而是在教师的统一指导下进行教学活动，导致整个教学活动缺乏活力，无法满足学生学习需要，不利于学生的个性发展。因此，体育教学要不断改革和创新，从而不断适应学生个性发展的需要。

第二章 体育教学模式及其改革

近年来，我国大力开展素质教育，重视体育教学的发展，提升了体育教学整体质量，与此同时，体育教学模式也得到了相应的改革和创新。对体育教学模式进行全面分析，促使人们对体育的意义有更深入的了解。因此，本章主要针对体育教学模式及其改革进行详细的阐述说明。

第一节 体育教学模式解读

一、体育教学模式的概念

体育教学模式是在特定体育教学思想的指导下，针对特定体育教学目标，在特定教学环境下，运用有效的体育教学方法体系，实现其特定功能的有效教学活动结构和框架。它是以简化形式表达的体育教学思想理论和教学组织，是联系体育教学理论与体育教学实践的纽带，是相对稳定的教学程序。

二、体育教学模式的特点

近几年，体育教学模式获得了越来越多的人关注，因而出现了各种各样的体育教学模式，着眼点和侧重点不同，有的着眼于教学目标，有的着眼于教学手段和方法；适用范围与条件的不同，如有的适用范围较广，有的则只适用于较特殊的教学情景。尽管体育教学模式多种多样，但它们的基本特征都可以概括为以下几点：

（一）整体性

教学模式是由五个要素构成的有机整体，他们分别为：教学思想、教学目标、操作程序、实现条件、评价，因而必须从整体上把握其理论原理。在体育教学模式中，存在着许多要素，如教学物质条件、教学组织形式、教学时间或空间、教学群体、学生合作、师生互动关系等。这一特点，提醒人们在认识和运用教学模式必须全面把握。在论述体育教学模式的结构时，人们就明显强调了其整体性，在确定体育教学模式主要要素的同时，应兼顾它的要素，并把它们之间的关系认识清楚，注重各环节的相互配合，相互衔接，使之成为一定的教学程序。这种多部分、多要素、多环节的有机组合就体现了整体性。也说明了体育教学模式并非是多环节、多要素的简单堆积，而是体现了教学思想、教学目标相互联系的教学过程的结构。

（二）稳定性

体育教学模式有严格的教学程序，而且教学程序是不可逆的。教学模式是根据教学理论和教学思想构建起来的，一定的教学理论和教学思想是一定社会的产物。教学模式与历史时期的社会政治、历史、经济、文化教育的发展水平相联系，都受到教育方针和教育目的的制约和限制。体育教学模式的确立，实际上标志着新型的体育教学过程结构的确立，既然是结构就必然有相当的稳定性。教学模式具有稳定性，才能对它指导体育教学实践的可行性提供保证。

（三）操作性

和其他教学模式不同，体育教学模式具有较强的可操作性。教学模式不是空洞的理论，而是便于把握和运用的具体程序。究其原因，主要是由于教学模式不仅是教学理论的操作化，同时还是教学实践的概括化。体育教学活动在时间上的开展以及每一教学步骤的具体做法都需要教学模式提供相应的逻辑结构与思维，也就是所说的操作程序。这样，教师在教学中应该先做什么，再做什么，最后做什么，就非常条理化，操作性较强。

（四）针对性

无论何种体育教学模式，其建立都是针对体育教学实践过程中的某个具体问或问题的某一方面而进行的，针对体育教学内容、体育教学对象、体育教学环境等不同要素所形成的体育教学模式是有很大区别的。从这一点来看，体育教学模式有其特定的教学目标和使用范围。例如，快乐体育教学模式是与传统体育教学中的强制性教学相对立的，学生在强制性体育教学中是体验不到快乐的，所以设计了快乐体育教学模式，这种教学模式对于学练一些简单的体育活动动作是较为适合的，对于复杂的体育活动动作的教学则是不适合的。由此可以看出，普遍有效的全能模式或者最优的模式是不存在的。

三、体育教学模式的作用

（一）中介作用

体育教学模式的"中介"功能是指它既是一定的体育教学指导思想、体育教学相关理论的具体体现，又能为体育教师提供具体的操作程序，以便更有方向地开展实践活动。教学模式是教学理论研究和教学实践之间的一座桥梁。教学理论具有抽象性和普遍性，它要发挥指导教学实践的作用，必须进行适当的转化，其有效途径之一就是转化为一定教学模式。

（二）简化作用

体育教学活动有着较为显著的特殊性和复杂性的特征，要想取得较为理想的处理这种特殊性和复杂性的效果，除了需要人们的思辨和文学的处理方式外，还需要其他一些简单明了的方式。图示就是这样一种方式，它能够将各系统之间的次序及其作用和相互关系较为清晰地表达出来，这样往往就能够使人们对事物有一个整体的印象，体育教学结构能够反映出各环节、各要素的关系，除此之外，也能够将其组织结构和流程框架反映出来，这种结构的主要特点在于注重原则原理，而且较为重视行为技能的学习。因此，从客观的角度上说，体育教学模式有着非常重要的作用和意义，与现代体育教学任务是相符的。具体来说，主要表现在三个方面：第一，对体育知识的学习和体育技术、体育技能的学习与掌握非常重视。第二，对学生的学习目标和教师的设计方案非常重视。第三，在充分反映教学理念的同时，对具体的操作策略也非常重视。另外，体育教学模式比抽象的理论更具体、简化，不仅与教学实际更为接近，而且它能够为体育教师提供基本操作框架，使教师明确具体的教学程序。

（三）预测作用

体育教学模式是以体育教学活动中的内在规律与逻辑关系为基础的，它有利于准确地对体育教学进程和结果做出判断。即使不能准确判断，也能对体育教学进程和结果进行合理估计，甚至可以建立教学结果假说。例如，快乐体育教学模式既要注重学生在学习过程中的学习体验，也要使学生对运动技能加以掌握，从而为学生的终身体育打下良好的基础。这种模式的预测功能主要体现为两个方面：一方面，如果在教学过程中没有达到预期的教学目标，说明实际与预测存在一定的差距，需要进行合理、正确的调整；另一方面，如果在教学过程中达到了预期的教学目标，说明与事先的预测是相吻合的，证明理论与实践是相统一的。

（四）反馈作用

马克思主义唯物观强调实践是检验真理的唯一标准，因而体育教学模式是否科学也要通过实践的体育教学活动对其进行检验才能得知。体育教学模式是依据具体的教学指导思想、教学条件和教学环境来进行安排的。例如，在实际的运用过程中，如果某一种体育教学模式没有达到预先制定的教学目标，就需要具体分析教学模式操作过程中的各个环节与因素，找出其中的利弊关系，深入地分析其原因并提出相关对策，以使体育教学活动更加科学、合理。

四、构成体育教学模式的因素

（一）体育教学思想

体育教学思想对体育教学模式的构建具有重要的指导作用。就我国体育教学思想的发展来说，我国体育教育与国家建设具有非常密切的关系，从受苏联的体育教学思想影响开始，我国的体育教学是"劳动与卫国体育制度"模式，之后，随着我国对外开放，体育教育领域引入了一些新的体育教学思想，教学模式构建更多的是强调学生的体育兴趣培养和体育活动参与，更注重教学活动，的游戏开展和突出学生的活动参与。进入21世纪以后，学校体育越来越重视为终生体育和健康休闲体育服务，在构建体育教学体系中，教学内容更加丰富、教学方法更加多样，教学手段更加先进，体育教学模式也在不断创新。由此可见，教学思想对教学模式的重要影响。

（二）体育教学目标

教学目标是教学活动开展的重要依据，在整个体育教学系统中都处于非常重要的地位。

在体育教学模式的构建中，教学目标是重要参考依据，体育教学模式的构建要围绕体育教学目标来进行。

(三) 体育教学模式的操作程序

体育教学模式的操作程序，具体是指体育教学的开展环节或步骤。体育教学模式系统中，操作程序就是体育教学模式各要素活动的开展流程。在既定的体育教学模式中，教学流程是不能随意改变的。

构建体育教学模式，教学模式设计者应围绕体育教学目标的实现，合理安排各体育教学活动步骤，使体育教学活动能深入引导学生的体育学习，并随着体育教学活动的持续开展，使学生顺利完成体育学习任务，使教师实现教学目标。

(四) 体育教学模式的实现条件

实现条件是体育教学模式的重要影响因素也是一个重要构成要素，具体是指体育教学模式中的各种教学手段、策略，以及客观教学环境与条件。体育教学模式的实现条件因素对体育教学模式系统功能的实现的影响效果明显。

以新体育技术在体育教学中的应用为例，多媒体教学需要多媒体技术支持、网络教学需要计算机网络技术支持，如果没有这些条件做支持，就不能实现教学活动的顺利开展，教学模式就不具有可行性。

(五) 体育教学模式的效果评价

体育教学模式的应用效果的科学评价，有助于发现问题，并促进体育教学模式的进一步完善。

一个教学模式是否成功，应该有自己的评价标准和方法，针对不同类型的教学模式的评价，在标准和方法方面都应体现出教学模式特点，做的客观评价。此外，评价时，应注意评价主体的多元化。

第二节 体育教学中典型的教学模式

一、快乐体育教学模式

(一) 快乐体育教学模式的类型

1. 快乐体育情感教学模式

快乐体育应从情感教学入手,对学生进行以健全的身体教育和人格教育,要重视爱的教育、美的教育与各项运动所独具的乐趣,强调学习兴趣与创造学习。情感教学时学生身心培养的一种,这样从内心角度出发的方式,对教学具有一定的影响作用。情感教学模式不仅把运动和情感作为实现教学目标的手段,而且视为直接目的。在教学中,应注意体现以下几个特点:

乐学性。在体育教学中渗透德育是体育教学的基本要求。快乐体育以"乐学"为支撑点,培养学生良好心理素质。心理素质包括目的、兴趣、情感、意志等全部非智力因素。趣味性。"授之以趣",教师乐教,学生乐学。

情境性。将体育教学活动置于一定的情境之中让体育学习变得亲切、自由和愉快。激励性。教学中一方面要"激情、激趣、激志",激发学生主动学习精神另一方面要"激疑、激思、激智"激发学生的心智活动,达成在快乐中求发展,在发展中求快乐的目标。实效性。近期目标是培养学生良好的学习习惯和乐学精神,提高教学质量远期目标是面向终身体育发展体育素质。

2. 快乐体育"三部分"的教学模式

快乐体育"三部分"是指准备部分、基本部分和结束部分。

准备部分。不仅仅是帮助学生生理上做好上体育课的准备,而是将主动权交给学生,让学生自由想象、敢于发挥、勇于创新。这样既给了学生一个表现自我的舞台,锻炼了学生的组织能力,同时还向学生提出了更高的要求,促使学生继续努力,养成良好的体育习惯。

基本部分。由学生自由选择项目、自由编组、自主学习与锻炼,教师所要做的就是协助学生解决在练习过程中遇到的困难和问题。在教学中,教师根据学生选取的项目以及他们的认知水平、运动能力制定出各堂课的教学目标。学生围绕教学目标可以采用多形式的学练方法,同时通过集体智慧来解决学习过程中出现的各种问题。

结束部分。不要让学生拘泥于传统的形式，只要是有益于身心放松的活动都可以采用，如游戏、欢快的集体舞、互相按摩、自我按摩、调整呼吸、意念放松或听上一段优美的音乐，想象把自己置身于优美的自然环境中。

3. 快乐体育多媒体技术教学模式

体育教师的特长、喜好、年龄、身体素质影响着体育教学的开展。运用多媒体辅助教学可以极大优化教学环境，克服教师自身条件限制，提高学生学习的兴趣，促进学生主动学习。多媒体的教学在教学内容上更加丰富形象化，在视觉的效果上也增添了许多，能够更好地带动学生兴趣，增加了课堂气氛。

多媒体技术可以给学生提供声、光、电等各种信息，使课堂教学变得生动活泼，大大优化了教学环境与教学氛围，使师生之间的信息交流变得顺畅。例如，在讲篮球战术理论时，可以通过播放学生喜欢的美国 NBA 比赛、国内 CBA 比赛的片段，让学生了解战术配合的形式和变化。通过慢放或反复播放，让学生看清楚战术配合中场上队员跑动的路线、采用的系列技术动作等，再加上教师的进一步讲解，达到视听结合、生动有趣、直观形象的效果。体育运动是脑力劳动与体力劳动的结合，缺一不可，单纯的体力无法学好动作，单纯的脑力掌握不了技术。因此，学生在心境开朗、快乐的气氛中学习，才能达到事半功倍的效果。

(二) 快乐体育教学模式的基本特征

1. 整体教学目标突出发展性

"以人为本"，即人的发展是快乐体育教学追求的终极目标与核心，致力于人的发展的体育教育才是教育真正所需要的。发展就是要提升人的地位，显示人的价值，开发人的潜能，昭示人的个性。快乐体育的核心是在教师的引导下，通过有效的教学方法和手段，激发学生的学习兴趣和自觉性，充分调动学生学习的积极性，变"厌学"为"乐学""苦练"为"乐练"，"乐"于进取、向上，更有效地发展学生个性和培养体育能力，从而把体育的作用理解为要体现以学生为主体的教学发展观，致力于体育教学目标上的发展性教育。

快乐体育教学模式不仅推崇融知识、技能和观念态度为一体的完整的发展性教育，体现体育教学的教育性原则，而且在教学过程中注重生存与发展的终身学习能力的教育，有利于形成个性化学习模式，避开了传统体育教学模式的最大弊病—封闭，即与外部世界缺乏联系性，从"以人为本"的角度出发，将学生的发展置于社会文化教育的背景之中。

2. "以生为本"的指导思想

"快乐体育"是我国尝试的一种新的教学模式,其标准符合新课程标准的重要性,使学生在学与练的过程中,掌握基本技术,又由于运动性确保"健康第一"思想的落实。

3. 因材施教

在强调教与学的关系上,传统体育教育几乎完全忽视了学生的主体地位,只是过分强调教师的主体地位、主导作用,认为学生只是一个被动的接受教育的客体,一切只需要教师来安排,学生本身只需要完成教师布置的教学任务即可,忽视了学生的能动性,而快乐体育教学模式则把教学的中心从教师转向为学生,实行以教师为主导与以学生为主体相结合的教学,即在发挥教师主导作用的同时,特别强调学生主体地位的体现,这样才能激发和维持学生学习兴趣与动机,以充分发挥学生的学习积极性和潜能作为提高教学效果的重要手段。它强调通过体验个性化的教学,对学生进行因材施教,满足每一个学生的需要和能力,并帮助学生建立和完成切实可行的努力目标。

4. 教学方法多样性

在教学方法上,要从以注入式的传统型教学为主转向启发式的创造性教学为主,实现教学方法的多样化和科学化,逐步做到从情感入手,以发展个性为重点,分层次递进,讲究授之有趣,注重引导发现,培养学生发现问题,解决问题的能力。启发式教学没有固定模式,主要是在教学过程中调动学生学习的主体性,培养学生思维方法的能力,使学生通过再发现来进行教学。具体做法可以从实际出发灵活运用,不必限制于一些规章制度,只要学生身心能得到有效的锻炼,可根据学校现有的资源,比如体育器材和场地的状况,合理安排课程,最大限度地发挥学生自主学习、自主思考,这样才能更好地挖掘他们思维的潜力。

5. 教学组织严密性

体育教学是一种涉及认识、情感等方面的人际交往过程,其教学过程有一个或几个体验运动乐趣的环节,这些环节相互连接,层层递进,使学生能体验到运动、学习、挑战、交流和创造的多种乐趣,建立一种协调、互信、融洽的师生关系和同学关系。在教学组织上,人们应该改变传统以强调纪律为主的组织方式转向活跃的组织方式,形成严肃而不沉闷,活跃而不杂乱的理想环境。因此课堂教学应该强调多向联系,加强师生之间、同学之间的纵横向交流,强调非模式化生动活泼而又轻松的课堂氛围,明确教师的主导作用,指导学生参加课堂的组织和管理,给予学生充分的自由空间,充分发挥其主体作用,使课堂在教学目标的要求下,学生愉快轻松地度过。

二、体育俱乐部教学模式

(一) 体育俱乐部教学模式的定义、类型及特征

1. 体育俱乐部教学模式的定义

体育俱乐部是以体育练习者的自觉结合为基础，以学校的运动场馆为依托，围绕着某一运动项目，以俱乐部的组织形式将体育教学、课外体育、运动训练、群体竞赛等融为一体的体育课堂教学模式。它是学校教学模式中的一种，其目的是增强师生体质，提升体育文化素养，增进彼此间的友谊，最终形成终身体育锻炼的习惯和健康、科学、文明的生活方式。

2. 体育俱乐部教学模式的类型

高校体育俱乐部大体可分三种类型，即课外体育俱乐部、课内体育俱乐部和课内外结合的体育俱乐部。课外体育俱乐部作为体育课的延伸和补充，以拓展学校体育功能，培养良好的体育习惯和行为为主要目标；课内体育俱乐部以现代的教育思想和教育理论为依托，充分体现人本主义的教育理念，以构建现代大学体育新的学习方式为目标；课内外结合的体育俱乐部是伴随着终身体育的兴起，从培养人才的整体教育观的出发，提出的课内课外一体化的体育管理模式。它以终身教育思想为指导，以培养适应学习化社会的能力为目标。

3. 体育俱乐部教学模式的特征

(1) 内容的丰富性

体育俱乐部项目设置不仅包括有篮球、足球、排球、网球羽毛球、乒乓球武术、游泳、体育理论等传统课程之外，还能开展一些在学校条件无法开展的运动，如登山、定向越野、野外生存、攀岩、轮滑、游泳、射击、拓展训练和大型游乐项目等。与传统学校体育课教学方式相比，俱乐部是一个延伸和补充，丰富学生的锻炼内容，更好地激发他们的运动兴趣，促进学生身心素质的全面发展。

(2) 过程的主动性

学生能依照自己的兴趣爱好选择运动项目。兴趣是学生主动学习积极思维、勇于探索的内在动力。当一个学生对某项运动产生了浓厚的兴趣和热爱的情感时，才可能积极参与该项运动，并不断努力提高自己的技能水平，从中获得巨大满足并体验到愉悦感后，就会持之以恒地进行锻炼，从而养成自我终身锻炼的习惯。只有经过这样的过程，终身体育思想才能深入大学生实践。很多学校，往往由于班级学生人数多、体育教师配备不足和场地器材缺乏，而无法做到按兴趣分班或分组进行练习。体育俱乐部的发展则可弥补一些学校体育课

的不足。

(3) 目的的多样性

在俱乐部选择自己喜欢的运动作为自己的常练项目，每天坚持一小时的锻炼，循序渐进地增加运动的强度和量，并努力达到一定的技术水平。经过不断的努力达到一定的水平受到别人肯定或自我满足后，他们自然会有更高的热情去参与运动，又达到一个更高的程度，还会受到别人更多的关注，在种种驱动力下又继续努力提高，慢慢地形成一个良性循环。

(二) 体育俱乐部教学模式的价值

1. 确立了健康体育思想

《中共中央国务院关于深化教育改革，全面推进素质教育的决定》明确指出："健康体魄是青少年为祖国和人民服务的前提，是中华民族旺盛生命力的体现。学校体育要树立'健康第一'的指导思想。"[1] 俱乐部体育项目教学，紧紧围绕"健康第一"的思想，改革传统教学方式、方法和手段，注重大学生先天遗传、营养、生活环境、运动基础和生理、心理等方面的个体差异性，降低了运动技能学习比例，增加了以增进学生健康为主要目的项目内容，如瑜伽、毽球、攀岩、拓展等项目。

2. 有助于更好激发学生体育兴趣

体育俱乐部在课程设置上，打破传统模式的束缚，面向学生开设多种类型的俱乐部课程，采取按个人兴趣选择专项，打破原有系别、班级甚至年级界限，重新组合上技能课，以满足不同层次、不同水平学生的需要，达到学习体育知识、技能，增进健康享受娱乐，参与竞技并进的目的。由于有共同的兴趣和爱好，学生在各自的体育活动中，彼此容易沟通，取长补短，在这种互动学习中，从根本上改变了传统型体育教学的单调、乏味的教学形式，使学生的体育兴趣得到更好的激发。

3. 有助于充分结合体育教学与课外体育活动

高校推行体育俱乐部在解决体育课与课外体育活动脱节方面具有先进性的。它将传统的体育教学形式和现代俱乐部活动形式有机地结合起来，创建新型的教与学的综合形式。学生自主选择体育项目，教师加强辅导，把它纳入高校体育教育管理系统，有目的、有计划地组织学生开展体育活动，对大学生体育生活进行引导和规范，使高校体育教学与课余体育活动保持连贯性和统

---

[1] 许斌，戴永冠. 俱乐部制体育教学体系的理论与实践研究：以广东工业大学为例 [J]. 广州体育学院学报，2009 (4).

一性。

4. 有助于合理利用体育设施

目前大部分高校普遍采取传统体育教学模式。由于上课时间相对固定、集中，造成了某时某类运动项目参加的人数过多，造成某类项目的场馆、器材的紧张，而其他场馆、器材设施又闲置这样就会造成资源的浪费。而俱乐部模式的开展时间灵活，所选项目灵活，这就使场地、器材设施得到最大限度的合理应用。体育俱乐部模式在高校体育中具有特殊的作用。

三、小群体体育教学模式

（一）小群体体育教学模式的建立背景及指导思想

1. 建立背景

这种小群体的学习形式来源于日本的"小集团学习"理论。小群体体育教学模式是指在体育教学中，将学生进行分组，并在教师的指导下，同组学生之间、小集团与小集团之间通过互动、互助、互争，增强学生学习的主动性，从而提高教学效率的一种教学模式。小集团学习法起初是在其他学科中产生的，到了20世纪50年代开始应用于体育教学中。这种模式在体育教学的运用中，除了取得较为理想的效果外，还进一步促进了体育教学的发展和完善。

2. 指导思想

小群体体育教学模式的主要指导思想是在遵循体育学习机体发展和发挥教育作用的规律的基础上，通过体育教学中的集体因素和学生间交流的社会性作用，促进学生交往，提高学生的社会性。此外，在运用这种模式的过程中，还要注意培养学生自主学习的能力，并要适应学生的个体差异表现。因此，小群体教学模式的指导思想具体体现在以下几个方面。

（1）有针对性性地培养学生的良好品质。

（2）强调集中注意力，并要求学生相互帮助、团结，以有效地提高组内的竞争力。

（3）通过指导学生相互帮助、合理竞争，从而提高学生的身心健康和社会适应能力。

（4）要在条件均等的情况下，使组与组之间的学生合理竞技，从而激发学生学习的兴趣，提高学习的效果。

(二) 小群体体育教学模式的优点与缺点

1. 优点

(1) 小群体教学侧重于培养学生的团结性，有利于充分调动学生学习的积极性和竞争性，也有利于培养和提高学生的社会适应能力。

(2) 通过小群体教学，既可以提高组内团队间的合作能力，又可以提高团队与其他团队之间的竞争能力，增强学生的竞争意识。

2. 缺点

由于这种教学模式更注重于培养学生的社会适应能力，这就可能会导致在教学中将大量的时间消耗在这一方面，从而使得学生对教学内容的学习时间相对减少。

第三节　体育教学模式改革与发展

一、传统体育教学模式的不足

近年来，传统的体育教学模式与学生需求的矛盾日益显现，导致教育界逐渐将目光转移到了如何创新大学体育教学模式上来。传统教学方法、考核方法及标准存在的弊端，很难引起学生对体育的兴趣。总结经验，重点提出了以下几点不足，望能提供一些帮助。

(一) 与学生的身心发展不相符

传统教学模式对 20 世纪七八十年代的学生产生了很大的作用，只能说是比较适应应试教育。然而随着社会的发展、时代的变化，年轻人的心态及性情都产生了很大的变化，他们好奇心强，具有很强的主观能动性，思维活跃，想象力丰富，喜欢体育运动，但又不愿意参加较剧烈的运动，喜欢相对自由的活动环境，这些变化给传统教学模式带来了巨大的挑战。在这种情况下，人们本应根据他们的特点分别进行教学，提供相对自由的环境让学生自由发挥，然而传统教学模式由于其自身固有的特点，框框条条要求太多，束缚了教师的想象力及行动，导致教师的授课形式单一，从而限制了学生的自主学习性及创造性，不利于学生的个性发展。

（二）阻碍了素质教育的发展

近几年来，国家非常注重素质教育，应尊重学生个体差异，促进其个性发展。大学体育不仅要培养学生良好的体质，还应将技能学习的方法教授给学生，让他们在学习体育技能的基础上培养良好的道德素质，形成良好的行为规范，从而促进学生的身心健康发展。而传统的教学模式长期用于应试教育，早已形成了一套固定的教学思维，注重身体锻炼、忽视整体发展已严重阻碍了学生全面进步。教育应以大多数学生的需求为准，与时代变迁相适应。

二、体育教学模式改革的路径

（一）调动全民参与健身的积极性

近几年来，社会发展的步伐加快，科技日新月异，对大学生的要求越来越高，大学生只有全面发展，才能适应社会的需求。国家最近出台了几项政策，其中有一条是"运动参与、运动技能、身体健康、心理健康、社会适应"，由此可总结出三个方面的标准：

（1）学习体育知识，着重培养体育一二项技能；

（2）体育来源于实践，大学生应将体育锻炼同生活联系起来，加深对体育活动的理解；

（3）个人在进行体育锻炼的同时，还应乐于帮助周围的人参与到体育活动中。

此外，大学体育不仅仅是一门学科，还是保障学生身心健康发展的重要工作。学校的体育教育情况能直接反映出这所学校的整体教学思想及教育理念，因此，大学体育必须规划在学校的整体教育中，大学体育教学必须引起高度重视。

（二）制定恰当的体育培养目标

由于传统教学目标的落后，导致高校体育观念无法突破瓶颈，真正融入社会需求中，因此高校必须调整体育培养目标。目标的实现一般是由课程来完成的，因此体育课程的改革刻不容缓。创新教学模式，将封闭式、竞技达标式的教学转化为开放式的教学，培养学生终身学习理念，尊重学生的个性发展，挖掘学生的体育潜力，确保学生的身心向着健康的方向发展。此外，还应提高体育教学质量，正确处理好"要求与需求、压力与动力、达标与参与、统一与个性、课内与课外"五大关系，充分体现身体教育的"身与心、情与志、苦与乐、得与失"的体育价值。教学质量的考核不能仅根据体质的达标、技能的提高以及知识的掌握程度来判断，而是应顺应时代的要求，以综合素质为主线，在加强体育技能教授的同时，还应紧密与其他学科相联系，努力提高学生的综合素质及技能。在教学过程中，还应注重学生的情感体验，让学生在学习过程中都充满了愉悦感，加强对学生的人文教育，促进学生德、智、体、美、劳的全面发展，才能在以后进入社会后更加顺利地立足。高校体育教学的责任很重，必然深刻意识到体育教学质量的重要性，在实践不断发现问题、解决问题，才能找出一条合适的教学道路。

（三）尊重学生

体育教学不仅是教师教、学生学的过程，还是教师与学生情感交流的一个过程。在这一过程中，教师应深入了解学生内心的需求，挖掘学生的潜质，尊重学生的个性发展。作为进入社会前的最后一站，大学体育教学不仅要增强学生的体质，提高学习技能的能力，还应培养终身体育的理念，加速学生的人格成长。据此，对体育教学提出了以下几个基本目标：

（1）在教学过程中，教师不仅要教会学生运动技能及知识，还应让学生了解到体育活动的乐趣和价值。

（2）在帮助学生锻炼身体的同时，还应让学生的日常行为在不知不觉中遵循体育思想来进行，建立和谐而有效的人际关系。

（3）在学习体育的过程中，应逐渐让学生树立终身体育的思想，养成参加体育锻炼、比赛的习惯，并培养团队精神。

（4）通过对体育的学习，培养学生良好的品质、意志和适应环境的能力。

（四）完善评价体系

传统的评价标准较为单一，主要是根据学生的成绩来判断，这在很大程度上打击了学生的积极性。个体差异导致其掌握方法的能力也不同，人们应当更多地考虑学生个体原有的水平及个体差异，从结果及过程两个方面来进行评价，遵循客观公正的标准来进行。构建科学的评价体系，就要完善指导思想、评价指标和评价标准等。将健康、兴趣培养、身心发展相结合，根据不同的评价主体，制定不同的评价标准，保证评价结果的客观性。

（五）推动体育教学模式多元发展

体育教学模式是教学系统和教学过程的具体化与实际化。由于体育教学设计的思想、理念、原理不同，所设计的体育教学模式在结构和功能上也会各异，形成多种多样的体育教学模式。教学模式不同于教学方法和教学组织形式，它既有理论的支撑，也有实践操作的框架。随着体育教学改革的深入发展，体育教学模式层出不穷，有时还处于泛滥的状态。因此，既要限制体育教学模式的无规则的发展，还要使体育教学模式规范化，向多种模式并存、相得益彰的方向发展，这是今后体育教学模式多样化发展的基本方向。

（六）深入研究体育教学模式的理论

体育教学模式既具有理论性，又具有可操作性。其理论性在于它是在一定的教学思想的指导下，对体育教学过程的各要素加以组合，以实现某一教学任务的策略体系，是对体育教学规律、原则的反映，具体可表现为教学模式思想、教学模式目标、教学模式方法、教学模式手段、教学模式评价等，具有较为完整的结构。但目前我国体育教学模式的理论研究还不成熟，不断暴露出一些实践问题；一些理论问题的表达主要借鉴教育学科的理论知识，体现不出体育教学学科的特点，因此造成了一些理论在实践中的错误理解和混淆。例如：体育教学模式与单元教学、体育课的关系不明确而容易使人产生"体育教学模式就是一节体育课，一节体育课就代表一种教学模式"的观念；各种体育教学模式的系统化研究不够（包括每一种的概念、理论基础、结构、操作程序、使用范围、适用条件、教学评价方式等），容易造成基层的体育教师不能准确把握各种体育教学模式的本质特征与优缺点，以至于造成各种体育教学模式混用的现象；体育教学模式分类体系各自为政、科学性不够，容易造成体育教学模式的随意发挥与低水平重复现象；体育教学模式与体育教学方法、体育教学组织形式、体育教学目标、体育教学思想等概念相互混淆的现象严重，容易造成体育教学模式与各种其他教学形式区分不清的现象；体育教学模式的命名与创新随意性大且比较混乱，没有统一的标准，容易导致体育教学模式越变越多，无法控制；大、中、小学不同年龄阶段的不同体育教学模式研究较缺乏，容易造成体育教学模式的选择不分年龄阶段的状况；等等。因此，深化理论研究十分必要。

（七）强化体育教学模式的实践研究

体育教学模式的实践性在于它不同于一般的教学理论、教学方法、教学组织形式等，是对教学理论的具体化和可操作化，因而易于在体育教学实践中得到应用。这对于促进我国体育教学理论与实践的结合，丰富和拓展体育教学理论的研究具有重要意义。但是有关体育教学模式的实践与实验研究还非常缺乏，由于基层教师难以理解教学模式，以致在实践教学改革中很难推进。理论研究者缺乏教学实践经验，这也是体育教学模式改革工作的一个重要缺失。

总而言之，大学体育教育任重而道远，必须将学生的利益放在第一位，尊重学生的主体地位。新时代的教学模式对教师提出了更高的要求，教师必须不断地提升自己，及时摒弃不合时宜的传统教学方法及理念，重新学习，充分发挥教师的能动性，有效、成功地进行教学模式的改革。

三、未来体育教学模式发展的趋势

（一）演绎化

体育教学模式的形成存在着两种方向：一是从体育教学实践中归纳，二是从某种理论中演绎。传统的体育教学模式多是从体育教学实践中总结出来的，是归纳型的教学模式。当代出现的一些体育教学模式大都是依据一定的理论构建的，是属于演绎型的。从归纳型向演绎型发展，表明了体育教学论及其研究方法发生了变化，科学水平有了提高。现阶段的学校体育要贯彻"健康第一"的指导思想，体育教学要使学生身心得到全面发展，张扬学生个性，培养学生的创新能力、协作精神和社会适应能力，以什么样的培养模式才能完成培养目标，就需要运用演绎的方法去创造新模式。

（二）合作化

教学过程中关于教师和学生谁是中心的问题，在教学发展史上长期争论不休，存在着两种观点，一种是教师中心论，一种是学生中心论。体育教学中的"注入式"与"放羊式"就是以教师为中心和以学生为中心的两个典型模式，人们从前者那里发现了学生主体地位的丧失和受动性的无止境延伸，又从后者那里看到了教师主体地位的冷落和学生主动性的放任自流。因而，这就促使人们不得不重新审视教师和学生的关系，既重视发挥教师的主导作用，又重视学生学习的积极性，教师和学生共同合作完成教学任务，由此成为现代教学模式的一个发展趋势。

（三）情意化

现代教学理论研究和教学实践活动都已表明，学生的智力因素与非智力因素在他们的学习活动中都有着积极的重要作用。现代教学模式的构建过程，改变了传统的教学活动中片面强调智力因素的作用，忽视非智力因素对人的发展功能的做法，把培养学生对体育学习的兴趣、激发学生学习动机、树立正确的学习态度、养成良好的体育锻炼习惯放到教学活动的重要位置。无论是教学方法的选择与运用、教学活动的组织与实施、教学效果的测验与评价，都考虑学生的心理需要，注意有利于发挥非智力因素的作用，力争使学生在愉快、积极、向上的情绪体验中掌握知识，培养和发展能力。如情境教学模式、快乐体育教学模式，均设有一定的问题情境，使教学过程具有复杂、新奇、趣味等特征，学生在一种浓厚的兴趣、强烈的动机、顽强的意志状态下学习和掌握体育知识技能，更能激发学生求知的内驱力，保证学生以最佳的情感投入到体育教学中。

（四）现代化

随着科学技术的发展，越来越多的现代体育教学媒体不断涌现，这不仅大大丰富了教学中信息传递的途径，同时，也促进了体育教学模式的改革。许多体育教学研究者开始了这方面的探索，出现了一些新的体育教学模式，这些模式大多注重运用现代科学技术的新成果。如在体育教学中运用多媒体教学帮助学生建立正确技术表象；健美操课运用多媒体技术手段培养学生的创编能力等，电子计算机辅助教学越来越受到重视。

第四节　新型体育教学模式的构建

一、新型体育教学模式的构建依据

新型学校体育教学模式的选择与运用主要要把握以下几个参考依据。

（一）教材性质

体育教学以教材为基本工具，体育教师教学、学生学习都要借助教材这一基本教学工具。体育教材也是体育教师与学生共同完成体育教学目标的内容载体。通常把体育教材分为概括性教材与分析性教材两大类，这主要是以体育教材内容的性质为依据划分的，具体分析如下。

1. 概括性教材

这一类教材中没有较难学习的运动技术需要学生掌握，对概括性教材进行讲解的主要目的是使学生对体育项目有简单的了解、培养学生体育学习的兴趣、促进学生的身心健康。学生在学习该类教材时主要是注重体验乐趣，获取快乐，所以要选择运用快乐式教学模式、情境式教学模式以及成功教学模式进行教学。

2. 分析性教材

这一类教材中的运动技术具有一定的难度，对这类教材进行讲解的主要目的是提高学生的自主学习能力与创新能力，促进学生体育知识与技能的增长，学生在学习该类教材时注重培养学习与创造力，所以要选择运用主动性体育教学模式、发现式教学模式以及领会式体育教学模式等进行教学。

(二) 教学目标

体育教学模式构建与运用的关键是教学目标，体育教学模式需要体育教学思想与目标为其提供活力、指明方向。体育教学思想与目标也是区分教学模式的一个标准。体育教学目标在新课程改革之后有所变化，主要涵盖了四个方面，具体内容如下所述。

(1) 提高学生运动参与能力与积极性的目标。

(2) 促进学生身心健康的目标。

(3) 促进学生正确掌握运动技能的目标。

(4) 提高学生社会适应能力的目标。

上述体育教学目标要求在体育教学中采用情境体育教学模式、探究体育教学模式以及成功式教学模式等进行教学。

(三) 教学对象

体育教学活动离不开学生这一教学主体，在体育教学活动中，学生也是其中非常重要的一个组成部分，所以要针对不同学生的具体情况与特点来对教学模式进行运用。学生的学习阶段按年龄大致可以分为小学、中学、大学三个时期。不同学习时期，学生的身体与心理情况是有明显不同的，所以体育教学模式的运用要考虑到不同学习阶段的学生的具体情况，具体内容如下所述。

(1) 学生在小学时期，其身心特点具有游戏性，因此适合这一时期的体育教学模式有快乐式教学模式与游戏体育教学模式。

(2) 学生在中学时期，对不同种类的体育运动项目比较热衷，而且其也具备了相应的思维与逻辑分析能力，因此适合这一时期的体育教学模式有小群体体育教学模式及探究式体育教学模式。

(3) 学生在大学时期，主要是接受专项体育运动教学训练，因此适合这一时期的体育教学模式有技能性体育教学模式，同时也要发挥体能性体育教学模式的辅助作用。

（四）教学条件

体育教学模式不同，其相应的教学条件也会有差异。不同地区或学校的体育教学条件具有明显的复杂性与差异性。以城市和农村地区为例，两个地区的经济水平差距很大，因此体育教学场所、设施与器材也有差距。针对这一情况，体育教师要实事求是，从实际出发，选用恰当的体育教学模式来完成教学目标与任务。农村学校的教学水平与条件有限，因此不宜采用要求外部教学条件良好的小群体教学模式。

二、新型体育教学模式的构建原则与步骤

（一）新型体育教学模式的构建原则

1. 坚持教学目标、内容、形式、结构与功能的统一原则

教学模式的构建可以有效解决高校体育教学活动中形式与内容、结构与功能的问题。因此，教师需要对教学课堂结构和形式的功能与作用展开分析和对比，并且，以教学目标和任务为基础，挑选合理、恰当的教学模式。

2. 统一性与多样性相结合

这里的统一性主要指继承和发扬国家的教育理念，借鉴先前的成功经验。多样性主要指教学模式的丰富化、多样化。

3. 借鉴与创新相统一

体育教学模式要坚持创造与借鉴的统一性。体育教学模式要借鉴国内外科学、先进的教学思想，积累成功经验。

近年来，全球化趋势日益显著，高校的体育教学也深受影响，因此，人们不能再安于现状，停滞不前，一定要对教学模式进行创新和借鉴，要遵循正确、科学的教学思想，对现有守旧的教学模式进行优化和创新，借鉴国内外的先进经验，并结合自身的教学实际，促进教学成果的改善。

（二）新型体育教学模式的构建步骤

概括地讲，新型体育教学模式的构建步骤主要如下。

1. 明确指导思想

选择用什么教学思想作为构建模式的依据，使教学模式更突出主题思想，并具有理论基础。

2. 确定构建模式的目的

在明确指导思想的基础上，确立建构体育教学模式所达到的目的。

3. 寻找典型经验

在完成第一步的基础上，通过调查研究，寻找恰当的典型经验或原型作为教学案例，案例要符合模式构建思想与目的。

4. 抓住基本特征

运用模式方法分析教学案例，对教学案例的基本特征与教学的基本过程进行概括。

5. 确定关键词语

确定表述这一体育教学模式的关键词。

6. 简要定性表述

对这一体育教学模式进行简要的定性表述。

7. 对照模式实施

对照这一体育教学模式具体实践教学，进行实践检验。

8. 总结评价反馈

通过体育教学实践验证，对实践检验的结果进行归纳总结，通过初步实践调整修正模式，并反复实践以不断完善。

三、合作式体育教学模式的具体构建

合作式教学模式，顾名思义，侧重于提升合作意识，增加学生沟通、交流的机会，提高实践能力。

(一) 合作式体育教学模式的构建内容

1. 构建程序

首先，根据教学课程标准中规定的课时和内容，合理、有效地安排课程时间。一般来说，理论知识占比25%；学生能力培养占比30%；技能战术教学占比45%。其次，教师需要在课程开课之前，对教学计划进行制订，做好备课工作。

2. 具体实施

(1) 明晰教学目标

教学工作开展过程中，首先就要对教学任务和目标有清晰的了解，教师的授课和动作示范要与学生的体验和思考有效结合，拉近师生关系。

(2) 对学生进行集体讲授

教师在集体授课过程中，尽可能地减少自己的讲解时间，给学生间的小组协作预留充足的时间，教师要引导学生积极参与，集中学生的注意力，提升教学效率。

(3) 强化小组团结协作

对于小组合作来说，学生们的主动性和有效交流是核心，学生们要善于表达自己的看法，增加参与度，同时也要不断创新。

(4) 实施阶段测验

测验阶段是最后一个环节，主要的目的就是对学生的学习情况有所了解和把握。

(5) 积极反馈

反馈环节，主要就是教师对学生的学习表现给予客观评价。在小组间的学习环节，学生们掌握的知识可能并不是特别的细致，学习的基本上都是表面性的知识，所以，教师带领学生通过总结知识点，形成一个具体、系统化的理论体系，加深学习的深度。另外，小组测验也是一个非常好的反馈方法，借助测验结果，找出不足之处，查漏补缺。

(二) 合作式体育教学模式在构建中应该注意的事项

1. 更新教学观念

合作教学模式是对传统、守旧教学思想的革新，巩固了学生的主体地位，强化了学生这一核心主体的重要程度，教师在教学工作中要增加与学生沟通的机会，了解学生的具体情况，为教学做参考。

2. 注重学生主体意识的培养

第一，教师要充当好自己作为引路人的角色，要通过各种方法调动学生学习的积极性和主动性，注重对他们自主意识和独立意识的培养。

第二，集中学生的注意力，提高课堂参与度。

第三，教师要以教学目标为依据，充分体现自己的主导地位。如果不以教学目标为方向，那么学生主体性的培养也毫无意义。

四、启发式体育教学模式的具体构建

启发式体育教学模式指的是在体育教学活动中，教师以体育教学目标、教学规律以及学生的认知水平和年龄特点为主要依据，通过采取各种教学手段来引导学生独立思考、积极主动的获取知识、解决教学中出现的问题的过程。教学中出现的问题、提高体育教学的质量以及促进学生体育学习积极性的发展是体育教学模式的实质。

（一）启发式体育教学模式的构建内容

1. 对问题情境进行创设

体育教师在对问题情境进行创设时，要具体以体育教材的重点和学生的客观实际为依据。在创设问题情境的过程中，体育教师不仅仅要解决学生在学习中出现的问题，更要采取一定的方法与措施来引起学生的好奇心，使其主动提出疑惑，并积极思考解决疑惑，这样有利于学生学习热情的充分调动，有利于提高学生逻辑思考与客观分析及解决问题的能力。

2. 采用直观教学手段

体育教师在对学生进行启发的过程中，要尽量采用直观的教学方法手段，减少抽象概念的使用。直观手段具体是指多媒体、录像、图片等直观教具的使用，直观教学方法有利于学生学习兴趣的激发与提高，有利于学生以最为简单的方式清晰地掌握学习内容。

3. 采用多样化的练习手段

体育教师在引导学生进行练习的过程中，要以体育教学任务、目的和要求为主要依据，并要擅于采取一些有助于启发教学的练习方式作为辅助学习的手段。除此之外，体育教师还可以以教材内容为依据对多样化的练习手段加以运用，以此来促进学生学习兴趣的提高，同时也能够提高学生的学习效果。

（二）启发式体育教学模式在构建中应该注意的事项

1. 对教材重点与难点有所明确

体育教材重点是学生要掌握的关键内容，教材难点是学生不容易掌握的教材内容。教师运用启发式教学模式进行教学时要以教材重点为中心，通过口头叙述、动作示范等各种教学方式来引起学生对教材重点内容的思考。体育教师也可以针对重点动作做一些生动、逼真的模仿，这样学生也能比较容易地掌握教学内容。除此之外，教师也要把学生的身心特点、认知能力和学习基础重视起来，遵循因材施教的教学原则，使每个学生的学习效率都能得到保障。

2. 对多元评价体系进行科学构建

评价学生的学习过程或结果主要是为了总结学生的学习效果，对学生学习体育起到一种督促与激励的效果。合理的评价有利于提高学生学习的积极性和主动性。评价的实施步骤具体为：评价标准的确定—评价情境的创设—评价手段的选用—评价结果的利用。评价讲究合理，不要求过于死板地对标准答案有严格的限制，根据具体情况保留一定的评价空间。教师在对学生的学习技能做出评价的同时，也要引导学生进行自我评价或学生之间的互相评价。

第三章 体育教学方法及其改革

随着时代的进步,体育教学方法获得了新的发展。面对教育改革的要求,体育方法也跟随时代的步伐进行深入改革,以提升体育教学的实际效果。本章主要从体育教学方法解读入手,系统分析了体育教学的影响因素,论述了常见的体育教学方法,最后概括和总结了体育教学方法改革的相关内容。

第一节 体育教学方法解读

一、体育教学方法的内涵

体育教学方法既包括教师教的方法,也包括学生学的方法,还包括师生行为活动的顺序。在体育教学过程中,体育教师既要考虑针对特定的体育教材(体育教学内容)应该如何设定体育教学目标、把握体育教学难点与重点、如何安排体育教学组织形式等教法方面,同时,也要考虑如何调动学生积极性、学生学习会遇到什么问题等学法方面。只有两者良好地结合起来,才能为体育教学目标的实现提供切实的保障。

二、体育教学方法的特点

(一)需要多种感官参与

体育教学活动是感知、思维和练习三者的结合,因此其教学活动也需要多种感官参与其中,这样才能够保证各项动作的顺利完成。体育教学活动的特殊性要求在体育教学过程中,所有参与者都需要运动员身体的各种器官。具体而言，教师需要为学生进行相应的动作示范，并且对学生的动作进行必要的指导和纠正学生则需要进行必要的准备活动，然后进行相应的动作练习。在学习过程中，参与者的眼睛、耳朵以及触觉和动觉等感受器官对运动的方向、用力的大小和动作的幅度等方面进行感知，学生通过自身和他人的信息反馈控制身体完成正确的动作，形成正确的动作定式。

鉴于体育教学活动的上述特点，在进行体育教学活动时，教师应运用多种方法有效地调动学生的各种器官参与教学活动，以使学生更好地掌握相应的动作。

具体而言，在体育教学活动中，应引导学生认真学习，积极思考，注重动作技术的调节控制，并大量进行重复练习。对于学生而言，正确的体育教学方法能够最大限度地调动多个身体器官参与活动，从而帮助其掌握各种动作，实现学习目标。

（二）需要感知、思维和练习的统一

在体育教学过程中，学生的学习是一个复杂的认知过程，学生需要动用思维感知、记忆和想象，并结合具体的身体练习最终实现动作的掌握，因此，体育教学方法也是感知、思维和练习相结合的过程。在结合的过程中，学生需要通过自身的信息接收器官将外界信息传送至大脑皮层，并运用大脑对各种信息进行整理、分析和加工，然后大脑指挥人体的各器官完成相应的动作；通过动作的不断重复学生建立起相应的动力定型，实现动作的自动化，同时掌握相应的动作技术。在这个学习过程中，信息的感知是动作学习的基础，思维活动则是学习过程的核心而练习是动作技术掌握的重要手段。体育教学方法的实施过程是认识与实践、心理与身体相结合的过程，是感知思维和练习三者的有机结合。

（三）具有实操性

体育教学方法与一般的教学方法相比，其最大特点是实践操作性。体育教学方法必须与体育教学实践紧密相连，当然，有些方法是室内学科教学方法的借用，如直观教学法、讲解法等，但这些方法必须根据室外体育教学的特点、环境、学生的队列等情况加以调整，否则就不能适应体育教学。

体育教学的主要方式是身体运动，身体运动是学生对自己身体的运动感受具有"此时此地"的特点。因此，在选择与安排教学方法时，一定要根据体育教学自身操作活动的实践特点进行，而不仅仅停留在理论层面上。只有结合实践操作的体育教学方法，才能让学生在掌握动作技术概念的基础上，通过身体实践活动达到掌握运动技能、促进心理发展的目的。同时，体育教学方法必须得到体育教学实践的检验，才能判断其教学方法是否有效。

（四）具有时间与空间上的功效性

体育教学可以划分为不同的阶段，在不同的阶段内，有着鲜明的阶段特点且师生之间产生一定的影响。在教学的开始阶段，教师处于主导地位，随着时间的推移，学生的主体地位逐渐增强。

在教学过程中，教学方法和途径发挥了重要的作用，在开始阶段，对于学生学习动机、兴趣、欲望等的激发，需要教师运用合理的方法；教师通过讲解、示范等方法便学生理解和掌握相应的知识和技能；学生在学练过程中通过一定的方法感知、理解和掌握相关的知识。总之，在体育教学的不同阶段，体育教学方法都发挥着应有的作用，这是体育教学方法的时空功效性特点。

（五）需要兼顾运动与休息

在体育教学过程中，学生的大脑和身体通过一定的学习活动会产生相应的疲劳，造成学习效率下降。尤其是高强度的身体运动对于学生的体能消耗较大，这时为了保证教学活动正常进行，有必要安排相应的休息活动在学习活动中，学生经过一定的认知、理解和记忆后，就会有相应的脑力消耗；通过进行相应的身体练习，则会使人体的能量消耗加剧，人体相应的器官出现一些疲劳症状，并且随着运动负荷的增加，会对学习活动产生一定的消极影响。

因此，体育教学方法注重运动与学习的结合，使学生的身体疲劳得到一定程度的恢复，保持较高的学习效率。

需要注意的是，这里的休息并不一定是指暂停相应的活动，也可能是一种积极性的休息—通过开展相应的轻松的活动来达到身心的放松，帮助学生消除疲劳症状。安排休息时，应注重积极性休息和消极性休息的结合，使休息能够更好地达到预期的效果。

（六）需要具有创新性

体育教学的方法是在长期的体育教学实践过程中逐步发展起来的，经过多年的积累、发展和创新，逐渐形成了内容丰富的体育教学方法体系。很多教学方法具有鲜活的生命力，经过多年的发展，依然在教学过程中发挥着巨大的作用。这些有效的教学方法值得人们对其进行总结、整理和借鉴。在教学实践过程中，在继承传统的经典教学方法的基础上，一些新的教学方法不断被提出，使得体育教学方法的体系不断完善。

需要指出的是，虽然体育教学的方法众多，但不应过于迷信现代化的教学方法，更不能对一些国外的教学方法进行刻板的模仿。教育工作者应在扬弃的基础上发展创新，在时代发展的大环境下，在基于体育教学具体实际的基础上，对教学方法进行开拓创新。

三、体育教学方法的分类

（一）教法类教学方法

1. 知识技能教学法

（1）基本知识教学法

基本知识的教学包括体育保健类知识以及体育相关理论等的教学。体育基本知识的教学方法同其他学科的教学方法类似，这类教学方法进行分类时较为复杂，根据不同的分类依据可将其分为不同的类别。

在体育教学过程中，教师在选择相应的体育教学方法时，要注意教学的实践活动和它的多功能作用的发挥，要将体育教学的基本知识与体育活动的具体实践密切结合起来，教学方法要具体、可操作。

（2）体育技能教学法

体育技术技能的教学方法即为一般意义上的运动教学方法，这是体育教学方法与其他学科的教学方法有很大差别的部分。在采用相应的体育教学方法时，应首先确定体育教学的目的。教师应首先明确教学的目的是使学生掌握运动技术技能，还是为了发展学生身体或是要达到其他什么目的。其次，应对体育教学的内容进行分析和处理，运用相应的动作教学方法来实现相应的教学任务。体育教学的目的以及体育教学的内容不同时，活动的方式也会有很大的区别，这时就需要采用不同的动作方法和策略。因此，体育技术技能教学方法具有灵活多变的特点，应根据具体的教学情况随机应变。

2. 思想教育教学法

思想教育法是对学生进行思想品德教育和美育的方法，这也是体育教学的重要任务之一。在开展相应的思想教育时，应结合体育教学的特点采用相应的教学方法，确保教学能够收到很好的效果。体育教学方法的运用要能够促进学生顽强拼搏的意志品质的形成，培养其团队协作的意识，要促进学生个性意识的发展，并促使其形成正确的价值观念和审美观，培养其探索性和创造性思维。

(二) 学练法类教学方法

1. 学法类教学法

学法类即为指导学生进行学习的方法，这也是体育教学的重要方面。在进行体育教学时，指导学生进行学习的方法应注重以下两方面的内容：首先，应确保学生能够较好地掌握前人积累和总结的知识和经验，在继承的基础上求得发展。其次，学生应将相应的知识和经验与自身的个性特点相结合，从而形成终身体育意识并拥有相应的能力。

总而言之，学法类的教学方法应使学生不仅能够掌握相应的知识和技能，还要使其愿学、会学，并且在以后的工作和生活中能够对所学的知识进行运用，使其养成良好的体育锻炼习惯。

2. 练法类教学法

指导学生锻炼的方法是体育教学里面最具本质特征的方法。练法类教学方法对于学生的身体素质以及各项运动技能的发展具有直接的作用和效果，在教学过程中，学生应能够理解和感受身体运动时的各项体验。在教学过程中有众多身体锻炼的方法，其效果也是因人而异。另外，在教学过程中，各种教学方法既可以单独使用，也可以进行有效的整合，从而形成一定的方法体系来运用。在教学过程中，应使学生明确各种练法的作用和意义，并把握不同练法之间的联系，能够自如运用。

四、体育教学方法的价值

(一) 有利于实现体育教学任务

在体育教学过程中，体育教师与学生双方互动的连接点是体育教学方法。科学有效的体育教学方法有利于密切联系体育教学活动中的两个重要主体（教师与学生），这一连接有利于体育教学目标与任务的实现。倘若没有实效性的科学体育教学方法，体育教学任务就难以实现。

(二) 有利于营造良好体育教学氛围

合理恰当的体育教学方法能够提高学生参与体育学习的积极性，促使其学习动机不断得到激发，同时也有利于良好教学氛围的营造。良好的教学氛围反过来又有利于感染学生，引导学生主动参与学习，从而促进一种良性循环的形成。良好的体育教学方法的科学运用，有助于提高学生对体育教师的信任度，从而乐意听从教师的引导而学好体育课程，这就使得体育教学过程的气氛变得一分融洽与和谐。

（三）有利于学生身心的全面发展

良好体育教学方法体现出一定的科学性特征，体育教师受到科学思想的感染与熏陶而采用科学恰当的教学方法进行体育教学，这对学生的身心发展是极为有利的。相反，不具备科学性与不恰当的体育教学方法所产生的消极影响会对学生身心的发展造成阻碍。在体育教学活动中实施体育教学方法的过程通常也是学生对体育运动技术进行体验与锻炼的过程。所以，教师不仅要向学生灌输体育方法论的知识，同时也要引导学生的训练实践，促进学生身心的全面健康发展。因为体育教学活动特殊作用的存在，科学的体育教学方法也有利于培养学生的丰富情感锻炼学生的意志品质。因此，科学的体育教学方法能够积极影响学生身心的全面发展。

（四）有利于提高体育教学质量

科学的体育教学方法能够通过对各种有利因素的充分利用来提高学生的学习兴趣与热情，引导学生充分发挥其主观能动作用，从而促进其学习效率的不断提高，最终促进体育教学质量的提高。

五、体育教学方法的发展趋势

（一）朝着现代化方向发展

在现代教学方法的现代化过程中，体育教学的现代化十分明显。体育教学的重要表现之一是教学设备的现代化，通过采用先进的技术手段，教师能够更容易地开展教学活动，学生能够更好地学习。通过先进的现代化设备，教师能够对学生的身体素质进行更加深刻的了解，并能够更好地制定运动训练的负荷量。在教学管理方面，教师能够对学生的学习和生活提供更加便捷的服务。随着现代社会的发展，体育教学的各项技术逐渐发展，其教学方法也必然呈现出现代化的发展趋势。

（二）朝着心理学化方向发展

心理学认为，学习是一个复杂的心理过程。在体育教学过程中，学生学习既要涉及相应知识的记忆，同时有动作技术的记忆。随着心理学研究的发展，学之过程的各个方面被人们所认识，并且在具体教学实践过程中，心理学的相关理论逐渐受到重视。在体育教学方法的发展过程中，很多心理学的研究成果将会进一步得到应用，这对于体育教学效果的提高具有重要的意义。另外，体育教学还肩负着培养和发展学生的良好意志品质，促进学生的心理健康等方面的重要责任，通过运用相应的心理学方法，能够更好地达成这方面的目的。

(三) 朝着个性化与民主化方向发展

体育教学方法的个性化和民主化是其发展的主要趋势之一。在传统的教学过程中，教师是教学的主体，在教学过程中具有很强的统一性，教师的教学活动忽视了学生个体之间的差异性。随着教学活动的开展，社会越来越注重学生个性的发展，体育教学方法的发展也必然呈现个性化发展趋势。个性化的教学方法改革和创新对于学生和社会的发展均具有重要的意义。

体育教学的民主化也是大势所趋。随着教学过程中民主意识的崛起，民主化的体育教学方法也逐渐得到发展。

第二节 体育教学方法的影响因素

一、体育教学目标与任务

教学目标是体育教学的起点和重点，教学任务是实现教学目标的基础和保障，教学方法是完成教学任务的条件和媒介。因此，无论是体育教学方法的设计还是选择，都离不开教学目标和教学任务的指导。再加上不同的教学目标和任务对学生的要求不同，教学工作者应当根据这种要求设计具有针对性的教学方法。一般来说，体育教学目标可分为认知、情感和技术动作这几个方面，每个方面的教学又可以根据对知识和技能要求的不同分为若干个层次，不同的层次需要学生掌握的内容、要求不尽相同，因此，所需要的教学方法也就有所不同。所以，教学目标也是影响教学方法的因素之一。

总的来说，体育教师要对教学内容进行深入的研究和分析掌握每一种教学方法所对应的知识和技能，同时，还要能够将教学中抽象、宏观的教学目标转变成实际可操作的具体的教学目标，并清楚地知道何时选择何种教学方法最有效。

以篮球教学为例，如果教师将某一课时的教学目标定为培养学生的运球能力，那么在本节课的教学过程中，教师就会根据篮球运球的特点、要求设计教学方法。因为篮球运球技术的培养和获得并没有任何的捷径，因此，教师应首先对运球的动作要领和要求进行讲解，然后通过几次示范。计学生能够简单地了解运球的技巧和要领，并通过反复练习和教师的不断纠正提高篮球运球的能力，从而促进教学目标的达成。

二、体育教学内容的特点

教学内容是体育教学的重要参考，也是体育教学方法的服务对象之一。不同课程以及科目的教学内容不同，其教学任务也就存在着明显的差异，所需要的教学方法也会有所不同。由此可见，教学内容的特点是教学方法选择和实施的参考依据。如某一体育教师在进行体操课程的教学时，就需要根据体操对学生身体特点的要求和体操运动所需要的场地、器材、目标，选择适当的教学方法。

每一种教学内容都有其相适宜的教学方法，如果需要学生掌握的教学内容是一些纯理论性的知识，如体育教学的发展历史、体育教学的起源等等，类似于这样的教学内容，就可以选择讲解法进行教学，或者借助多媒体教具，通过图片或是动画的形式向学生展示体育相关的理论知识。如果所教学的内容是一些技术性较强的知识，那么就需要运用实践法进行教学，有的体育运动例如篮球、足球、乒乓球，由于此类运动具有群体性，因此应该采取小组教学的方式进行。

综上所述，教师要认真研究教学内容，把握各个教学方法的适用范围和效果，然后结合具体教学内容的特点选择合适的教学。

三、学生身心发展状况

体育教学贯穿于学生的整个学习过程，具有持久性，而且学生的成长和身心发展状况主要包括学生现有的知识水平、智力发展水平、学习动机状态、心理发展的年龄阶段及特征、认知方式与学习习惯等因素，因此，学生的身心发展状况对体育教学会产生一定的影响。心理学研究和教学实践都表明，学生的身心发展状况与教学之间存在相互作用。所以，教学过程中教学方法的选择受到学生的个性心理特征和他们所具有的基础知识水平的限制。对于不同年龄阶段的不同年级的学生，或者同一年级的不同学生，对某种教学方法的适应性可能会有明显的差异。这要求教师能够科学而准确地分析学生的上述特点有针对性地选择和运用相应的教学方法，使学生在学习知识掌握技能的同时，身心得到健康发展。

如教师在对学生进行增强体质训练的时候，体育教学所面对的是全体学生，由于任何个体的成长发育都具有阶段性，如果在进行训练的时候对各个阶段的学生所采用的均是同一种训练方法，那么就有可能导致有些阶段的学生无法完成。如抛铅球的练习，高年级的学生能够轻而易举地将铅球举起，但是低年级的学生则有些困难；如丢手绢、捉迷藏等一些简单的体育游戏，适于在低年级学生中进行，身心发展相对成熟的高年级学生就不愿意参与。

四、体育教师素养

教师是体育教学中的主导者，承担着培养学生身体素质和综合素质的使命，并有指导学生科学地学习体育教学中相关知识的责任。因此教师自身素养直接影响着教学方法的选用和实施，从而影响体育教学的质量。通过对教学的研究以及教学经验的积累分析，教师的素养主要包括学科知识、组织能力、思维品质和教学能力。体育教师只有拥有较高的自身素养，才能在教学的过程中选择科学的教学方法。这也是提高教学质量的关键，因此，教师在教学的过程中，除了关注学生的实际情况之外，还要不断地提高自身的素养和专业水平，这样才能根据自己的优势，选择适合自己的教学方法，并不断创新教学方法，逐步提升自己的教学水平。假如某一教师缺乏实践教学的经验，并且在教学的组织上存在着严重的缺陷，导致其无法保证课堂教学的效果，也无法正确地引导学生进行相关知识的学习，无法保证教学方法的实施。由此可见，教师的自身素养对教学方法的选择存在着一定的影响。

如果一个从没有接触过篮球运动的教师，让他向学生传授一些篮球运动的相关知识和技能，那么无论是在教学方法的选择还是在实施的过程中，都会让该教师产生一种无从下手的感觉，甚至不能正确地选择体育教学方法，即使能够选择出适用于该运动的教学方法，也会因为自身经验的欠缺，导致教学的过程无法按照预期进行。再如，在进行游泳运动教学的时候，教师首先要对学生进行游泳要领的讲解，然后进行示范性教学，但是一个不会游泳的教师，就无法保证这种教学方法的教学效果和质量。

五、体育教学方法的特性

教学方法虽然是保证教学质量的关键，但是没有一种教学方法是万能的。每一种教学方法都有其相适应的人群和所适用的环境和条件，离开这种环境和条件，这种教学方法将无法充分发挥其作用。简单来说：教学方法只在特定的环境和特定的内容中才表现出亲和性和功能性，而且不同的教学方法对教学设备、教学对象和学生的身心发展特点等方面均有影响。教学方法本身就是一种多因素的有机组合，既存在促进的关系也存在矛盾的关系，这些多因素同时也决定了每一种教学方法都有其相适应的范围和条件。

通过上面的文字叙述，我们清楚地了解到，教学方法本身所具有的特性，也是影响教学方法的因素之一。例如，在进行教学的过程中，采用因材施教的教学法进行教学，首先应该清楚学生的特点、教学内容的特点，这是此种教学法的主要要求。由于这种教学方法较为耗费人力、物力，如果教学对象群体较为庞大，此种教学方法就不适用。

六、教学环境条件

教学环境是教学实施的基本条件，也是保证教学正常进行的前提。任何一种教学方法都是在教学环境下产生和实施的，因此，教学环境是教学方法产生的土壤，也是教学方法赖以生存的养料。我们所指的教学环境包括教学硬件设备设施（比如教学器材和一些辅助仪器、教学所需的资料和书籍），教学空间条件（包括教学场地、实践场地）和教学所需的时间。在有利的教学环境中，会对教学起到一定的促进作用，反之，则会起到阻碍的作用。因此，在进行教学的时候，要进一步开拓教学方法的预期效果和适用范围。这样，教师在选用教学方法的时候，才能最大限度地利用教学环境，不断提升教学质量。

通过上面的文字介绍，我们了解到，教学环境也是影响教学方法的因素之一，如对一个相对落后，且没有足够教学场地的学校而言，在进行篮球、足球和乒乓球的教学时，由于相关设备的缺乏，就无法采取示范法进行教学。

七、教学指导思想

体育教学方法的核心在于体育教学的指导思想，有什么样的指导思想就会产生什么样的教学方法。体育教学方法的选择不仅取决于对教学理论的了解程度，而且取决于已经形成的教学指导思想的时代性和科学性。

教学方法的选择并不是一个简单的过程，它涉及很多因素虽然教学方法是以教学活动中的很多因素为基本准则确定的但它并不是死板的教条，也不是一成不变的。在对学校教育和教学的研究中可以看到，使用教学方法目的，就是借助这些方法实现教学目的。如某一个经济条件特别落后的学校，没有专业的教学设备和设施，并且也没有足够宽敞的室外场地，那么该学校就无法开展诸如足球、篮球等对教学场地和教学设备设施要求较为严格的体育运动。由此可见，体育教学是一种对实践性要求极为严格的教学，也是一种相对复杂的学科，因此在选用教学方法的时候，要根据教学中所涉及的各种因素，选择合理的教学方法。

第三节　常见的体育教学方法

一、语言教学法

（一）讲解

讲解即为教师将相应的动作要领、方法和规则要求等方面的知识向学生进行说明，其目的在于更好地指导学生进行相应的运动技能的学习和掌握。讲解法是较为常用的教学方法，在运用时，应注重以下几方面的问题：

（1）要明确讲解的目的，根据教学的目标、教学内容和学生特点进行讲解。

在讲解过程中，应对自身的语速、语气进行调节，并抓住教学内容的重点和难点具有一定的目的性和针对性，这样才能使学生明白哪些是重点和应该着重理解的方面。

（2）在进行讲解时，应注重其内容的正确性，不管是具体的工作原理，还是相关的基本知识，都应做到准确无误，另外，还应注重讲解的方式要与学生的学习情况和学习能力相适应，使学生能够很好地接受相应的知识。

（3）为了更好地使学生理解相应的技术动作，讲解要做到生动形象、简明扼要。具体而言，在讲解的过程中，应注重将新的技术动作和知识内容与学生已经了解和熟悉的内容联系起来，使学生更好地理解相应的动作技术。另外，教学时间有限，学生的注意力集中程度也会随着学习时间的延长而有所下降，因此应抓住重点，简明扼要地进行讲解。

（4）在内容讲解的过程中，不能将一些知识体系和动作技术孤立起来，要注重启发学生的发散性思维和创造性思维，使学生能够触类旁通、举一反三，更好地理解相关的知识，达到学以致用的目的。

（5）在进行讲解时，还应注重讲解的时机和效果。在讲解相应的内容时，应先选择合适的站立位置，确保每个学生都能够听到相应的内容。另外，给学生讲解时，应充分调动其好奇心和积极性，如此才能取得更好的效果。

(二) 口头汇报

口头汇报是教师了解教学效果的重要方法之一，这种方法要求学生根据教学需要向教师表述学习心得及有关教学内容、方式和疑难问题等相关方面的问题。

通过学生的口头汇报，教师能明确自身在教学过程中的不足：为提高和发展自身的教学水平提供相应的依据。对于学生而言，通过这种方式，不仅能够培养语言表达能力，还能够进行积极的思考，加深对教学内容的理解。因此，在教学过程中安排相应的口头汇报不仅有助于教师和学生素质的提高，对教学质量的提升也有重要的促进作用。

(三) 口头评价

口头评价也是一种重要的语言方法，对于学生的动作完成情况以及课堂表现给予相应的口头评价，能够更好地促进学生的学习。口头评价可分为两种：一种为积极的评价，另一种是消极的评价。积极的评价即为对学生的正面鼓励，这能够在一定程度上激发学生的积极性，促进教学活动更好地开展；消极的评价则是否定性的评价，这种评价往往会指出学生的不足，明确其提高的方法和努力的方向，用这种方式时应注意语气和口气。

(四) 口令、指示

在体育教学过程中，需要借助多种口令和指示，如"立正""跑""转体"等这些语言简短有力，能够很好地指导学生进行相应的技术动作的学练，但是，需要注意的是，运用这些口令和指示时，应注意把握时机和节奏，否则会造成学生动作的不协调和出错。另外，还应注意发音要洪亮有力，不仅要使学生清楚地听到，还应带给学生势在必行之感。

二、直观教学法

(一) 动作示范

动作示范指的是教师采取一些示范动作使学生对技术动作的形象、结构和要领进行掌握的基本方法。一般在进行动作示范教学时，教师可亲自进行示范，也可指定相应的学生进行动作示范。在采用动作示范法时，应注意以下四方面的问题：

(1) 在进行动作示范时，应具有一定的目的性。如果是为了使学生了解动作的基本形象，示范动作可稍快；如果动作示范是为了使学生了解相应的动作结构，并引导学生进行学习，则动作应稍慢，可略微夸张；如果是示范相应的重点和难点动作，可多示范几次。

（2）示范动作一定要注意其正确性，避免对学生造成误导。在进行相应的讲解时，不仅要注意内容的正确性，还要体现出教学内容的特点，并与学生的学习能力相适应，提高学生的学习兴趣。

（3）进行动作示范时，应使全体学生都能够看到。因此，可使学生呈圆圈形站立，或是错位站立。

（4）在进行动作示范时，一般会配合相应的讲解方法，以使学生更好地理解。可采用先示范后讲解、边示范边讲解和先讲解后示范等方式。

（二）以条件诱导教学

条件诱导法也是较为常用的一种教学方法，以某种条件为诱因，并与相应的动作建立联系，从而达到相应的教学目的。例如，通过相应的音乐伴奏和喊节拍的方式，形成一定的动作节奏感；通过简单的语言提示使得学生的动作能够流畅进行。另外，也可设置相应的视觉标志，指示学生进行相应的动作方向和运动轨迹、幅度等方面的操作。

（三）借助多媒体技术

多媒体技术主要包括电影、幻灯、录像等。在运用电影电视和录像时，应注意播放内容要与体育教学目标相适应，并有机地结合电影、电视和录像与讲解示范练习。多媒体技术虽然在教学过程中得到普遍运用，但是在体育教学过程中，其应用并不广泛。这与体育教学在户外授课、器材运用不方便有很大的关系。

（四）演示与模型演示

在体育教学过程中，对于一些高难度的动作可采用图表、照片和模型等直观方法进行辅助教学。通过运用这些教学工具，能够使学生更易于理解相应的技术结构和动作形象。另外，对于一些战术配合，也常采用模型演示的方式进行讲解。

三、完整与分解教学法

（一）完整教学

完整教学法指的是从动作开始到结束完整地进行教学和练习的方法。一般在技术动作的难度不是很高或技术动作不可进行分解时采用完整法进行教学。另外，在首次进行动作示范时，也会采用完整教学法来进行动作技术形象的示范。完整教学法的优点在于动作协调优美、结构简单、方向路线变化较小，各部门之间具有密切的联系。其缺点在于对于一些复杂的动作而言，采用这种教学方法会为教学带来一定的困难。为了便于学生进行学习，促进教学活动更好地开展，应注意以下四方面的问题：

（1）在讲授一些简单和易于掌握的动作技术时，教师可以先进行完整的动作示范，示范之后，学生直接完成完整的动作练习。

（2）有些技术动作无法分解，这时要采用完整教学法。需要注意的是，在采用这种方法时，要对其中的各项要素进行必要的分析，如动作的用力、动作转变的时机等。但是，不能拘泥于动作的细节，要从整体上进行把握，确保动作的完整性和流畅性。

（3）对于一些高难度动作，应适当地降低难度，可先降低难度或是徒手完成相应的动作，并在此基础上逐渐增加难度。需要注意的是，降低难度时，不能使技术动作出现错误，这是基本要求。在教学过程中，对于一些器材的质量以及高度、距离等标准可适当降低。

（4）采用完整教学法进行教学时，可适当改变外部的环境条件，在外力条件的帮助下完成相应的完整动作。

（二）分解教学

分解教学法即将完整的动作划分为几个部分，逐步使学生掌握完整的动作技术。这种方法适用于难度相对较高并且动作可分解的运动项目。采用这种教学方法能够将复杂的动作分解为简单的动作，使技术难度降低，从而更有利于学生的学习和掌握。但是，这种方法也有相应的缺点，即它注重对于局部动作的分解把握，可能在一定程度上使学生对于整体的理解不全面。因此，分解教学法和完整教学法通常结合使用。

在运用分解教学法进行教学时，应注意以下三方面的问题：

（1）应存细分析动作技术的特点，采用合理的方式对其进行分解，注重时间空间等方面的有序性和统一性。

(2) 将完整的技术动作分为多个环节时,应注重各个环节之间的联系,注重动作结构之间的联系性。

(3) 在熟练掌握各阶段的动作之后,要注重各个环节之间的动作衔接,保证其过渡的流畅性,以形成有机的整体。

三、游戏与竞赛教学法

(一) 游戏教学法

游戏法也是体育教学过程中较为常用的一种方法,它是指教师组织学生通过做游戏的方式来完成相应的教学任务的方法。通过开展相应的游戏,学生之间开展竞争和合作,提升学生的思考和判断能力,促进教学质量的提高。游戏法具有一定的趣味性,能够提高学生参与的积极性,培养学生的学习兴趣,因此在体育教学中被广泛运用。在运用游戏法时,应注意以下三方面的问题:

(1) 应根据教学目标和教学内容采取合适的游戏规则和游戏要求,确保游戏内容与教学内容相契合。

(2) 采用游戏法时,学生需要遵守相应的规则。但是,应注重鼓励,充分发挥学生的主动性和创造性,通过开展相应的游戏引发和启迪学生的思考。

(3) 教师应做好相应的评判动作,要做到公正、客观,避免挫伤学生参与体育学习的积极性。

(二) 竞赛教学法

竞赛教学法即在教学过程中,为了检验教学效果和提高学生的技术水平,组织学生进行比赛的方法。竞赛教学法将所学的技术动作应用于实践,能够使学生更好地掌握相应的技术动作。采用这种方法具有一定的竞争性和对抗性,学生需要承受较大的运动负荷。开展竞赛能够培养学生的应变能力,对于其心理素质和意志品质等方面的发展也能够起到一定的促进作用。

采用竞赛教学法时,应注意以下两个方面的问题:

(1) 开展竞赛时,应进行合理的组织。无论是个人赛,还是小组之间的比赛,其实力都应相对较为均衡。

(2) 开展相应的竞赛时,学生应熟练地掌握相应的技术动作,能够在比赛中很好地运用。

四、预防与纠错教学法

为了防止和纠正学生在练习过程中出现和可能出现的错误动作,教师在教学过程中经常采用预防与纠错教学法。在教学过程中，学生对于各种动作技术的掌握不标准和出错的状况是不可避免的，教师应正确对待，并注意进行有意识的引导和纠正。

预防和纠错是相互联系的。预防具有一定的超前性，要求对可能的错误动作进行积极的引导，并要对其出错的原因进行分析；纠错具有鲜明的针对性，针对学生的错误动作采取相应的纠正措施，并分析出错的原因。预防与纠错的具体方法有以下四种：

（一）语言表述法

为了使学生建立起正确的动作概念，应注重动作细节与要点描述的准确性使学生能够明确理解各技术动作的标准和结构顺序。通过这种方式，学生能够建立正确的动作意识。

（二）诱导练习法

为了使学生的动作准确无误，可采用诱导性的教学方法，使学生达到相应的教学要求。例如，学生在做肩肘倒立时，不能将腰腹部挺直，针对这种情况，可采用在垫子上方悬一个吊球，让学生用脚尖触球，这样学生就可以挺直腰腹部了。

（三）限制练习法

在进行相应的动作练习时，设置一定的限制条件，有助于错误动作的纠正。例如，在进行篮球投篮练习时，为了使学生的投篮动作更加协调、标准，可进行罚球线左右的投篮练习，使学生掌握正确的投篮方式。

（四）自我暗示法

自我暗示法是一种重要的方法，是学生在进行相应的动作练习时，为了保证动作的准确性，在练习中有意识地暗示自己达到要求的方法。例如，在进行篮球投篮练习时，学生可暗示自己投篮时手指、手腕的动作要标准，从而使自身的投篮动作准确无误；再如，在奔跑练习中要暗示自己注意后腿充分蹬地。

五、其他教学法

（一）发现式教学

发现式教学法是通过积极引导学生发挥自己的创造性思维，使学生在发现的过程中进行学习的一种教学方法。有学者将其定义为：从青少年学生的好奇、好动等心理特点出发，以发展学生的创造性思维为目标，以解决问题为中心，以机构化的教材为内容，使学生通过再发现进行学习的方法。

在体育教学过程中，运用发现式教学法要遵循以下几方面的步骤：首先，提出相应的问题，或是设立相应的学习情境，使学生面临相应的问题和困难，在教师的引导下进行相应的探索。其次，通过进行相应的练习，初步掌握技术动作的原理和方法。再次，通过分组讨论，提出相应的假设，进行相应的实践验证，并对提出的问题进行讨论。最后，得到共同的结论。

采用发现式教学法时，应注意以下几方面的问题：

（1）教师要善于提出相应的问题和创设相应的情境，要充分调动和激发学生的积极性，激发学生学习的兴趣。

（2）教师提出的问题应适应学生的能力水平，以便学生能够根据已有的知识和经验，并通过一定的探索得到相应的答案。

（3）要注意抓住教学的重点，引导学生对重点问题进行积极思考，并找出解决问题的方法，启迪学生的创造性思维。

（4）采用这种方法时，应注意由浅入深、由抽象到具体，使学习过程符合人们的认知规律。

（二）引导学生合作学习

合作学习法指"在教学过程中，对学生进行相应的分组，学生为了完成共同的学习任务，而有明确的责任分工的互助性学习形式"。各小组成员根据自身的特点承担相应的责任，各成员之间是相互依赖的关系，在相互协作中完成相应的任务。在体育教学中，应用该方法应遵循以下几个步骤：

1. 在教师的引导下，学生分成相应的小组。
2. 全体成员在教师的指导下，根据教学内容确定相应的教学目标。
3. 确定各学习小组的研究课题，对各小组成员之间的分工进行明确。
4. 小组成员合作学习，围绕相应的主体完成自身的任务，从而实现小组任务目标。
5. 各小组进行一定的学习和交流，分享相应的成果，并纠正自身的不足。
6. 对学习的过程进行评价，总结经验和得失，促进下次学习更好地开展。

（三）引导学生自主学习

为了实现相应的教学目标，在教师的引导下，学生依据自身的需要和条件制定相应的目标，选择相应的教学内容，并通过独立地分析、探索、实践、质疑、创造等方法来进行学习的方法。自主学习能够充分发挥学生的主观能动性。

在体育教学中，自主学习法指的是为了实现体育教学目标，学生在体育教师的指导下，依据自身的需要和条件制定目标、选择内容等学习步骤，完成学习目标的一种体育学习模式。自主学习法有独立性、能动性和创造性等特点，有利于激发学生学习体育的积极性，培养学生的体育自主学习能力，确立学生在体育学习中的主体地位，提高体育教学的学习效果。

在体育教学过程中，采用这种方法时应注意以下两方面的问题：

1. 学生应根据自身的知识储备和能力水平，选择相应的目标和学习内容并在教师的引导下进行。

2. 学生应根据自身情况，对照学习目标，积极进行自我调控，并及时改进教学方法和教学策略。

第四节 体育教学方法的改革

一、体育教学方法改革的必要性

(一) 传统体育教学方法存在明显的弊端

1. 忽视学生的主体性

传统的体育教学方法过于强调教师的传授作用，忽视了学生的主体性。在传统的教学过程中，学生往往只能被动地反复模仿技术，进而掌握技能，从而失去了学习的主动性、积极性和创造性。随着"阳光体育""终身体育"理念的不断深入人心和现代信息量的暴涨，传统的教学方法已不能适应社会快速发展的需要，未来社会是自主学习化的社会，每个人要学会学习，学会生活。

2. 教学方法形式单一

实践证明：好的教学方法能激发学生学习的兴趣，从而提高教学质量，反之亦然。传统的教学方法往往使用教师先讲解专业知识，示范技术动作，然后学生模仿练习，最后教师纠正错误，学生再练习的教学方法。这种教学方法研究体育教学的局部内容，强调技术动作的统一性和标准性，形式单一，比较枯燥，不利于激发学生学习的兴趣，影响教学效果。

3. 忽视学生的个体差异性

体育教学方法具有运动性和多变性的特征决定了体育教学要承认和尊重学生的个体差异性。传统的体育教学一方面对所有的学生一视同仁，采用统一的标准，忽视了学生的先天性的个体差异，不符合体育特征教学的基本规律。另一方面，很多教师在教学方法的安排与组织上没有考虑学生的专业特点，对所有专业的学生都使用相同教学方法，不符合学生就业的需要。

4. 只注重技能，忽视情感

大多数体育教学都是在户外进行的，这使得学生的身心得到了放松，不拘一格的体育教学活动能高涨学生的情绪，调动学生参与活动的兴趣，带给学生欢乐的心情，有利于培养学生遵纪守法、克服困难、团结互助、热爱集体、积极进取等良性情感。传统的体育教学方法过于重视学生体育技能的提高，以技能的掌握情况作为考核的标准来衡量学生的学习情况，造成了课堂气氛压抑，不利于学生良性情感的发展。

5. 忽视学生创新能力的培养

创新能力是指，根据一定的目的，运用一切已知信息，发散思维，产生出某种新颖、独特、有社会或个人价值的产品的智力品质。宽松活跃的体育氛围为学生提供了独有的、开放性的学习活动环境，以及观察、思维、操作、实践的机会，有利于学生创新能力的培养、开发和提高。传统的体育教学方法，以运动技能的掌握为目标，教学形式单一，教学内容固定，缺乏对学生创新能力的培养。

(二) 社会经济发展的需要

伴随着经济科技的快速发展以及国际联系、交流的日益密切，人们已逐渐进了信息社会和知识社会。在这样的社会中，劳动者的素质及其各类人才的质量和数量，在很大程度上决定着一个国家的国力和国际竞争力，因而非常有必要也非常迫切能够培养出更多的高素质的人才。而在我国，培养更多高素质人才的重任主要是由学校承担的，而学校需要不断对其自身的教学观念、教学模式、教学方法等进行改革和创新，以更好地与社会的发展要求相适应。学校培养出的高素质体育人才同样能够为社会发展贡献力量，为国家体育事业发展提供助力。因此，体育教学方法需要在当前社会经济发展需要的大前提下进行相应的改革，以培养出适应社会需要的人才。

(三) 以人为本教学的要求

以人为本是现代体育教学的重要理念之一，这种教学方法要求教师将学生放在首位,在课堂中逐渐实现师生平等,体育教学方法改革正是从教学方法、教学理念上进行调整,在课堂中转变观念,因此具有积极意义。同时,这种教学改革有助于在学校内部树立新的教学理念,在体育课堂上发挥学生个性,提高其主观能动性和对体育教学的兴趣。在这种教学模式下,教师成为教学引导者,学生则成为认知主体的发现者与探索者,使教学过程更加完整。激发学生的主观能动性也有助于提高其对终身体育观的正确认识。

二、体育教学方法改革的对策

(一)继承传统教学方法中的精华

在进行体育教学方法改革时,绝不能将传统的体育教学方法全部抛弃。因为传统的体育教学方法曾经与社会的发展相适应,也曾培养出大量高素质的人才,因而肯定有很多积极的因素值得学习和借鉴。因此,高校的体育教学方法改革,要在对传统体育教学方法的精华进行积极吸收和运用的基础上进行。因此,在进行体育教学方法改革时,要注意在继承的基础上进行。

(二)改变灌输式教学方法

在进行高校体育教学改革时,必须从根本上转变以教材为中心的灌输式体育教学方法,积极运用发现式、启发式等的教学理论与教学方法,积极地促使传授型的教学方法向引导型的教学方法进行转变。同时,要在教学中积极为大学生的主动学习创设有利情境,以便大学生能够积极主动地进行学习,变枯燥的学习为快乐的学习。

(三)尊重学生主体性

体育教学中,教学的主导地位和重要作用是绝不可忽视的,但不应也不能过多地对教学的主导地位和重要作用进行强调,而将学生的主体地位忽略掉。否则,不仅无法真正促进学生的全面发展,也会使整个学校体系的体育教学无法顺利进行。故而,体育教学方法的改革,要在充分尊重学生主体性的基础上进行教学方法改革,并要注意针对学生实际的情况进行教学组织和安排,以使教学在顺利进行的同时实现教学相长。

(四)建立良好的师生关系

传统的体育教学方法忽略了师生的共同发展,学生是被动地学习,机械地接收教师知识的传输,简单地模仿教师的示范动作,被动地接受教师的指令,其主要任务就是学会知识。教学成为知识的传递和技能训练的过程，没有思想，没有体验，只有一种固定的思维模式和教学程式，束缚了师生的进步和发展。在教育改革的背景下，师生均是主体，是一种互为主体的关系。其体育教学方法是关注师生的共同发展，给师生较大的自主空间，教师是学生学习的引导者和促进者，在整个教学过程中始终处于指导与帮助学生的位置，创造性地为学生的独立自主学习设计方法与步骤，学生成为学习的探索者，通过已有的体验对未来知识和技能进行探究，总结出重要的知识点和掌握复杂运动技能的基本形成规律，从而获得自主学习的能力。教学由知识的传递变为研究性发展，师生互动，生生互动充分进行合作与交流。教师不是带着既定观念进行教学，而是在教学中充分倾听学生的观念而并不局限于学生已有的观念，并在倾听的基础上，创造条件，让学生产生更精彩的观念，达到师生相互促进，共同发展。

（五）更新体育教学考评方法

体育考核方式依然是学校体育中一个薄弱的环节，绝大部分学校还是沿袭传统的考试方式，使得学生最终成绩的确定受到体育学科的限制，无法体现学生在学习过程中的真实情况。体育考核是检查学生体育学习效果的唯一方法，是体育教学中的重要环节，是体现体育教育思想的一面镜子。体育课是一门身体教育课，教育的目的是为了让学生在掌握体育基本知识的基础上，提高身体素质和健康能力。所以考核方法要朝着有利于提高学生身体素质和健身能力的方向改革，以取得更好的成绩。教学评价是衡量体育学科教学质量的一个重要手段，是检验学生学习与锻炼的一种有效方法。学生的学习评价应对学习效果和过程的评价，主要包括体能与运动技能、认知、学习态度与行为、交往与合作精神、情意表现等，通过学生自评、互评和教师评定等方式进行，采用多元综合评价的方式进行。在体育教学评价方法中，要把注重结果的评价转变为注重过程评价将终结的评价和过程评价结合起来，充分考虑学生的体育基础，每个人都按照提高幅度和终结达标进行参照评价，这样能鼓励学生积极主动参与体育教学和课外活动。运用过程评价与终结评价相结合的考核方法，是今后体育课程考核评价的发展趋势。体育课的教学考核、考评是体育教学改革的关键，也是切入口。因此体育考评制度应使考评与教学过程相匹配，从而发挥其对体育教学过程的质量评定、效果检验、素质教学导向的积极作用。

第四章 基于微课与慕课的体育教学改革

随着信息化技术的发展，教育信息化也在不断发展。教育信息化能够在很大程度上促进教育的改革和创新。因此，教育信息化手段在教育教学领域得到广泛的应用。微课和慕课是常见的教育信息化手段。很多体育教育者也将其应用到体育教学改革中。本章主要从微课和慕课两个方面论述了体育教学改革。

第一节 微课与慕课解读

一、微课

（一）微课的概念

微课是教师对要教学的内容利用现代化信息技术录制的教学视频，是将课程数字化的处理。通过视频形式保存制作的微课，可以长期存在，多次高效利用；而且不受教学时间限制，学生可以根据自己的学习节奏自主选择课程的进度，不会因为进度慢而跟不上节奏，也不会因为进度快而觉得浪费时间。

微课主要包括两部分的内容：一是教师对教学内容的消化与输出，二是教师与学生之间的互动，对学生的教学帮助、教学方法等。

第一部分，微课的教学内容是教师在研习了教材、课程标准、教学重难点等方面之后，对重点内容进行再设计的教学活动，教师是先对重点进行消化吸收，在进行输出的过程。

第二部分，微课除了讲解学科知识，还作为连接教师与学生关系的重要纽带。

首先，在微课中，我们能了解到教师对教学重点的思维过程，这是每位教师独有的教学个性；其次，学生在进行微课学习时，模式更像是"一对一"的教学，学生能深切感受到教师的思路、学习方法和策略，认识到教师给予的帮助和指导；最后，微课中还表达了教师的殷切希望，期望学生学习进步，可以通过课程的学习了解更多、懂得更多。

微课不是辅助教学的课件，而是真正的课堂。过去的课程讲解要求教师使用多媒体，大多是用PPT把课程内容呈现出来，辅助老师讲课。微课却是关于教学内容中重点、难点的讲解，是主要的教学课堂，可以帮助学生自主学习的存在。

微课也不是教师课堂讲课的现场录像，它与现场课堂讲课是有差别的。每一个微课都是一个完整的教学设计，虽然时长有限，但所有的教学结构都有所体现，比如微课的引入、微课内容的详细分析与讲解、微课的总结等。

（二）微课的特点

1. 课程时间有限

微课的突出特点就是"微"，顾名思义就是要求视频内容短小精悍。微课的教学时间有限，一般在5-8分钟之内，最长也不能超过10分钟，与传统的45分钟的课堂不一样，是真正意义上的"微课"。微课的时间短，相应的内容也少，每次只重点讲解一个或几个重点，大大缩短学习者学习的时间，减轻学生面对大量输入的恐惧感、学习压力和课后负担，在遇到难点时，短短几分钟就可以将问题解决，学生可以根据自己的学习理解，反复研习难点，促进学生高级思维能力和解决复杂问题能力的提高。

2. 课程内容选择具有灵活性

由于微课的"微"特点，在进行微课学习时，课程内容选择具有灵活性。微课的时间比较短，课程内容脱离了教材的逻辑性和知识的系统性，单纯围绕某一个知识点来讲解，可选择的内容是多种多样的。教育者在选择教学案例时，可以根据当下时兴的东西入手，结合课程内容，开发形成微课。在网络的普及下，在线学习、移动学习成为常态，学生可以在不同的时间、不同的情境下自主选择学习的内容，也可以选择反复听一堂课，直到听懂为止。微课的出现让学生的学习更简单、更便捷，也给传统的教学方式带来挑战。

3. 学习不受时空限制

"微课"的出现让移动式学习成为可能，让学习突破了地域和时间的限制，更加自由。移动学习是在数字化学习的基础上结合互联网技术带给学习者随时随地学习的全新感受，也是当前教育信息化发展下的学习革命，是未来学习时不可缺少的一种学习模式。"微课"学习中，学生用手机、平板等移动端进行视频的播放，这也是移动学习的一大特点。这种学习方式让学生的学习更具有效率，给学生带来多元化的体验，满足学生学习的各种需求，促进学生的自主学习。

4. 课程之间相对独立

微课课程是小的知识点的集合，是由教材的课程标准、教学要求、学生的兴趣、教师的能力等来决定的，没有正常课堂的按部就班，需要根据教材的逻辑性和系统性教学，各个单元之间相互独立，没有相互制约，只有知识上的层次性，没有直接的联系。同一个知识点，设计者的能力和思维方式不同，讲解的思路和知识理解的深浅程度都是不一样的，每个人可以根据自己的特长设计和开发微课，对于整体学习环境的塑造是有益处的。微课之间的相互独立性可以让学习者更加自主，节省学习时间和精力，学习者不用再面对冗长的课程，可以自主选择自己薄弱的地方针对性学习。

5. 学习个性化、自主性强

"微课"在建构之初需要教育者的全力付出，在后期教育者做好督导和沟通，是一种自主式的学习。微课是在线学习传授知识点和关键概念，与传统课堂教学不同。学生学习不再有教师的耳提面命和老师监控，而是自主完成相关的学习，教师只起一点作用，不再全程追踪，全靠学生自觉。学生学习过程中根据自己的喜好、疲劳程度开始或终止学习，根据自己的学习程度选择看视频的次数。这是学生的自主学习也是学习个性化的体现。

6. 课程主题鲜明

微课的存在就是为了解决教学过程中的重难点等，所以，每个微课都有针对性的主题，有明确的目标。它可以让学习者一眼看到内容重点，可以选择自己想要了解的课程，不浪费时间，提高效率。微课的设计者需要明确视频的主要内容并在标题中标明，以直接的方式展现课程重点，学生才可以快速了解并及时找到难点，因此，微课是传统课堂教学视频浓缩的精华。

(三) 微课的类型

1. 按用户和主要功能划分的微课类型

按照用户和主要功能，微课大致可以分为两种类型：第一类是学生学习微课，第二类是教师发展微课。

学生学习微课面向的对象是学生，主要是使用录屏软件将学科知识点的讲解进行录制而成的，微课长度在 10 分钟以内。主要用于向学生传授知识、教授技能等，能促进学生进行个性化学习。这类微课是微课建设的主流方向。

教师发展微课面向的对象是教师而不是学生，课程内容是教育教学实践中遇到的教学现象、教育故事、教学策略等，也就是对教学情境的反思与总结。例如有的微课，其时间长度不超过 5 分钟，主要用于学校的教研活动或者教师的培训学习。教师发展微课用于教育研究活动、学校教师培训、教师网络研修等，这样可以提升教师的教育教学能力，改善教师的工作方式，促进教师的专业发展。

2. 按教学目的划分的微课类型

按教学目的，微课可以划分为讲授型微课、解题型微课、答疑型微课、实验型微课等类型。

讲授型微课：以对学科知识中的重点、难点等的讲授为主，授课形式多样。

解题型微课：针对某个典型例题、习题进行讲解分析与推理演算，重在分析解题思路与展示过程。

答疑型微课：围绕学科中的疑难问题进行分析与解答。

实验型微课：针对自然学科（物理、化学、生物等）的典型实验进行设计、操作与演示。

3. 按教学环节分类

按照课堂教学主要环节（进程），微课可分为课前预习类、新课导入类、新知学习类、小结巩固类和课后拓展类。

（1）课前预习类

课前预习类微课用于课前环节，通常是对新课内容的概念、原理、定律等基本理论知识做概要阐释，为学生厘清学习重难点，为课堂上进行高阶的学习活动做好准备。

（2）新课导入类

新课导入类微课用于课中导入环节，教师根据新课知识点设计新颖的问题或悬念，吸引学生的注意力，激发学生的兴趣，为新知讲解做好铺垫。

（3）新知学习类

新知学习类微课用于课中探究环节，教师先对新知重难点进行点拨，通过典型案例引导学生探究规律，然后观看视频并及时总结，对新知进行吸收。

（4）小结巩固类

小结巩固类微课用于课中总结环节，引导学生总结新知的重难点，对新知内容形成整体认识，完成知识内化。

（5）课后拓展类

课后拓展类微课常用于课后环节。教师可根据学生对知识的掌握情况，将不同难度的习题解题方法录制成微课，提供给不同水平的学生进行课后拓展学习，引导学生总结重点、练习提高、举一反三，并根据自己的学习情况有针对性地选择观看，实现"按需所取、因人施教"的效果，进一步突显层次化教学目标及发展目标。

（四）微课设计的要求

（1）切入课题要迅速

学生打开微课的主要目的是学习内容，因此要尽量开门见山，在创设情境进行导入环节时一定要引人入胜，快速展开课题。例如，8~10分钟的微课，建议导入环节不超过2分钟。

（2）讲授线索要清晰

尽量在一条线索上突出重点内容。例如，开始由现实生活中的真实案例引出学生困惑的问题，以解决问题的过程为线索，将所要传授的知识点清晰地表述出来。在问题的讲授过程中，线索更要清晰明确，这样有利于学生对解题思路的整体把握。

（3）教师语言要得体

教师的语言要精雕细琢，富有感染力，切忌平铺直叙。语言可以口语化一些，尽量亲切、自然，消除距离感。语音要标准，语速要均匀、自然流畅，情感要到位，让学生感觉是对自己讲的，而不是对机器讲的。

（4）课后小结要简洁

微课最后要对本节所讲授的知识点进行小结，时间不宜过长。总结的内容既包括知识内容的概况，还应该包括解题思路、学科方法、学习策略的总结。

二、慕课

（一）慕课的概念介绍

"慕课"，是由 Massive Open Online Course 英文单词首字母缩写的中文音译，意为大规模在线开放课程。首先，慕课中课程资源丰富。在线平台上有许多创作者，大家都可以上传资源，所以课程资源来源很多，资源数量是有保障的；当然注册人数也多，每门课程容量可达数万人，一门课程最多注册人数为16万，学生可以在慕课上尽情挑选和学习。其次，慕课向所有人开放。慕课中的学习资源面向学生全面开放的，学生只要感兴趣，想学习的内容，注册过后都可以进行学习，有时候一些盈利公司甚至教育机构需要付费的课程，学生也可以免费学习。再次，慕课的课程教师可以实时进行指导。在线教育平台指学生学习与教师讲授可以同时在线，师生之间可以相互交流，作业、监督评价也可以在线实现。最后，慕课是一门课程，包含课程所有的结构，包括讲授主题的提纲、讲授内容的视频、各种学习资料、进阶作业及学习注意事项。

慕课是大规模网络开放课程中的一种，它不同于其他网络课程（网易公开课、微课、翻转课堂等），虽然他们之间有相似之处，但慕课是无任何营利性质的面向大众的开放性的单纯知识分享。慕课有别于以前传统的教育形式，也与近期兴起的教学网络公开课有不同，也不是一概而论的基于网络的学习软件或者在线应用。它的独特之处在于两方面：所有课程向所有人开放，并积极争取免费的权利；慕课必须是大型的、大规模的课程。慕课设计者必须经过深思熟虑，将大体架构都了然于心，才能设计出好的课程，不是简单的搜集信息。它将世界各地的学生和教育者通过一个平台集结在一起，大家被一个共同的事物吸引，也有着共同的追求。因此，慕课是一种新型在线网络开放课程模式，是互联网技术的进步和网络学习实验的演化产物。

（二）慕课的特点

1. 开放性

慕课的开放性主要体现在慕课平台建设的开放性、课程学习的开放性和学习资源的开放性等方面。慕课的大规模性依赖于慕课平台的建构，慕课刚诞生时，还没有慕课平台，开放性也受到限制，但是随着慕课平台的建立、免费和资源共享理念的建构，慕课的开放性特性得到空前发展。

慕课的出现打破了某些平衡和制约，让所有人可以在同一个起点学习和进步，让所有的课程和资源变成开放共享状态。第一，对注册者开放。全世界的任何人，无关出身、种族、年龄、性别、职业，都可以注册该平台，得到免费的学习资源。第二，课程内容开放。只要在平台完成注册，平台上成千上万的课程资源任君挑选，没有任何其他的限制条件。第三，学习时间开放。学习者可以自主选择学习时间，学习时间不再迁就其他人、事、物，只要掌握好自己时间就好，不再被固定课堂限制，也不再被超出学龄限制。第四，学习地点开放。学习的人只要有网络，有终端，就可以在线学习，不再因为教室和地域不同而错过。第五，学习评价开放。在慕课的学习中，评价多是智能评价或学习者互评，不再由教育者决定，是新的评价考核方式。

2. 大规模

慕课的规模之大，一是体现在其丰富的在线课程资源上，在慕课提供商Courser、edX等平台上，学生可以接触到来自全球各个顶尖高校的大量课程，涉及高等教育的各个学科；二是体现在其工具资源多元化上，慕课课程整合多种社交网络工具和多种形式的数字化资源，形成了多元化的学习工具资源；三是体现在其课程受众面广,突破传统课程人数限制,能够满足大规模课程学习者的学习需要。

3. 在线性

所谓在线性主要是从慕课的学习方式来说的。与传统的大学课程相比,慕课已经不是面对面的课程,而是将其课程材料散布于互联网上。学生通过互联网这一载体进行查找资料、课前预习、在线视频学习以及在线提问、在线回答问题和在线考评。从某种角度上说,慕课就是一种地地道道的网络课程,缺少了网络,慕课的大规模性、开放性以及资源共享性是很难实现的。

首先,慕课的学习是通过网络视频在线的形式来实现的。慕课的课程形式一般采用"翻转课堂"来进行,课堂内外的学习都离不开网络;其次,慕课的课堂讨论以及问题的提问和答疑也可以通过在线网络的形式来进行;再次,学生考试和成绩评定也可以通过网络来进行;最后,通过网络在线学习还可以实现知识和技能的创生。

4. 精品化

慕课一般选取的是较为典型的课程和教学内容,将学科中难度大、不易理解和具有特色的内容进行精心制作和反复设计完善,使课程内容精品化。并且,慕课集结了国内知名名校的精品课教学内容,甚至包含了国外哈佛大学、麻省理工学院等世界名校的课程内容。国内的名校例如北京大学、清华大学、浙江大学等精品课程也屡见不鲜。

5. 资源共享性

所谓资源共享性就是慕课所提供的学习资源是免费的,并且是不设条件的向所有参与者开放。免费共享是慕课区别于以往开放教育的本质特征之一。慕课的资源共享性应该是同大规模性、开放性、在线性相并列的一项重要特征,这种特征主要体现在以下三个方面。

首先,免费注册参与课程学习。秉承共享的理念,教育者和慕课平台的建设者以及网络企业家们一开始就达成了免费参与的共识,免费参与慕课学习,是慕课大规模开展的保证,也是慕课迅速在全球兴起的内在动力。

其次,合作、共建、共享的慕课建设模式。为了使更多的慕课资源做到共享,各学校必须加盟或联合建构慕课平台,发布自己的课程,参与到慕课建设中去,在共享的同时也奉献出自己的课程与别人共享。慕课共建、共享的这一特征,正使得越来越多的大学加到慕课运动中,打破校际壁垒,参与到全球共享课程资源的开发和建设中去。

最后,慕课资源知识产权的共享机制。慕课的开发制作以及在网上发布,都牵涉到知识产权问题,慕课资源真正做到事实上共享还需要解决与法律接轨问题。所以，大范围慕课应用成败的关键，在于能否在知识产权安排上坚持一种行之有效的开放共享精神与实践。

6. 互动性

不同于网上其他的视频教学和远程教学，慕课能是一个虚拟的网上学习课堂，能够进行师生之间的互动和学生之间的交流，从而让学生具有更加真实的上课学习体验，也能讲学习中的问题及时向教师反馈，同时教师也能及时对自己的慕课教学进行调整。学生还能在慕课平台上进行广泛的讨论，这给来自不同学校、不同专业、不同身份、甚至是不同国家的学生提供了交流沟通的可能，在很大程度上调动了学生的积极性，也增加了慕课学习的趣味性。同时，学生还能通过完成慕课作业来对自己的学习效果进行检验。

(三) 慕课的发展趋势

第一，在未来一段时间里，慕课将会持续高速增长。

全球慕课的发展持续高速增长：平台越来越多，越来越多的大学加入进来，越来越多的课程上线，越来越多的公众了解并开始借助慕课促进自己的成长与发展，越来越多的研究报告涌现出来。展望未来，在未来相当长的一段时间里，就全球范围而言，慕课将会保持持续高速增长的态势。

第二，慕课将会并不断地渗透到学校教育与企业培训之中。

随着慕课模式的不断成熟，国内外越来越多的高等院校、企业人力资源部门、培训机构开始尝试将慕课整合进学校课堂教学和企业培训之中。慕课这种发端于世界在线教育与开放教育的非正式学习模式，已经开始不断地渗透到大学和培训机构的课堂之中。

展望未来，越来越多的大学、中小学和企业培训机构开始尝试将传统的面对面教学与包括慕课在内的在线教学结合起来，把世界范围内的一流大学的慕课资源用于课堂教学。基于混合学习的教学模式将成为最有前景和最具生命力的教学模式。

第三，教育系统需要重新进行制度设计。

慕课这种在线教育形式是未来发展大势所趋，但在这种教育中对于学籍、证书、学分和未来的学位等的规范，还有待商榷，也是当下遇到的困难。应对这一困难的对策，需要教育系统进行超前的制度设计，出台相应的政策法规。

中国知名学校纷纷加入慕课，表现出中国学校对于在线教育的态度，中国愿意接受在线教育的不断涌入，也愿意将自己的课程放在网络平台之上。但是，对于中国学校而言，体制的转变需要教育整体的变革，在线教育的冲击并没有从根本上改变中国教育的本质，也很难改变这些。

慕课虽然在不断成长，但短时间内不可能取代传统的高等教育，在线教育不能营造校园生活的氛围，也没法接受校园文化的熏陶。但它确实冲击了现有的教育模式，在这个契机之下，加快教学、管理的变革，不断进步才是最正确的应对步骤。

第四，学生将掌握更为有效的学习方法。

慕课的发展也对学生的学习方式产生重大影响。传统的课堂教学，是一个教师面对多个学生，学生注意力不集中可能就会错过重要知识点，现在学生可以在网上搜集网络课程，找到自己不懂或错过的重点，反复倾听和研习。目前很多网络课程可以回复学习者的问题，也可以提供帮助。

慕课的广泛流行，让更多的学习者找到了免费学习的途径，也让更多人认识到技术、网络在教育上的重要性。在日后教育的发展中，应该更加关注技术的发展，也会出现更多基于网络的学习方法。

第五，慕课教学法将会得到更多关注，学习支持服务将会进一步加强。

纵观慕课在国内国外的发展，可以发现，越来越多的报刊、文章、会议、讲座、研讨会开始谈论慕课，相关的报道、评论、赞誉、批评不断地涌现出来。然而，对于慕课教学法这一关键，人们却关注不够。在笔者看来，要想真正体会慕课的奥妙、了解慕课的机制、感受慕课的魅力、享受慕课学习带来的乐趣，非得了解慕课教学法不可。因为，不了解慕课教学法，就没有办法真正了解慕课，也就不可能真正地开发出好的慕课平台和课程，从而也不可能很好地提供慕课学习支持服务。

不仅如此，对应于慕课教学法的相关研究也将不断涌现。慕课学习者应当具备怎样的素质和技能，得到怎样的学习支持服务，才能更好地享用来自全球一流大学的"精神大餐"，慕课学习者如何借助慕课学习，融入全球性的实践社群之中，通过网络，向来自世界各地、背景不一、职业迥异的慕课学习者学习？如何激发慕课学习者的学习动机，并使其学习动机得以持久保持？所有这些问题，都将成为未来研究的方向和重点。展望未来，慕课教学法将会得到更多关注，学习支持服务将会进一步加强。

第六，慕课研究将会成为在线教育和开放教育的热点，得到进一步加强。

作为一种新兴事物，慕课也是一个实践先行的领域。随着慕课实践的不断快速发展，慕课研究，包括慕课教学法、慕课学习、慕课平台、慕课教学设计、慕课学习支持服务、基于慕课的混合学习、慕课学习评价、课程设计与开发等一系列问题，将会成为在线教育和开放教育研究的热点。慕课研究将得到进一步加强，并反过来有力地支持慕课的快速、健康发展。

第二节 微课与体育教学改革

一、微课在体育教学中的优势

(一) 有利于促进学生的学习自由

微课教学模式下，关键的体育教学内容以短视频的形式呈现在学生面前，在此基础上，学生的设备选择就变得尤为重要，移动设备的普及为学生参与微课体育课堂提供了极大的便利，具体来说可分为以下两点：

第一，学生能够随时使用便捷式移动设备观看体育教学视频、下载并存储学习资源，这些短视频是由教师录制并自行上传的，这个过程也放宽了教师授课的限制，便捷式移动设备的应用为学生学习体育专业知识扩大了选择空间。

第二，线下课堂教学纵然有面对面的优势，但传统课堂教学是一对多的教学模式，学生不能随时随地得到教师的指导，尤其在体育课上，学生要学习许多专业动作，学生可以利用微课平台反复观看拆解动作，掌握课程内容重点，充分发挥课程价值。

便捷式移动设备支持视频播放的功能有效促进了学生的学习自由，使学生能够选择最习惯、最喜欢的学习方式与手段学习。

(二) 有利于提高学生的自主学习能力

体育教学中微课平台的使用，有利于提高学生的自主学习能力，激励学生在无人监督的情况下自行学习体育知识，强化了学生学习的内在动力。以下两方面即微课推动学生自主学习的主要表现：

第一，一部分学生在教师与同学面前比较羞涩，或者在课上有着"害怕出错"的心理，容易在线下课堂体育动作实训环节放不开，微课平台的使用为学生提供了学习的私人空间，学生可以根据视频中的动作详解自行学习，这在无形之中增强了学生的自信心。

第二，微课平台支持短视频上传，短视频的学习形式能够在短时间内使学生的注意力高度集中，在观看过程中，学生遇到没听懂的知识点还可以重复观看，内容与进度的选择也是十分自由的，体现出显著的个性化特征，注重满足学生的学习诉求。

（三）有助于提高体育课堂的利用率

在传统的大学教学模式中，大部分学校仍然采取教师与学生"一对多"的教学模式，班级内的学生有很多，但教师只有一个，教师很难实现对每个学生的了解与指导，这使得整体教学效果与个人学习效果之间产生了矛盾。此外，传统体育教学模式下，教学效果的实现具有多重限制，体育教学的实训性内容较多，教师需要在固定的场地完成教学，比如排球场、篮球场、操场等，有时可能还会受到天气影响，耽误教学进度。为了实现教学的最佳效果，也为了满足学生的个性化需求，提高学生学习的积极性，将微课应用于体育教学是一个不错的选择。教师在微课平台上传的课程视频有低难度的，也有高难度的，选择哪种教学资源是学生自己的选择，全凭学生个人意愿，学生可以根据自己的学习能力与水平做出自己的选择，通过观看视频完成课前预习、课后巩固与复习等任务，这样也可以减轻教师的教学压力，根据微课平台提供的学生学习数据总结，完善教学内容。

（四）有利于体现学生的主体地位

在传统教学模式下，学生的主体地位并未得到充分实现，学生在教学活动中本就应当处于主体地位，利用微课教学能够大大改善传统教学模式的这一不足之处，具体体现在以下两个方面：

一方面，教师在微课平台上传的课程不仅包括知识理论讲解，还包括实践内容演示，学生不仅可以学习体育理论知识，还能自行开展各种实践活动，在提高自身知识文化修养的同时，还能够提高实践能力。

另一方面，与传统体育教学课堂相比，教师与学生在微课教学平台能实现更高频率的交流互动，教师与学生之间的一对一解答模式，更好地顺应了学生群体内部的差异性，尊重学生的主体地位，推进学生的个性化发展。

二、微课背景下体育教学改革的策略

（一）合理选择微课应用方法

不可否认，微课教学模式在体育教学过程中能够发挥巨大作用，但是，学校不能随意使用微课平台教学，应遵循一定的教学规律与原则，依据教学整体规划合理应用微课平台，具体来说，主要分为以下两个方面：

一方面，学校或教师在应用微课平台开展体育教学活动时，要先仔细了解微课平台的使用方法、平台特征等，以学校体育教学计划为主，对微课平台、教学目标、教学课程进行整体性评估，将微课平台的使用融入教学过程，使其不显得突兀，更好地服务于教学目标的实现。

另一方面，微课教学平台拥有传统教学模式无法比拟的优点，但是，不能因此完全放弃传统教学模式，不是所有的体育课程内容都适合用微课教学模式教授，在应用教学模式时，应根据现实需要以及实际情况选择线上微课或者线下课堂，同时推进体育教学方法改革。

（二）注重对微课内容的设计

教学过程总要遵循一定的教学目标，而每种运动的教学目标设置一般都是均衡的，不会厚此薄彼，所以，当学生学习不感兴趣的体育运动项目时，很有可能因其抵触情绪达不到教师的要求，学生的学习兴趣与教学的目标设置发生了冲突，教学课堂的效率就会受到很大的影响，此时，运用微课平台可有效缓解这一问题。学校教师在制作教学视频之前，应对班上学生体育运动项目偏好做一个简单的统计，通过数据总结出学生们的兴趣所在，针对最终结论适当调整教学内容设计，增强教学活动的创新性，给学生带来不一样的学习体验，优化教学环节和手段，激发学生的学习兴趣，从而此时学生在学习过程中保持高度的主动性。

（三）注重教学主体的学习

在体育教学活动中，学生和教师都是活动主体，都是课堂的重要组成部分，都对课堂效果的最后呈现具有重要影响。所以，在微课平台应用过程中，要格外注重两主体的发展与进步，具体来说包括以下两个方面：

一方面，学生要在微课教学模式下充分发挥主观能动性、开展自主性学习，根据一定的教学目标与任务，观看教师上传的微课视频，遇到不懂的地方反复观看，观看视频后及时与教师交流沟通，向教师表达自己对体育课程的需求，以此不断发展、完善自我。

另一方面，教师应不断增强自己的教学专业性与创新性。教师将自己所知的知识传递给学生，首先要保证自己拥有一定的科学文化素养，避免出现模棱两可、对教学内容不熟悉的情况，要保证视频内容正确无误。其次要不断学习新技术、新知识，不局限于过去，努力使自己的教学顺应时代潮流。

（四）注重对微课时间进行控制

微课的主要优势就是视频短小精悍，能够让学生迅速把握学习重点，信息传递过程十分简便，但在体育教学的实际过程中，视频内容须经教师精心挑选设计，而且微课应用时间不宜过长，时间一久，学生对其专注度也会下降。教师制作微课视频内容时应将每个视频的时长限制在 5~8 min 区间内，以此确保教师在视频中选用的都是教学内容的重点，避免重复拖沓，节约课上时间，充分发挥微课的最大优势，促进学生对知识、技法的学习、吸收。

（五）注重分层次教学

同个班级的学生是完全不同的，大学的体育班级中，学生可能来自不同院校、不同专业，这是由传统教学模式决定的。此外，每个人的身体素质也有区别，经常锻炼、热爱体育运动的同学身体素质较好；不喜欢运动、不常锻炼的同学往往身体素质相对较差。因此，班级内每个学生的学习能力、学习习惯、学习水平都有很大的区别，兼顾班级内学生的学习情况是教师在教学过程中面临的一大难题。在此情形下，教师可以根据学生的身体素质、学习能力等，划分学习层级。对于身体素质相对较差的学生，教师应循序渐渐设置教学目标，避免学生因运动过度出现肌肉拉伤等问题；对于身体素质较强的同学，教师可为其设置正常难度的项目训练目标。

（六）注重微课应用平台建设

优秀稳定的教学平台是体育线上教学顺利进行的保障，为了促进体育线上教学的发展，更好地应用微课教学模式，应加强微课平台建设，为整合教学资源提供前提条件，具体做法可以分为以下三点：

（1）信息共享。网络与信息化的迅速发展，改变了人们信息获取的形式与内容，应用网络技术，教师能够搜集到海量有关体育的学习资源，微课平台可以与权威的知识百科类网站建立合作关系，实现平台内的信息共享，教师通过搜集查阅信息制作短视频上传，供学生学习、下载。

（2）增强个性化。每个学生的学习特征是不同的，教师应该尊重学生的主体地位，尊重学生的差异性，促进教学方法的改革。

（3）建立维护与管理秩序。一方面，关注平台使用情况，一旦发现不合理之处应及时改进，避免程序性错误；另一方面，平台管理者应注意审查课程内容，避免出现重复课程，提前划分体育教师的负责板块，减少不必要的工作量，提高工作效率。此外，在平台实际使用过程中，教师应发挥教师的管理职能，在学生遇到平台使用难题时，应积极为学生提供帮助，必要时可寻求专业管理人员的帮助。

（七）注重各种不同动作的分解

在线下体育课堂中，教师面向众多学生教学，无法百分百保证对每位同学都能进行动作细节指导，这种示范效果是有限的。在微课教学模式中，教师在制作动作类教学时，应注意展示分解动作。在微课平台上，学生虽然可以通过回放、慢放等方式学习体育专业动作，但教师如果能够展示分解体育动作的画面，将有助于学生更完整地把握体育动作，有效避免学生跟做时出现动作误差而又无人纠正的情况。分解体育动作应有依据可循，不能破坏体育动作的整体性。对复杂动作的分解有助于学生自行梳理、解析、掌握动作，又有助于节省线下课堂时间、提高线下体育课堂效率。

第三节　慕课与体育教学改革

一、慕课在体育教学中运用的优势

（一）促进体育学习过程的个性化

体育慕课是一个学生自主学习体育课程的学习平台，该平台广受欢迎，同一节课程可能会被数以万计的学生观看，慕课凭借其学习资源丰富性以及获取方式便捷性等优势，从一众学习平台中脱颖而出，迅速占据了市场。贯穿于慕课学习平台的教学思维是个性化与创新性，学生可以根据自己的时间以及学习需求合理安排在线学习活动，形成专属于自己的学习计划，是一种个性化的学习活动；不同教师对教学内容的理解方式是不同的，也拥有不同的教学习惯，这种教师的个性化转移到平台上来，就形成了对同一课程知识的不同讲解形式，为学生提供多种学习思路，是一种个性化的教学活动。

（二）具有丰富的教学资源

传统教学模式存在着发展不平衡的局限性，不同学生因家庭条件、社会环境等多种因素的不同，其能够获得的信息内容与信息数量也不同。慕课的出现打破了时空局限，只要经过注册成为平台用户，就可以随时随地获得海量学习资源，不仅低成本，而且高质量。在慕课平台上学习体育知识，学生不仅可以通过搜索获得丰富的体育理论知识，还能运用搜索功能获得有关体育运动项目动作要领的视频教学，理论与实践相结合，加深学生对知识的理解。

（三）创新教学模式

在慕课平台上，创新性、个性化教学思维推进了教学实践的创新。体育慕课教学是由多个微课连接而成的，学生可以在动作学习过程中先整体浏览视频，在学习难点、重点视频节点处可以反复观看，这种模式实现了体育教学实践整体与局部的统一，体现出平台教学模式的创新性。

（四）高效利用体育课堂教学时间

将慕课平台应用与体育教学过程将大大减少教师工作量，能够为线下教学课堂预留大量时间，供学生进行自主探讨与实践。传统教学模式下，教师要先向学生示范动作，学生对动作的理解与掌握也要花费一段时间，在此之后学生还要就此动作进行练习，整个教学过程留给学生的时间并不是很多，学生充其量在课上对动作进行熟悉，如果学生不在课后练习，再到下一节课时，学生对复杂动作的记忆恐怕已经消失大半，这种教学模式效率相对较低。使用慕课平台开展体育动作教学活动，能够缩减传统教学模式下各个环节的用时，极大提高教师教学与学生学习效率，留给学生更多线下课堂动作练习与自主探究的时间。

（五）突出学生的主体地位

慕课学习平台秉持个性化理念，促使学生转变学习态度——由被动变为主动，学生自行探究的过程其实是一种充满新奇感的过程，远离了灌输式教育的学生充满着好奇心与求知欲，每一次自主探索的学习成果都在激励着学生向下一阶段的学习前进，这种不受干扰的学习机制强调了学生的主体地位，为现代教学改革提供灵感。

（六）推进体育教学改革

信息化时代，互联网技术与大数据技术都在飞速发展，慕课也正是借助这股"东风"取得了巨大的成功。慕课顺应了时代发展的趋势，满足了众多学生对于学习资源的个性化需求，这种教学模式对传统教学模式造成了一定的冲击，在诧异之余，相关部门应积极借鉴学习慕课平台的进步之处，积极推进体育教学改革，增强教学的个性化、自主性、开放性、透明度，转变教学理念，使教学质量进一步提升。

二、慕课背景下体育教学改革的策略

（一）设置动态型体育教学目标

教学过程都是按照一定的教学目标实践的，教学目标对整个教学活动起着指引作用，限制着教学活动的大致走向，因此，在慕课背景下进行体育教学改革，首先要对体育教学目标做出一定的调整，设立宏观目标与微观目标相结合的目标体系。从宏观目标角度分析，体育教学是为了增强学生体质与心理素质、培养体育精神，促进学生的身心健康发展，强调学生的全面发展；从微观角度分析，教学目标的设置应根据学生的学习进度、掌握情况进行实时调整，注重学生对知识的理解、对动作以及技能的掌握，关注学生学习态度并予以及时引导。

（二）创新体育教学理念

传统体育教学模式下的教学理念注重学生对理论知识的把握，学校还会就此目标设置考核项目，采取分数值评价模式，总体而言，学校体育教学的框架并不完善，教师在教学过程中过分看重书本知识，导致学生的实践与自主探究空间被压缩，教学计划中对成绩、分数的硬性要求在一定程度上挫伤了学生参与体育教学活动的积极性。在慕课背景的教学改革过程中，应建立更为广阔的教育教学框架，将实践教学和知识教学并举，通过研究探讨理论知识，更好地服务于体育运动实践，使体育教学形成集学术性、实用性、创新性以及高效性为一体的教育实践活动。这就需要教师对原有传统教学内容进行取舍，去除在体育教学过程中对学生的不必要硬性要求，学习时代先进教学理念并为之所用，推进体育教学改革进程。

（三）完善体育慕课教学课程要素

体育慕课教学课程要素主要有四个，分别为教学内容、教学人员、体育文化、体育实践。慕课背景开展体育教学改革就要对着四个要素予以完善。

第一，完善教学内容。教师在选择课程内容时应注重融入时代特色，避免使用过时的学习资源，认真筛选，有所侧重，为学生提供高质量的课程内容。

第二，提高教学人员素质。从教师自身分析，基于慕课平台，教师对学习资源的获取渠道更丰富了，在慕课平台上观摩、借鉴优秀教师的教学课堂能够有效提升自身的教学水平；从学校角度分析，应加强体育教学师资队伍建设，通过定期培训课程等增强教师的教学专业性，增强教师的信息素养，提升学生的信息敏锐度与筛查能力，要使教师掌握基本的网络使用方法，增加现代技术培训内容。

第三，要让学生了解一定的体育文化，通过体育赛事纪录片或者名人故事等形式，使学生们感受体育文化精神并对体育历史有一定的了解，使学生身心健康都能得到发展。

最后，一切理论知识的学习都应落实到实践中去，教师在教学过程中应培养学生的体育实践能力，引导学生强健体魄、完成个人职业规划等实践活动。

（四）慕课与传统体育教学相结合

伴随着慕课时代的到来，体育教师应该秉持着更为开放的态度来深入体育教学的实践。现代信息技术给人类社会发展与日常生活所带来的影响是不容忽视的，其同样对体育教学的发展与改革提供了动力。慕课教学是一种借助短视频来辅助教学的形式，在慕课的帮助下，学生能在教学活动中获得更强的体验感并实现同教师与同学的有效互动，这一点恰好与体育教学的目的相契合，因而，将慕课与体育教学相结合能够为体育教学注入新的活力，促进体育教学效率的提升。制作体育慕课的教学视频需要通过以下几个步骤：第一，要对体育教学的目标与教学对象加以明确；第二，要根据教学的要求选择恰当的知识点构建教学内容，从而制作教学脚本，选择与教学要求相契合的教学材料；第三，在完成教学材料与脚本整合的基础上，完成视频的合成并做好测试。视频制作时要明确视频内容必须符合体育教学的需要。慕课与传统体育教学进行融合，慕课可以为体育教学提供更加多元化的教学资源，更为开放的教学思想，使得学生能够在观看视频的时候直接感受体育运动动作的形成与细节要点，同时，学生还能够借助慕课这一平台观看更多的优质体育课程，从而获取更多的知识与经验。虽然慕课有很多优势，但依旧不能完全代替传统教学课堂，因此，体育教学也要适当降低对慕课的依赖性，教学应该以传统体育教学为主、以慕课为辅，综合多项信息资源，共同推动引人入胜体育课程的改革。

（五）打造精品体育慕课

社会的发展使得人们的需求越来越多元化，体育教学中也同样如此，而借助慕课所进行的在线教育能够很好地满足人们对于体育课程的需求。因此，明确了社会对于体育课程的需求之后，就需要借助慕课平台打造更加优质的体育慕课课程，从而以更加多样化的教学资源构建新的体育学习模式、形成更加完备的体育课程体系，提升教学方法的创新性，满足不同人们对于体育慕课课程的需求。同时，打造精品体育慕课要保持课程内容的时代性，及时更新教学内容以保证教学内容能够贴合学习者的需求，体育慕课的建设要着眼于未来，建设中要懂得提升体育慕课的实际应用价值，从而促使体育慕课能够一直满足时代的需要并具有持续的生命力。

（六）改革体育教学方式

教学方式的改革主要体现在以下两个方面。

第一，在线学习。在体育教学中通入慕课的教学形式，其优势在于能够借助较为简短的视频与课件为学生提供持续时间较长的学习服务，时空的局限性并不会成为学生获取体育教学资源的阻碍。从时间上来看，慕课体育教学不受时间的限制，对于不懂的问题学生可以反复观看教学视频加深对知识的理解；从空间上来看，学生只要有移动设备就可以随时观看教学视频，更好地利用碎片化时间。如此一来，学生学习过程的系统性就更为显著，也有利于促进体育教学目标的实现。

第二，见面答疑。利用慕课这种教学模式实施教学，教学环节中的见面答疑部分尤为重要，在整个教育体系中都占据关键地位。因此，在体育课堂教学中，体育教师需要发挥好引导作用，借助慕课来探寻理论知识，从而为体育教学实践的完成奠定基础，以理论与实践的统一提升体育教学的实际效果。

（七）完善评价机制

高质量的教学评价对于体育教学质量的提升有重要的促进作用，因此，体育教学改革的实现要注重构建完善的教学评价机制。基于慕课的体育教学要对学生进行更为全面的教学评价，教学评价的内容不仅要重视学生对体育教学动作的完成情况以及熟练度，还要对学生的自主学习以及学习态度加以关注。体育教学评价机制的评价标准必须具有全面性，评价要覆盖学生学习的全过程，这样才能保证教学评价的客观性，使教师与学生根据评价更加全面、客观的认识自己的学习情况与教学水平。

（八）加大宣传力度

人的思想观念对人的行为能够产生决定性的影响。因而，教育行为的产生也受到教育观念的深刻影响。在传统体育教学观念的影响下，体育教师的教学观念与方式都已经固定，但随着信息时代的不断发展，这种教学理念已然不能满足当前体育教学发展的需要，如果仍旧坚持运用这一教学理念，就必然会与慕课教学模式产生冲突，打破教学的平衡，因而，转变体育教学观念是十分必要的。然而，教学观念的转变并不是一蹴而就的，人们需要有一定的接受时间才能完全认可新的教学观念，这种情况下，就需要相关教育部门以及学校起到带头引领作用，加强对慕课体育教学模式的宣传，从而帮助教师与学生加强对该种模式的认识，更快地熟悉并认可慕课与体育教学的融合，实现教育教学观念的转变。宣传过程中，学校以及相关部门一是可以利用好现有的教学宣传平台，二是可以借助新媒体手段加强对慕课体育教学模式的宣传，从而使得全校范围内都能感受到慕课的优势，进而形成良好的学习氛围。

（九）注重混合式学习模式的构建

与其他学科相比，体育学科还需要更加重视体育运动技术的实践性。基于此，慕课形式下的体育教学就不能只局限于线上学习，而是应当实现线上与线下传统教学的融合，这样才能切实提高体育教学的效果。这种混合式教学模式的构建要求学生先是要借助慕课平台完成体育动作的理解，然后在课堂教学中在反复练习，通过教师的纠正来提升动作的准确性，课后再借助慕课来对动作加以巩固，从而完成体育动作的实践性教学。这种混合式教学模融合了慕课教学与传统教学的优势，能够在帮助学生加深对动作理解的同时锻炼他们的意志品质，从而促进学生的体育素养发展与个人的全面发展。

（十）提升师生网络素养

师生网络素养的提升可以借助以下三种途径来完成。

第一，对教师与学生的网络信息技术进行培训。教师要具备完备的信息技术能力才能够制作更好的慕课体育教学课程，才能在海量的资源中寻找到自己所需的教学材料，构建真正的体育慕课精品课程。学生掌握信息技术，就能更加熟练地运用慕课平台，借助慕课平台的功能完成学习任务，获取教师的教学评价，以更好地提升自己。

第二，要采取适当措施提升教师与学生的网络道德素质。网络虽然有巨大的优势能够为体育教学提供更多的优质教学内容，但是网络信息良莠不齐学生很容易受到不良网络信息的影响，沉迷于娱乐之中，在降低教学效率的同时还会对学生的身心健康产生危害。因此，教师要以身作则，不但要严格约束自己，还要对学生加强管理，避免学生受到不良侵害，引导他们合理使用网络，从而形成良好的网络道德素质。

第三，学校要为体育教学创设一个良好的教学环境，加强对网络的管理与控制，确保体育慕课教学能够在一个和谐、稳定的环境中进行。

第五章 依托翻转课堂与智慧课堂的体育教学改革

互联网技术不断改革与发展，改变了人们的生活方式和生活水平，也将体育教学模式进行了改变。翻转课堂和智慧课堂，不仅为体育教学的传统教学模式进行创新和改革，还能促进学生的身心健康发展，大大提高了体育课堂教学的效果。本章主要对基于翻转课堂和智慧课堂的体育教学模式、特点、面临的问题以及应对策略进行分析和探讨。

第一节 翻转课堂与智慧课堂解读

一、翻转课堂解读

（一）翻转课堂的定义

"翻转课堂"也称"颠倒课堂"或"颠倒教室"，是相对于传统课堂上讲授知识、课后完成作业的教学模式而言的。它是指学生在课前观看教师事先录制好的或是从网上下载的教学微视频以及拓展学习材料，而课堂时间则用来解答学生的问题、纠正学生的作业，帮助学生进一步掌握和运用所学知识。传统教学过程通常包括知识传授和知识内化两个阶段。知识传授是通过教师在课堂中的讲授来完成，知识内化则需要学生在课后通过作业、操作或者实践来完成。而在翻转课堂上，这种形式受到了颠覆，知识传授则通过信息技术的辅助在课前完成，知识内化则是在课堂中经老师的帮助与同学的协助来完成。自"翻转课堂"第一次出现，一系列的硬件、软件和应用程序制造商已经开发出产品实现混合学习的过程。因为在很大程度上战略依赖于技术的顺利操作，翻转学习先锋和支持者们总是在寻找工具,以便帮助他们更聪明、更有效地工作。

总之,翻转课堂是一种崭新的教学形态,翻转课堂的整个过程是指教师制作教学视频,学生在观看视频中获取知识,然后再返回课堂与教师和学生形成有效互动与交流。

（二）翻转课堂的特点

1. 教学视频短小精悍

翻转课堂的教学视频时间十分简短,一般只有几分钟,长一点的也不过十几分钟。每个视频都通过简短的时间来阐述一个问题,因而教学的针对性极强,而且视频的查找也十分便利,这就方便了学生学习；根据学生的身心发展规律,这种简短的教学视频时间刚好控制在学生注意力集中的阶段,这样学生学习的效率就得到了提升；翻转课堂的视频可以随时暂停、回放,因而学生可以很好地实现自主学习。

2. 教学资源得到丰富

翻转课堂的教学内容十分丰富,资源获取渠道也十分多样。教学中可以运用多种类型的资源对教学内容进行更加立体化的呈现,以便学生理解与记忆教学的重点。丰富的教学资源使得学生的知识面得以拓展,学生的思维不再局限,能够更加具有创造性地完成学习任务。

3. 突出学生主体地位

翻转课堂始终将学生放在教学活动的中心位置,重视学生的主体地位,关注学生的个性化差异,从而保证个性化教学的实现。学生在充分认知自己学习情况的基础上,通过观看教学视频来提升自己的知识与技能。教师为学生提供教学资源并帮助学生解答困惑,在教学中担当引导者的角色,从而促进学生学习主动性与积极性的提升。

4. 复习方便,检测快捷

教学效果检测便捷,即时性强。检测和考核是测量教师教学效果和学生知识掌握的有效方式。"翻转课堂"可以在课程结束后即进行教学效果的检测。在每个教学视频的最后,老师都会设计若干小问题,即时检测学生对所学知识的掌握和理解情况,帮助学生发现学习的问题,并对自己的学习情况做出基本的认识和判断,引导学生进行自主的思考,并及时地记下自己的问题和疑问。对于学生的问答情况,老师可以进行及时的汇总,通过数据分析和总结,发现教学过程中的重难点,改进教学方法。学生还可以在学习之后的一段时间内,反复不断地对薄弱知识点进行复习和巩固,而学习系统也会对学生每次学习过后的问答情况进行跟踪，分析和评价学生的学习效果。既有利于学生了解自身的学习情况，也有利于老师做出针对性的教学调整和改进。

(三) 实现翻转课堂的意义

1. 增强了学生的学习动机

翻转课堂可以让学生提前学习学科知识，学习过程比较自主，也可以和其他同学交流讨论。更为重要的是，课堂上学生有更多的表现和参与的机会，因而，学生表现出了在课前以及课堂学习的很高参与度，提升了学生学习的兴趣和动机。相对于传统的教学模式，他们更喜欢翻转模式。

2. 促进学生个性化学习

翻转课堂倡导先学后教的自主学习，学生从知识的被动接受者转变为知识建构的主动参与者，学生可根据自身情况来安排自己学习的进度。翻转课堂使学生自己观看视频，自己掌握学习进度，自己安排学习计划，自主选择学习环境。学生根据自身情况选择以何种方式学习英语，不懂的知识点可以反复观看视频，也可以通过求助网上教师来解答疑难问题。在课堂中，将自学过程中遇到的问题与教师和同学进行有针对性的交流讨论，这也与建构主义学习观所倡导的在解决问题中学习的思想不谋而合。学生之间互为指导者，提高了学习的积极性。同时学生的语言表达、合作能力也得到了增强，个性得到了发展，创新精神得到了培养。

3. 加强了师生之间的交流

采用翻转课堂教学模式，可以有效增加教师和学生之间的交流，促使教师能够更加深入地了解自己的学生。翻转课堂的教学模式让教师有更多的时间和学生进行一对一的深入指导和交流，教师更加了解学生，师生谈话更具有针对性，师生交往更有意义，学生之间的交流互动也更多。互动交流更多，交谈更加有意义，氛围更加积极，师生关系更好。

4. 减轻教师课堂管理的重负

以往的教学课堂上，教师不但要传授知识，还要进行课堂纪律的管理，这样就大大降低了教学的效率。而在翻转课堂中，学生需要集中精力才能跟上教学的节奏，因此，减少了他们扰乱课堂纪律的概率，使得教师教学管理的压力大大减轻。

5. 提高了课堂效率

在翻转课堂教学中，教师时间重新得到分配，教师的时间能够更高效地得到利用。在传统的教学模式中，课堂的大部分时间都是教师在教学，而用于师生互动的时间是少之又少，即使有也仅仅局限于课堂的互动环节中。在翻转课堂的教学模式中，教师的教授时间减少了，转而用更多的时间与学生互动交流，对学生的学习进行观察和分析，及时地了解学生的学习情况，改进和调整教学，不断地利用课堂时间引导和帮助学生；学生也在与老师和同学充分、及时地互动交流中解决学习中遇到的困难和疑问，降低学习的挫败感，增强学习的信心。

二、智慧课堂解读

（一）智慧课堂的定义

对智慧课堂的概念有两种视角的理解：一种是从教育视角提出的，新的课程理念认为，课堂教学不是简单的知识传授或学习的过程，而是师生情感与智慧综合生成的过程，智慧课堂的根本任务是"开发学生的智慧"，这里"智慧课堂"的概念是相对于"知识课堂"而言的。

从信息化的视角来看，"智慧课堂"的概念是"信息化课堂"发展的结果。现在人们广泛应用的"智慧课堂"实质上就是智能化课堂，是从信息化的视角来界定的，即使用先进的信息技术实现教育手段的智能化，使课堂教学环境更加富有智慧，进而实现教育教学的智慧化。因此我们将"智慧课堂"理解为：在信息技术的支持下，通过变革教学方式方法，将技术融入课堂教学中，构建个性化、智能化、数字化的课堂学习环境，打破传统的单向教学，实现师生双向互动，切实提高教学质量和教学效率。

实质上，"智慧课堂"概念的提出与发展既是信息技术在教学领域应用的产物，也是课堂教学自身不断变革发展的结果。

（二）智慧课堂的特点

1. 学习个性化

智慧课堂关注学生的个体差异，重视学生的个性化发展，会在了解每个学生个性和心理特征的基础上为其提供符合每个人特性的学习指导；同时，智慧课堂又十分注重对学生协同合作能力的培养，提倡构建学习共同体以促进学生的互动交流，保证教学的实际效果。这样学生在与学习共同体成员的有效互动中，就能够汲取别人学习的经验与智慧，从而提升思维能力与创新意识，实现自身的完善发展。

2. 数据跟踪化

互联网以及信息技术的发展与普及为教学活动提供了很大的助力，智慧课堂正是依托互联网大数据技术来记录学生的学习过程并进行数据分析，从而对学生的学习效果进行全方位地评价，帮助教师根据学生学习的现实情况为其提供指导与帮助。另外，网络课程资源推送服务基于个性化教学推送模型支持基础上，且结合多种智能推送运算方法。它能够实现适当的课程资源与学习者知识基础的双向匹配，从网络各种数字资源中提取相关信息、学习经验和兴趣知识等，利用认证系统将知识推送给学习者。这样可以有效地解决信息过载现象，并帮助学习者便捷地从海量信息中挖掘出有用的、兴趣相关的学习内容，进而提高学习者的学习效率。

3. 工具丰富化

智慧课堂融入教学中，为教学提供了大量的学习工具并创设了具体的教学情境，从而使得学生能够借助丰富多样的教学工具获得更多的知识与技能，提升自己的实践能力。智慧课堂为学生提供了庞大的信息资源库，学生借助智能移动设备就能够获取丰富的学习资源，在网络平台上学习到书本以外的知识，从而帮助学生学会自主探究与主动思考，使其建构自身的知识体系，从而实现全面发展与提升。

4. 活动智慧化

智慧课堂利用互联网智能设备以及丰富的网络资源组织学习活动，创设出具体的教学情境让学生参与其中，这些智能化的学习活动能够提升教师课堂教学的效率，锻炼学生凭借专业知识解决问题的能力，从而帮助学生提升智慧，加深对智能化的运用与理解，增强学生的逻辑思维与创新能力。

5. 课堂开放化

智慧课堂突破了传统课堂的时空限制，改变了传统的封闭课堂，学生可以借助于互联网平台及各种智能移动终端，实现了开放的课堂活动，也使教学活动的课前、课中、课后有机地衔接起来，融为一体。

(三) 实现智慧课堂的意义

1. 丰富了课程资源，方便师生使用

智慧课堂借助互联网技术形成了庞大的资源信息库，信息库可以为教学提供各种形式的教学资源，从而使得教学内容更加多元化与智慧化。教师借助智慧课堂所提供的教学资源进行备课，为教学内容增添趣味性，提升教学资料的质量；与此同时，教师还利用智慧课堂的网络云空间来辅助日常教学，转变了以往只用书本教学的形式，使得资源的获取更具灵活性，学生接触的教学课程内容也更为新颖与形象。如此一来，就极大地增强了学生学习的积极性，提升了课堂教学的效率。

除此之外，智慧课堂的功能十分强大，不仅有直播回放、热点话题推送功能，还能实现学生在线的交流与讨论，学生学习的途径得以拓展，教师教学的方式也得以丰富，可谓是一举两得。

2. 突出了学生的主体地位，激发了学习热情

智慧课堂在开展过程中融入了专用软件终端的设计。在这个终端设计的应用中，学生摆脱了被动接受知识的局面。学生可以利用这个软件终端的设计实现自主学习，可以对教师的课件进行操作。在操作的过程中，学生充分发挥了自己的主体优势，这对学生深入学习知识和理解知识是有很大帮助的。

在云端智慧课堂的应用过程中，学生的角色发生了很大的变化。学生被动者的角色被改变，学生成为学习的主体。这是云端智慧课堂与传统教学的重要区别之一。学生是影响云端智慧课堂建设的重要因素，如果没有学生的参与，就很难取得好的智慧课堂教学效果。

云端智慧课堂是在云计算、网络技术、信息技术迅速发展的背景下产生的，它离不开这些现代化技术的支持。同时，云端智慧课堂还需要平台支持，因此，教师还应该注重平台的建设。

总之，云端智慧课堂是一种新教学理念，它主要以学生为中心，注重学生学习热情的提高。

3. 准确把握学情，方便及时调整

智慧课堂中有智慧客户端设计。在设计过程中，教师可以注重预习、检测和练习的融入。这三项内容的融入可以分为三个不同的阶段。预习主要设置在课前阶段，检测主要设置在课堂阶段，练习主要设置在课后阶段。同时，在这个客户端中，学生可以进行习题练习。客户端也会将学生的做题情况反映出来。

习题的推送可以来自不同的途径。教师在给学生推送习题的过程中可以结合学生的学习现状，推送符合学生学习需求的习题，这样能够调动学生学习的积极性，能够有针对性地提高学生的学习成绩，促进学生的个性化发展。

4. 课前课堂课后一体化，提升教学效果

课堂要还给学生，让学生成为课堂的主人，只有让学生在互动中学习。借助移动设备操作使得互动不受时间和地点的限制，课前预习、课堂讨论、课后延伸等均能借助设备即时传递给学生端，学生也可将讨论结果、作业及考试答案等反馈至教师端。动态生成的学习数据、智能化的习题推送、师生无障碍的即时沟通利于教师即时掌握学生的学习状态，也让学习者的问题可以即时得以解决，增加师生互动的深度和广度，提高课堂教学的实效性。智慧课堂的设计在于通过信息化的辅助，启迪学生思维，达成智慧地教与学的高效、智能课堂的目的。教师要借助信息化平台，准确掌握学情并调整教学策略，掌握表扬和

启迪学生的策略，轻知识而重能力与情感培养，尽力与国家培养人才理念保持一致，提升课堂教学机智，实现智慧教学。

在课前，学习平台也起着重要的作用。教师要充分发挥这一平台的优势，引导学生积极参与到学习平台的学习中，鼓励学生观看平台中提供的多个视频，这样可以拓展自己的知识面。在学生学习过程中，教师还应该对学生的学习情况进行评价，从而将评价反映给学生，让学生明确自己的学习情况，根据反馈了解自己的优势和不足，不断分析不足的原因，并有针对性地进行改正。

在课堂上，学生的学习情况、创作情况、设计情况都要记录下来，这样可以反映学生的实际情况，使教师了解学生学习情况，并以此为依据，调整教学内容和教学进度，不断促进学生的学习效率。

在课后阶段，教师应该引导学生进行复习。在复习过程中，教师可以结合智慧课堂平台上的各种数据，对学生的学习情况进行分析，并有针对性地安排学生练习。同时，教师还可以结合智慧课堂平台的反馈信息对学生进行个性化辅导，使学生能够在轻松、愉快的氛围中学习知识。

三、智慧课堂相比于翻转课堂的优势

翻转课堂是信息化发展的必然结果。翻转课堂在教育教学领域得到了广泛的应用。随着网络技术的不断发展，智慧课堂应运而生。智慧课堂也是信息化的产物，与信息化技术、网络化技术有着紧密的关系。实际上，智慧课堂比翻转课堂更智慧化、网络化。

（一）提前了解学生的学情信息

传统的教学模式通常以教师讲授为中心，学生在教师灌输式的教学方法中学习知识，这对学生自主学习能力的提升是不利的。随着智慧课堂的发展，智慧课堂在各个领域都得到了广泛的应用。近年来，智慧课堂给教学带来了新的理念。智慧课堂注重学生的主体性，强调学生的自主学习能力。因此，在实际教学中，教师应该结合实际需要推送符合学生的知识和能力需求的资料。因为，无论是过难的资料，还是过易的资料，都不利于促进学生的学习。所以，教师要全面了解学生的需求，了解学生的实际情况，从多个不同的方面为学生提供契合学生发展的学习资料。

由此可见，提前了解学生的实际学习情况，对学习资料的推动、因材施教都具有十分重要的意义。智慧课堂集各种信息技术、网络技术、智能技术等于一体，可以搜集学生的学习情况，并反馈给教师，使教师能够根据实际情况，推送合适的资料。具体而言，教师可以利用智慧课堂对学生进行测试，这种测

试可以分层次进行，也可以整体进行，但正确率也符合本校的要求。教师通过智慧课堂反映出来的数据，就可以了解学生的真实学习情况，明确学生的优势和不足，从而为每个学生推送不同的学习任务和学习内容，使学生能够根据自己的学习水平选择学习的内容，从而实现学生个性化学习的目标。

(二) 充分利用移动学习终端

翻转课堂在具体的应用过程中主要依靠手机，有时候也会用到邮箱，其环境方面存在着稳定性不足的问题。而智慧课堂则不同，它可以用电脑终端，也可以用移动终端，这在终端设备都可以提高智慧课堂实施环境的稳定性。

手机上可以安装移动终端。手机是一种移动设备，装有移动终端的手机可以实现随时随地学习，学生不用在固定的教室就可以完成学习。通过移动终端，教师可以根据学生的日常表现和综合学习，推送适合学生的学习内容，布置学习任务。同时，在智慧课堂中，教师和学生可以利用移动终端进行交流和互动。教师可以利用移动终端对学生的学习情况进行评价，学生可以利用移动终端对教师的教学进行评价，这样可以使教师和学生分别了解自己的实际情况，有利于教师及时改变教学策略，有利于学生改正自己的不足，这些都有利于促进教学目标的实现。

此外，智慧课堂提供的移动终端有利于教师与学生之间互动与合作，这种互动性可以是一对一的互动，可以是一对多的互动。

总之，智慧课堂为教师和学生提供了移动终端服务。教师和学生都可以利用移动终端进行交流和互动，从而使教学更加多样化，使学生的学习更加个性化。

(三) 智能分析教学情况

智慧课堂使教学更加智慧化。智慧课堂充分利用信息技术，并紧密结合教育教学理念，为教育教学的创新注入了新的活力。在智慧课堂的影响下，教师会将信息技术、网络终端、云计算等技术融到教学过程中，实现教学过程的全网络化和全智慧化。同时，学生的学习过程也实现了信息化管理和数据化管理，真实记录了学生的学习过程和学习表现，可以为教学评价提供理论支持。

此外，智慧课堂可以促进数据的收集和整理，这些都可以为教学提供真实的数据。

总之，智慧课堂覆盖了多种信息技术，这些信息素使教学实现了全程数据化和网络化，对学生的监督和管理也实现了智慧化。可以说，利用智慧课堂分析教学过程，有利于促进教学的信息化和智慧化发展。

第二节　翻转课堂与体育教学改革

一、翻转课堂中体育教学面临的困境

(一) 体育教学模式存在单一化

在当前体育教学中，很多体育教师仍然采用传统的教学模式，将自己看作是教学的中心，运用灌输式方式讲解体育知识和体育技能，这种单一的教学模式很难激发学生学习的欲望。同时，体育教师并未将体育教学的热点融到教学中，使体育教学一直沉浸在传统的教学内容中，缺乏改革和创新。

此外，很多体育教师的教学理念受应试教育的影响比较大，他们不愿意主动接受新的理念，也不愿意将翻转课堂这种新的教学模式融到体育教学中。

总之，单一化的教学模式在很大程度上阻碍了体育教学的发展，使体育教学遇到了瓶颈，面临着很多困境。

(二) 体育教师缺乏相应的信息素养

众所周知，翻转课堂是在信息技术和网络技术不断发展的背景下兴起的。它是教育信息化的范畴。要想提高翻转课堂在体育教学中的应用效果，就必须提高体育教师的信息素养。如果体育教师缺乏信息素养，就会影响翻转课堂的有效应用。然而，在体育教学中，很多教师仍习惯于传统的教学模式，对翻转课堂的兴趣也不是很高，同时，他们不愿意去学习信息技术、计算机技术等。即使有一些教师意识到翻转课堂的重要性，但是视频制作的质量不高、计算机技术不过关、缺乏课程开发的能力等，这些都在一定程度上限制了翻转课堂的应用。由此可见，信息素养是翻转课堂有效应用的保障。高校要针对教师信息素养的缺乏问题积极采取措施，从而不断提高体育教师的信息素养。

(三) 体育教学评价体系有待完善

在传统教学模式中，教师主要采用单一化的评价方式。随着翻转课堂在体育教学中应用的不断普及，教师仍没有转变评价观念，仍采用考试评价的方式对学生进行评价。同时，教师并没有根据学生的日常表现建立激励性评价机

制，也没有结合翻转课堂的特点构建科学的评价机制。此外，教师忽略了教学评价体系的落实情况，这些都不利于评价机制发挥作用。可见，体育教学中评价体系是单一的、有待完善的。

(四) 学生的学习自觉性有待提高

在翻转课堂中，学生要通过观看教学视频进行学习。这对学生的积极性、主动性、自觉性都提出了更高的要求。然而，在现实学习中，很多学生在观看视频时很容易受到外界干扰，自控力和自觉性都比较差，这些都会影响学生的学习和思考。同时，在观看视频的过程中，学生会遇到有很多问题。对于一些自觉性比较差的学生就会放弃教学视频的学习，这对翻转课堂的应用也是有影响的。因此，教师要采用各种不同的方法提高学生的自觉性，使学生能够自觉地观看视频。

二、翻转课堂在体育教学中呈现的价值

(一) 创新了体育教学的形式

翻转课堂主要将教学分为三个阶段，即课前预习、课堂探讨和课后复习。教师可以通过图片、音频、视频等形式制作教学视频。学生可以通过观看教学视频的形式进行课前预习。同时，在课堂上，学生还可以通过讨论的方式与教师、同学交流。此外，在课后，学生还可以根据自己的学习情况选择不同的内容和形式进行复习。可见，翻转课堂实现了体育教学形式的创新，有利于促进体育教学目标的实现。与传统体育教学模式相比，高校体育翻转课堂教学模式具有十分突出的优势，它明显地摆脱了传统体育体育教学模式的束缚。构建的网络平台让教师与学生之间的关系变得更加接近，同时教师与学生也实现了友好的沟通，更为重要的是，一种师生协作环境产生了。翻转课堂是当今时代教育领域中大变革的产物，对翻转课堂教学模式的每一个环节进行分析就会发现，所有的环节都需要一定的保障，这里的保障指的是教师要具备较高的业务能力，学生要具备较强的适应能力。

(二) 培养了学生的自主学习能力

与传统教学模式有着十分明显的差异，翻转课堂教学模式的空间并不仅仅被局限在教室之内，在其他的地方，这一教学模式也可以被很好地利用起来。教师在课前会给学生提供一些教学视频，让学生在上课之前掌握视频中的知识点，掌握这些知识点的过程就是学生不断培养其自主学习能力的过程。学生在

自主学习过程中肯定会遇到一些问题，对于这些问题，教师在课堂应该进行及时的指导，帮助其顺利地解决相关问题。

翻转课堂教学模式在体育教学中的应用，让学生可以对各类体育知识有足够的了解，同时也能使其对不同的技术动作有清楚的认知，进而在做这些动作时就能比较好地完成。运用这一教学模式，学生在教学中的主体地位被凸显了出来，学生可以更加自主地掌控自己的学习活动。

(三) 加强了师生之间的沟通

翻转课堂教学模式之下，教师与学生之间的沟通变得更加顺畅。过去，教师与学生只能在教室中进行交流与互动，而现在他们则可以利用互联网平台完成实时交流。在与学生进行实时交流的过程中，教师能对学生的学习情况进行全面的了解，同时还能帮助学生解决其在学习过程中遇到的问题。由于不是直接面对面的交流，还隔着电脑或手机屏幕，因此，学生对教师存有的"害怕"感觉也就被淡化了，学生的紧张心理也能获得一定程度上的改善。与过去教师所使用的传统教学模式相比，翻转课堂教学模式能将学生的主体作用发挥出来，同时还能让学生借助网络平台实现对不同知识的掌握，这样，随着教师与学生联系的频繁，他们之间的关系也会变得更加紧密。在课上，教师可以根据学生在课前的预习情况对学生进行合理的分组，使学生能与其他同学一起学习，这不仅使其自主学习能力获得培养与提高，而且还能使其协作能力获得培养与提高。笔者认为，在体育教学中，体育教师应该自觉地应用翻转课堂教学模式，并充分发挥这一教学模式的优势，激发学生的积极性，拉近自己与学生之间的距离。

(四) 强化了体育教学效果

课前，教师可给学生发送教学视频，让其在课前完成相关理论知识与动作技能的预习。课中，教师主要的任务就是对学生在课前预习过程中没有掌握的知识点进行讲解，从而使学生能进一步消化知识，同时，教师还要对学生进行分组，然后给每一个小组讨论的主题，使其在讨论过程中不断强化对体育知识的认识，也能培养其协作能力。

在翻转课堂教学中，教师与学生都有着自己的任务，教师要彻底转变传统的教学理念，掌握各种信息技术知识与技能，进行微视频制作，当视频制作完成之后就需要将其上传到信息化教学平台，这样，学生就能自由地下载视频进行学习。对于学生来说，其主要任务就是开展自主学习活动，要能根据教师提供的微视频安排学习计划，制定学习目标，要严格按照学习计划学习，以促成学习目标的实现。教师与学生都应明晰自己在翻转课堂教学中的任务，那么，无论是教师的教学能力，还是学生的学习能力，最终都能有所提高。

三、体育翻转课堂的模式构建

翻转课堂的模式构建体育教学翻转模式的构建与一般翻转课堂模式相似，包括课前预习准备、学生自主学习、课中知识学习、课后总结评价几个阶段。

（一）课前预习准备阶段

课前环节的有效开展是翻转课堂教学的基础，也是培养学生体育兴趣的关键保障。教学目标是教学活动的实施方向和预期达成的结果，是一切教学活动的出发点和最终归宿。

1. 教师明确教学目标

在课前，教师根据教学大纲、计划明确教学目标和任务。在教学过程中不断修正新的教学目标，使课前、课中、课后形成一个完整的、协调的、相互联系的整体三维目标。通过信息技术将技术动作的概念、要领、方法及技术原理等制成 PPT 演示文稿。综合利用演示文稿和视频等手段将教学内容形象地表现出来，按照教学步骤和程序制成学习资源上传网络平台。

教师在课前给学生提供的教学视频是翻转课堂课程资源中的核心资源。视频内容需要将本节课的内容覆盖上，同时，笔者还需要指出的是，视频时长应该适度，不能太长，也不能太短。教师要注意学生自主学习能力的培养，积极鼓励学生进行自主探究活动，使其能对各种体育知识进行合理探究。视频是可以被暂停或重复播放的，正是因为如此，当学生遇到一些问题时其就能反复观看视频，并最终完成对于知识的领悟。当然，学生可能最终还是无法理解知识点，那么，其依然可以在课堂上获得教师的讲解。

教师根据学生课前学习的结果，在课堂上对学生进行分组，然后将本节课的内容以项目的形式分配各不同的小组，小组成员要选出一个组长，由组长带领所有组员进行项目的演练。这种学习方式不仅能使组长的管理与组织能力获得培养，而且还能使组员的合作意识获得培养。

对于示范动作难度比较大或难以直接进行分解示范的动作，可以通过二维或三维动画技术并辅以用力方向、用力大小、运动轨迹等图示及文字说明将其生动具体的展示出来。比如：在背越式跳高过杆教学中，人体在过杆时所做出的"背弓"动作，在实际教学过程中无法在杆上做出静止示范动作，也无法更直观地展示，但通过视频的加工处理，配以"箭头"表示的力的方向及文字说明，就会使得教学视频更直观、更清晰。依据教学单元的计划安排，由浅入深、由易到难合理组织每个教学环节，让学习者在不浪费大量时间的前提下，学习掌握理论知识。

2. 教师熟练掌握信息技术

翻转课堂教学模式一般都是在网络平台实施的，这就要求教师必须要掌握信息技术，同时能熟练地使用各种信息技能。比如，教师需要具备使用学习通平台的能力，但有些教师却不知道怎样在这一平台上发布学习任务，也不知道如何在上面上传文件、督促学生打卡等。教师必须要对各种线上教学软件有灵活的使用，这样，翻转课堂教学的质量才能有所保证。

教师要学会利用信息技术对学生的学习数据进行采集，从而在对数据进行分析的基础上对学生的学习情况做到全面掌握。智慧体育可以与体育课堂结合起来，这是数字智能化的一种展现。借助计算机等各种智能设备，教师可以直观了解学生的学习情况。首先，在翻转课堂上，教师需要对学生的身体数据进行采集，以确定学生适合哪些运动，并给其进行科学的训练计划安排。其次，要对学生的运动情况进行合理的管理，以对学生进行全面的课堂监测，这样，教师就能全面把握学生的学习情况，并对学生进行合理的管理，使其能始终保持一种绿色的运动状态。最后，教师还应该为学生建立运动电子档案，要将学生的运动数据记录在电子档案中，久而久之，教师就能从整体上把握学生运动状态的改变情况，并根据学生运动状态的改变去帮助其制定学习计划与训练计划。

3. 学生课前自主预习

翻转课堂教学模式要求学生不仅具有自主学习的能力，而且具有发现与解决问题的能力，同时还要积极地对学生进行引导，使其可以充分地参与到翻转课堂教学中。学生课前预想的内容多为一些技术动作的概念、要领等，通过学习这些知识，学生将能对技术动作形成一个全面的认识与了解。在预习过程中，学生肯定会遇到一些问题，遇到问题学生就需要想办法解决，比如，学生可以自行先在网络上搜寻答案。在学习新的动作时，学生往往始终抱有极大的热情，在课前预习新的动作知识，学生会不自觉地进行自我训练。笔者需要指出的是，学生的这种积极的学习态度是好的，但因为其学习的是新动作，又没有教师的指导，如果其没有正确认识动作，经过训练掌握了错误的动作，这是非常不好的，甚至可能会让学生形成错误的动作固定思维。因此，在课前预习过程中，如果学生想要完成动作训练，其没有必要单独进行，而是可以与其他的同学一起训练，他们一起训练的过程中也能锻炼和培养发现问题和纠错的能力。

在学习过程中，学生也会遇到一些比较有难度的技术动作，这时学生就可以借助虚拟系统进行训练，虚拟系统能直观再现学生的动作形态，通过对系统反馈的动作数据进行分析，学生就能对这些有难度的动作有更加深刻的认识。

(二) 课中知识学习阶段

在课中阶段，学生需要将自己在课前预习过程中存在的问题提出来，教师则需要一一解答。同时，教师还要示范动作，让学生跟着自己进行动作训练。教师要组织学生进行讨论，在讨论过程中，教师也可以参与进来，这样的互动交流不仅有利于问题的解决，也增进了教师与学生之间的距离。课堂上，教师放置好数码摄像机，对教学过程进行全程摄像。教师需要对问题进行合理的划分，划分的依据可以是兴趣，也可以是学习水平等。教师要组织学生进行探究活动，要为学生组织各种各样的课堂活动，尤其是要让学生进行分组讨论，在讨论中学生的思维能变得开阔，同时，其看问题的角度也会增加。更为重要的是，学生在合作中可以更好地提升自己的合作能力，在将来步入社会，他们也能更好地适应、融入社会。学生在课前已经完成了相关知识的学习，但学习过程中也遇到了不少问题，在课堂上教师不能直接告诉学生答案，首先应该引导学生对问题进行一定的思考，同时给学生一些恰当的提示，这样，学生的问题就能获得很好的解决，学生解决问题的能力也能有所提高。当把学生遇到的问题都解决完毕之后，教师接下来的任务就是依据学生的运动技术水平对学生进行分组，从而对学生进行分层教学，以使不同学习水平的学生都能获得一定的指导。此外，教师必须要注意学生思考能力的培养，注意利用某些问题让学生进行合理的思考，从而使其可以了解自己形成错误动作的原因，进而自己能对自己形成错误动作的原因进行分析。教师应该注意培养一些技术动作规范的学生，对于这部分学生，教师要加强培养，使其能在教学中成为教师的帮手，指导其他同学完成动作的训练与掌握。当动作训练活动结束之后，教师还需要组织学生对训练过程中的问题进行分析，并让学生在分析问题的基础上总结学习心得，这样，通过训练完后的总结，学生就能对自己的动作掌握情况有更加清楚的认知。

例如，在学习《田径》这一运动课程时，体育教师可针对学生的个性差异情况，将其科学、合理地划分为不同学习小组，引导学生进行分组学习。然后让学生以小组合作学习的方式，对课前通过公共体育教学平台自主预习的理论知识、田径相关动作与技能点等进行讨论，如不同距离跑的技术特点有哪些、要求是什么？学习跳跃的技术特点有哪几点、锻炼方法是怎样的？等等。然后让每一个学习小组的组长对组内成员所表述出来的内容进行记录，在讨论结束后交由教师，便于教师对学生具体情况的掌握与统计。然后教师在根据学生的知识点掌握情况，在课上借助多媒体教学设备，对几项重难知识点，以视频的方式，为学生详细讲解动作要领，并对学生进行动作指导，帮助学生规范动作，深化学生的理解。

（三）课后复习、总结、评价阶段

翻转课堂教学模式也可以被应用在体育课堂教学之后，教师可以为学生布置课后复习任务，使学生能将课堂所学及时地进行消化，使其能借助体育网络教学平台完成相关课后练习。例如，教师可以让学生在课后录制动作训练视频，并将视频上传到网络教学平台上，这样，教师通过观看学生的动作训练视频就能对学生的学习情况做到全面掌握，也能了解学生存在的不足，进而完成对学生存在的有疑问的知识点的梳理，帮助他们解决这些知识点。当教师发现问题之后，其第一时间应该在网络教学平台上联系学生，直接告知学生其问题出在哪里，动作应该怎样做才规范。如果在教师指出问题出在哪里之后学生依然无法很好地解决问题，这时教师就可以对学生进行合理的指导，在指导的过程中，教师还要有足够的耐心。课后阶段，教师完成了对学生课后动作训练的监督，同时也让学生对各类动作有了更加准确的理解，更为重要的是，翻转课堂体育教学的效果也能有所保证。

当体育课堂教学结束之后，学生要及时地对课堂上的所学进行思考，要了解自己在动作训练过程中存在的不足，并进行总结，从而使自己在后续训练中能保持动作的准确性。

第三节　智慧课堂与体育教学改革

一、智慧课堂中体育教学面临的困境

（一）信息化教学资源发展不平衡

体育教学资源是学校体育课堂开展的必要条件之一，它决定了学校体育开展的情况。区域经济发展的差异必然造成了区域教育资源的差异。大多数学校能满足信息化教学的要求，但是在体育方面信息化建设的发展方面还处于停滞状态。因此只有打破各个学校信息化教学资源的不均衡，才能优化体育教学资

源,共享体育教学资源,才能保证智慧体育课堂全覆盖的开展。

(二) 信息化技术水平发展不平衡

当前,国家在高等教育领域中的投入越来越多,同时,大数据技术、云计算技术的发展也变得更加成熟,就是在这种背景之下,高校开始关注教育信息化的发展方向,同时还将智慧化建设当作重点项目。高校的智慧化建设涉及许多方面,不仅涉及学生的考勤、教师的考勤,而且还涉及课堂评价、网上选课等。但笔者需要指出的是,一些非体育院校尽管也认识到了信息技术的重要性,但其经常把信息技术应用在一些传统专业上,并未将其运用在体育课程中,这让体育教学在教育信息化浪潮中没有"大展拳脚"。体育类院校经常使用信息技术,但是其一般将信息技术运用在高水平运动员的培养上,很少将其运用在体育课堂上。笔者也承认,当前许多高校能获取的资源比较有限,这智慧体育课堂很难在今天获得很好的发展,正是因为如此,智慧体育课堂才会陷入发展的困境。与传统的体育课堂相比,智慧体育课堂优势突出,它能激发学生的学习积极性,使其能更加主动地参与体育教学中,并主动地将自己的学习情况反馈给教师。

(三) 信息化管理能力不足

智慧体育课堂是当下教育改革后新的产物,也是对体育教师教学能力的考验。教师在进行智慧教学时,需要考虑多方面因素:课堂组织管理是否合理,教学媒体选择是否合适,教学监控是否全面,面对大数据时代,学生隐私该如何合理保护等。在线上体育教学中,不仅要教学生如何科学有效的利用智能化教学设备,还要做好线上监督工作。比如有些学生会在线上体育课穿睡衣、拖鞋等,且对待线上体育课非常消极,安排的锻炼任务,也会不认真执行,只要完成视频录制,就会自行停止锻炼。在这些问题出现时,信息化管理能力不足导致问题没有得到有效解决。

二、智慧课堂对体育教学的价值

(一) 丰富了课堂教学内容与形式

智慧体育课堂教学模式的开展,让课堂教学内容和形式更加丰富多彩。教师借助平台,将本周甚至本学期的教学内容放至教学平台,并设置课件、视频、竞赛赏析、问题探讨等不同形式,引起学生学习兴趣。在课前预习环节,将基础问题、教学提纲和体育文化教学等进行基础了解,并主动进行预习,以便课堂学习时能有重点、有侧重地找到问题点，并提升自己的运动技能和知识迁移与运用能力。课中学习时，将课下积累的问题集中进行解答，让课堂教学变成自我知识习得、知识迁移与运用的主要阵地。课后主动拓展环节，在学习成效上进行检验，获得知识与运动技能和合作交际等能力的突破，从而使传统体育课堂获得有效拓展，提升课堂教学的针对性、科学性、合理性。

智慧课堂的加入，让体育教师在教学内容的设计和策略上有了更多的选择。老师可以根据不同年龄、不同体格的学生特点对学生进行相应的运动技能教学，提倡针对性的教学内容，丰富学生知识见闻。长时间的单一教学，难免会让学生感到枯燥，并产生厌烦情绪，造成课堂效率低下，影响学生学习的积极性，所以智慧课堂的加入为老师的教学，带来了一束光亮。教师在这种情况下，需要拓宽思路，运用现代化信息技术制作可以吸引学生目光的视频、图片、游戏等内容，结合时下当红的热点事件，进行相关体育活动的开展，在教学的同时兼具趣味性，有利于体育教学的开展，更有利于加深师生感情。

（二）促进学生德智体美全面发展

智慧体育课堂并非只是改变传统课堂形式，也在促进学生全面发展方面发挥作用。体育作为一个基础学科，在培养学生的路途上具有多学科融合教学的可能性。当今职场现状对于学生的体能素质方面提出更高要求，对高校学生的职业胜任力已经从学科知识与技能延伸到创造创新力、合作探究等更深层面的素养与能力要求，这就要求高校学生在课堂教学中尽可能使自身的德、智、体、美多项素养得到协调发展，综合素养得到较快提升，才能具有较高的职业胜任力和竞争力。智慧体育课堂让学生通过个性化的学习资源、全面化的学习过程与拓展化的课后学习反馈与监督，获得多层面素养和能力的提升，因此这是智慧体育课堂较传统课堂教学的明显区别与优势。

（三）创新了体育课堂教学模式

传统的高校体育课堂教学模式抑制了学生参与体育活动的积极性，并不利于提升体育课堂教学的质量，而将智慧课堂引入到高校体育课堂教学中，则可以对高校体育课堂教学的目标、理念、方法等多方面起到关键的影响作用，有助于实现体育课堂教学模式的创新。在传统体育课堂教学中，教学活动主要是以教师为中心，学生处于被动学习的地位，过度强调体育技能的掌握，而在智慧体育课堂教学中，学生成了体育课堂教学活动开展的核心，不仅注重学生体育技能的熟练掌握，同时也强调培养学生良好的体育素养。高校体育课堂教学在开展智慧体育的过程中，打破了传统体育课堂教学的固定模式，通过智能型的教学模式为高校体育课堂教学提供了丰富的电子教材资源、多媒体教学工具等，学生在课前可以进行预习，在课中可以交流与沟通，在课后可以参与微课程运动项目，体现出了智慧体育中教师与学生之间的双向互动。总而言之，智慧课堂的引入和开展舍弃了高校体育课堂教学中的模仿式教学方式，构建了信息化、智能化的师生互动教学模式。

（四）改善了传统的学生学习态度

学生在智慧课堂中能够完成自主学习任务，拥有更多学习的选择空间。智慧课堂支持视频回放、调速等播放形式，在学习比较复杂的体育运动动作时，这样的功能有助于学生对招式、动作进行拆分，学生在学习过程中的探索过程能够极大提升其自主学习的积极性，学生自主学习并掌握动作要领时，会获得极大的满足感，这种满足感会强化他们内心对于此次学习探究活动的积极情绪，从而获得迈入下一学习阶段的内在动力，获得强大的动力支撑。在课后，教师在智慧课堂上给学生布置任务，学生完成对必要知识的巩固后，还可以寻找自测题目，对本节课的掌握情况做一个自我检验，期望获得他人（包括平台系统、教师、同平台学习者）对自己的高度肯定的心理推动着学生主动学习、深入学习。

三、智慧课堂的构建途径

（一）拓宽师生信息素养教育渠道

传统教学模式下，教师利用教学工具向学生传授知识，教师是主要的信息来源，学生是被动的信息接收者，信息流动方式是单一的，因此传统体育教学课堂对教师和学生的信息素养要求并不高。而在智慧课堂教学模式下，教师与学生都要运用网络技术，教学内容的呈现、教学环境的设计、教学资源的获取都要求教师与学生具备一定的信息素养，能不能取得良好的教学效果，教师与学生对信息的获取、处理、转化能力是很重要的影响因素，如果师生的信息素养较低，那么再优越的教学模式都不能完全发挥其真正价值。

目前，智慧课堂还实现绝对意义上的普及，许多大学仍然执行老一套的教学模式，采用灌输式教育，这种模式不是高效的教学模式，要想构建智慧课堂、在全国范围内普及该系统，就要先为其做好技术准备工作，培养师生的信息素养。主要可以从以下两个方面入手：

第一，通过现代技术培训课程等方式，促使教师了解、学习现代先进技术，使教师加深对网络教学平台的一般性认识，让教师能够认识到平台运作的基本原理以及平台使用技术要求，还要让教师了解多媒体软件的使用方法等。

第二，增强学生的信息素养。具体可以通过三种途径实现：首先，开展课后技术探索素质教育活动，促进学生对现代技术产品的了解，为智慧课堂智能化的实现创造条件，大学生正处在乐于接受新鲜事物的年纪，他们对一切新鲜事物充满求知欲、探索精神，所以该课后活动一般能够顺利开展；其次，利用情境教学模式，为学生设置特定的智能信息教学环境，通过相关训练，提高学生对信息的接收、处理、转化、表述能力，让学生尽快适应智能学习终端的学习模式，学生自身也要主动积极接纳新事物，以乐观的、求知的心态面对平台使用难题，通过上网查阅资料、同学互助合作、需求教师帮助等方式，将体育课程的知识与技能紧密结合，将外部信息转化为内部知识储备；最后，学生要培养创新意识、增强创新能力，增强对智慧课堂的认同，教师在开展体育智慧教学课堂前应使学生获得情感认知、心理认知，为教学课堂顺利开展做好思想上的准备工作。

（二）建立体育教学中智慧课堂的运作机制

在智慧课堂教学模式下，体育教学活动是理论与实践相结合的，教师不仅要传授给学生体育运动项目包含的动作要领，还要向学生介绍关于体育的理论文化知识，从而达到全面提高学生学习素养的目标。在进行动作要领教学时，学生首先要向他人学习，根据智慧平台拆解体育动作的视频，自主掌握运用体育运动技能与方法，在学习技能的过程中，人难免都会犯错，学生在一次次纠正与重试后逐渐调整状态、改正错误、熟能生巧，多次练习使得学生将动作流程内化为肌肉记忆，所练习动作也就成为一种潜意识动作，学生个人会对动作练习过程产生独特的心得体会，这种体会又转化为新经验、新启发，为学生进行下一次动作练习做准备。而教师在此过程中要对学生进行理论指导，需要注意的是，理论指导工作不能照本宣科，也不能局限于某一知识理论领域，教师在讲解动作过程中应将理论和实践相结合，要具备扎实的体育理论知识功底以及开阔的体育文化视野，增强教学创新意识，打破原有的传统体育教学模式，采用新形式、新手段等调动学生学习的积极性，并且做到通过观察学生的练习情况，分析学生对知识以及技能的掌握情况，通过及时调整、优化体育教学方案，不断优化体育教学过程中的智慧课堂应用模式。

例如，针对初一年级的学生，教师应以培养兴趣为主，可以丰富、生动的课堂教学方式，吸引学生积极参与体育教学活动，并引导学生掌握较为基础的动作要领，识记动作规范。针对初二、初三年级的学生，体育教师应充分激发学生的好奇和探究心理，加强对学生的动作指导，与学生一起分析动作原理，并对教学策略进行细加工、精组织。体育教师在制定教学策略之前，可对自身掌握的知识技能进行归类整理，以形成较为完整的知识框架，然后根据日常教学中的经验积累，深入研究教学策略，掌握其背后的原理、动作规范，从而不断提高理论教学水平，帮助学生在体育课堂生成智慧。

（三）加大智慧体育经费的投入力度

高校体育课堂教学中开展智慧体育，涉及各种类型的互联网技术手段和工具，对资金的需求比较大，基于此，高校应该加大对智慧体育经费的投入力度，为智慧体育教学的开展提供必要的基础设备，并及时地更新智慧体育的教学设备，这样才能确保智慧体育能够在高校体育教学中得到充分应用。对于高校智慧体育教学而言，教学设备的完善性、先进性至关重要，如果智慧体育不具备这些教学设备，那么高校体育课堂教学就无法为学生提供多元化的智慧体育教学活动，将会阻碍智慧体育的发展进程。高校应该在现有体育资源的基础之上，将更多的资金、物力和人力投入到智慧体育中，全面地改造智慧体育的教学场地和设备，提供智能手环等电子设备，并建立线上平台教学与线下实践教学的融合机制，进一步完善高校体育课堂教学的模式。

大部分的学校开设的体育课程都是对于场地以及器材的要求没有很苛刻的项目。这也就意味着学生能够接触到的体育运动项目非常受限制。由于地域、气候条件等的限制，学校满足不了学生参与某些运动的场馆和器材条件。如射击类项目所需要的专业射击馆的器材、冰雪类项目需要的大型滑冰场以及滑雪服和雪橇。因此，将VR引入体育课堂教学，就能在一定的经济支出下给予学生一定的特殊教学体验。学生在体验不同项目的同时，还能通过观看体育赛事，体会到一种身临其境的效果。学校不需要面对难以承受的财政压力，在一定程度上也提升了老师的教学能力，丰富了体育课堂教学，激发学生对体育学习的兴趣，加大了对不同运动项目的体验与学习。在打造智慧体育课堂的过程中，体育教师要认真了解学生的学习需求，研究学生的身心发展程度和智慧发展程度，以打造符合学生认知的、个性化的智慧体育课堂。

（四）构建合理的教学实施和评价机制

智慧体育课堂是在信息时代涌现出来的新型课堂呈现模式，它比较重视投入，十分强调教育产出，因此，它是一种高效的课堂呈现模式，能满足教育改革的需求。智慧体育课堂的实施过程固然重要，但实施效果也很重要。因此，必须要建立合理的教学实施与评价机制，要充分利用这一机制对智慧体育课堂的实施效果予以监控。

首先，从教师端层面上来看，应从智慧课堂建设目标与学生能力发展目标出发，教师要重视信息化环境的建设，要在教学中有意识地观察智慧课堂理念，将智慧课堂模式贯穿在教学的每一个环节中，在这样的过程中，不仅教师的信息素养与教学水平都能获得提升，而且学生的学习质量也能获得保证。

其次，从学生端层面上来看，应该从学生体质健康成长的规律出发，建立体育课内课外一体化教学机制，建立完善的教学评价机制，这里的评价机制应是将"线上评价"（智慧体育课堂网络教育平台自主学习）、"线下评价"（课堂教学）、"创造创新评价"结合起来的一种评价机制，这样的一种评价机制可以保证评价结果的全面性与客观性。

（五）创造良好的智慧体育教学环境

高校体育课堂教学中开展智慧体育，需要对智慧体育的教学载体与环境进行优化，将先进的大数据技术、云计算等引入到体育课堂教学中，为学生提供一个智能化、现代化的体育学习平台，例如智慧体育教室，智慧体育教室蕴含了大量的体育教学资源，能够根据学生的认知情况与心理特征开发多种形式的体育教学资源，并以视频、音像、图文的方式直观地呈现给学生，智慧体育教室的内部结构、教学设备、网络条件等能够进行规范化的管理，体现出了智慧体育教室的环境服务功能，在智慧体育教室中，教师与学生之间可以通过智能设备进行双向的、动态的交流与沟通，保障了教师与学生的相互协作。另外，要对智慧体育的教学环境进行合理的调整与优化，增强智慧体育教学环境的信息化与智能化，首先是扩大校园网络的覆盖范围，为教师开展课外课内智慧体育活动提供支撑。其次是建立云教学平台，将线上体育资源、在线教学课程等添加到云教学平台中，实现高校体育资源的共享。最后是开发精品的体育课程，或者引进优秀的体育课程，为智慧体育教学提供良好的服务。

下　篇：体育教学中的训练及其方法

"少年强则中国强"，广大青少年身心健康、体魄强健、意志坚强、充满活力，是一个民族生命力旺盛的体现，是社会文明进步的标志，是国家综合实力的重要方面。学生作为最具活力的青少年群体，他们的身心健康与否关系着国家的未来和民族的命运。加强体育教学，增强学生体质，对于提高他们的综合素质，实现教育现代化，建设人力资源强国，培养德智体美全面发展的社会主义建设者和接班人，具有重要战略意义。

近年来，各级教育部门和学校深入学习贯彻习近平总书记关于加强学校体育工作和青少年健康成长的重要论述，认真贯彻落实中央关于加强学校体育的决策部署，推动学校体育工作取得积极进展，全国学生体质健康水平下降的趋势得到初步遏制，有些指标出现好转。但总体看，体育仍然是整个教育工作的薄弱环节，学生体质健康形势依然严峻。大学生身体素质的下降固然与他们兴趣和作息习惯有直接的关系，但体育教学未能唤起大学生的健康意识，体育训练没有激发大学生的锻炼热情也是造成当前大学生身体素质下降的重要原因。下篇将主要针对体育教学中的训练及方法展开研究。

第六章　体育教学中的体能训练及其方法

体能训练作为学校新的体育训练项目，主要包括力量、速度、灵敏、耐力以及柔韧性等。只有具备了良好的体能，才能更好地参与体育锻炼，掌握体育技能，提高体育教学质量。

第一节　力量素质训练及方法

一、力量素质的概念

力量素质是人的身体或身体某些部分用力的能力或指肌肉在人体运动活动中克服内部和外部阻力的能力。内部阻力包括人体自身的重力、关节的加固力、肌肉韧带的黏滞力、人体内部的反作用力（惯性力）；外部阻力有重力、支撑反作用力、摩擦力、离心力、介质阻力、惯性力等。内部阻力是人体伴随用力过程发生的，它随人体的机能状态和用力动作的合理程度而变化；外部阻力是力量训练的施加因素和手段，是对人体的一种外部刺激。人体在克服这些阻力的过程中发展了力量素质。力量素质对人体运动有非常大的影响，是人体运动的基本素质。力量素质训练是培养优秀运动员过程中的基本训练内容和主要训练手段，也是衡量运动员身体训练水平的重要指标，对运动成绩持续稳定地提高有极大的影响。

力量素质是进行一切体育活动的基础，人们所进行的各种体育活动都是由作为主动运动器官的肌肉以不同的负荷强度、收缩速度和持续时间进行工作进而带动被动运动器官骨骼移动来完成的。如果没有肌肉的收缩和舒张而产生的力量牵拉骨骼进行运动，人们连起码的行走和直立都不可能完成，更不要说进行体育活动了。跑、跳、投及攀登爬越等各种体育运动和体力劳动都离不开力量素质。一个人要想跑得快，腿部就要有较好的后踏力，要想跳得高、跳得远就得有较好的弹跳力，要想投得远就要大力发展上肢爆发力，可以说力量素质是人体最基本的身体素质，是进行一切体育活动和体力劳动的基础。

力量素质影响并促进其他身体素质的发展，任何身体素质都是通过一定的肌肉工作方式来实现的，而肌肉的力量是人体一切活动的基础。力量素质决定速度素质的提高、耐力素质的增长、柔韧素质的发挥和灵敏素质的表现。首先，力量素质的增长有助于速度素质的提高。因为肌肉的快速收缩是以其力量为前提的。一名短跑运动员如果没有两条强有力的腿，是不可能取得优异成绩的。其次，力量素质也有助于耐力素质的增长。从生活常识中人们可以非常容易地看出，一个强壮有力的人能比身体虚弱者持续活动更长的时间。再次，力量、速度的提高会增加肌肉的弹性，促进灵敏素质和柔韧素质的发展。

力量素质的水平直接影响技术动作的掌握和运动成绩的提高，运动员力量素质的水平，直接影响技术动作的掌握和运动成绩的提高。例如体操运动员如果没有足够的上肢、肩臂、腰腹力量，就无法完成十字支撑、慢起手倒立等用力动作；球类运动中的各种急停、闪射、变向、腾空以及一些高难动作的完成也都是以一定的肌肉力量为基础的；最大力量和爆发力是由径运动除技术之外决定运动成绩的关键因素。除长距离跑之外，其他田径运动项目的高水平运动成绩都与力量素质的发挥密切相关，尤其是投掷项目。

力量素质是衡量运动训练水平的重要指标，也是各运动项自选拔人才的重要依据，力量素质在运动训练实践过程中，往往作为判断运动训练水平、评定参加何种等级比赛的一项重要指标，作为判断某些专项运动潜力的一种重要手段，也是一些体能性运动项目选材的依据。例如：体操运动员在完成各种动作时，虽然要借助外力的作用，但是在其动作的所有阶段，都要求运动员按照动作技术的要求，办调地运用自身的力量完成动作，所以对力量素质的发展必须给予足够的重视。

二、力量素质的类型

按照力量素质与运动专项的关系，可分为一般力量与专项力量；按照力量素质与运动员体重的关系，可分为绝对力量和相对力量；按照完成不同体育活动所需力量素质的不同特点，可分为最大力量、快速力量和力量耐力。

（一）最大力量

最大力量指人体或某部分用最大力量克服阻力的能力。主要表现为肌肉收缩强度及神经兴奋强度较大。最大力量的增长是采用附加重量的方法，影响总负荷的因素有负荷重量、练习重复次数及组数、间歇时间等。大负荷强度训练，对人体刺激强度大，最大力量提高快。投掷等运动成绩，很大程度上取决于运动员的最大力量。衡量最大力量，并不考虑体重因素。所以，投掷运动员一般表现为各部位肌肉横断面大、体重大、肌肉力量亦大。

（二）快速力量

快速力量指人体在做快速动作时用力的能力，是力量和速度综合素质的表现，典型的表现形式是爆发力。即在最短时间内发出最大力量。表现为肌肉收缩强度大，收缩与放松交替时间短。爆发力一般采用速度力量指标表示。发展速度力量主要是提高肌肉用力能力和肌肉收缩速度。肌肉用力能力是速度力量的基础。从力量与速度变化关系分析，速度力量有三种表现形式：一是在不降低动作速度的情况下增加力量；二是在不减小力量的情况下提高动作速度；三是同时增加力量和加快速度。

（三）力量耐力

力量耐力指人体在克服一定外部阻力时，坚持尽可能长时间或重复尽可能多次数的能力。表现特征为克服外部阻力时，不仅肌肉收缩强度大，收缩与放松交替时间短，而且持续时间较长，或在整个动作和运动中连续重复出现。发展力量耐力，一般采用负荷重量较小、重复次数多的练习方法，应使肌肉长时间持续收缩到最大限度。次数超过需要时，应增加负荷重量。

三、力量素质训练的方法

（一）最大力量的训练

最大力量是指运动员以最大肌肉力量和意志收缩，对抗一种刚好还能克服的阻力时所发挥的最高力值。它的力值主要取决于肌肉的生理横截面和及时动员尽可能多的肌纤维参加用力的能力，以及最大意志紧张的能力。同时，最大力量的力值还随工作肌的关节角度而变化。

最大力量的训练特点是，所有的或绝大多数的运动单位都参加运动。因此，发展最大力量必须频繁地采用最大或超最大刺激。

1. 重复法

重复法也叫持续不断地重复用力的方法。其负荷特征是以75%～90%的强度进行练习，每组重复3~6次，每组间歇3分钟，负重量的大小应随肌肉力量的增加而逐渐加大。因为训练时增加试举重量和重复次数就是力量提高的标志。所以当运动员能重复更多次数时,便表明力量有了提高,即应增加负荷重量。重复法不仅能加强新陈代谢,活跃营养过程,引起工作肌群增长,并迅速而有效地提高肌肉力量,而且也能有效地发展运动员的爆发力,改进用力技术的协调性,加强支撑运动器官的机能。重复法在初、中级运动员训练中运用较多,但在高级运动员训练阶段效果相对减少。因为力量的发展在很大程度上是提高杠铃重量和克服这种重量的速度的情况下实现的。因此,随着技术水平的提高,必须结合极限重量进行训练。

重复法在现代训练中得到了比较广泛的运用。例如,古巴女子排球队采用此法做架上半蹲练习,接着做立定跳远练习,该队主力队员半蹲负重高达300千克。

2. 强度法

强度法也叫"最大限度的、短促的用力方法"。其特点是以大的、亚极限和极限重量(即85%~100%的强度)进行优势工作,训练时逐渐达到用力极限,以后继续用对体力来说是强的、中上的和中等强度的负荷量,直到对这种刺激产生劣性或接近劣性反应时为止。

强度法保证了神经肌肉用力的高度集中与绝对肌力的发展,能使运动员在肌肉体积没有特殊增加的情况下,使相对力量得到显著提高。对于需要最大力量项目的运动员来说,周期性地举极限和亚极限重量可以有效地促进专项工作能力的提高。

(二)快速力量的训练

快速力量是速度与力量的综合表现,它的提高受速度素质和力量素质的牵制。因此,力量和速度决定快速能力的发展。生理学研究证明,肌肉收缩时缩短的程度与速度和负荷有关。负荷较大,则肌肉缩短较少,而且速度较慢;当负荷为零时速度最大;当负荷达到肌肉刚刚不能承担时,速度变成零,从而产生最大等长收缩的张力。因此,只有使速度和最大力量两方面都得到提高,才能在各种外部负荷的情况下使动作速度得到提高。训练实践证明,要提高速度是比较困难的,而提高力量却比较容易。

速度力量的决定因素是肌肉收缩速度。许多运动项目都是在快速节奏或爆发用力的情况下完成的。器械的出手速度,投掷时的鞭打速度,各种情况下的起动速度,体操的团身转体速度等,都是速度力量的突出表现。

1. 爆发力的训练

爆发力是指以最短的时间(150毫秒以内)、最大的加速度克服一定阻力的能力。爆发力的大小是由参与活动的所有肌肉群的协同用力来决定的,它是速度力量项目运动水平的决定因素。爆发力的提高也同样有赖于最大力量水平的发展。如果最大力量发展不够，爆发力则不能达到很高水平，所以，发展最大力量的训练方法同样也适合于发展爆发力。

爆发力训练的主要特点是，用于训练中的主要刺激，与完成动作的类型及发力的大小密切相关。发展爆发力的方法主要有快速用力法和超等长练习法等。

2. 弹跳力的训练

实践证明，弹跳力和力量素质之间有着密切的关系。首先，弹跳力本身就是一种快速力量或弹跳反应力量。竞技体育中的跳跃形式大致有两种，一是远度跳跃，二是高度跳跃。这两种跳跃形式既要求神经肌肉系统以最快速度发挥出尽可能大的力量，又要求神经肌肉系统在极短的时间内完成拉长、缩短周期的弹跳反应力。同时，根据国内外力量专家的研究表明，最大力量也是加快动作速度的关键。

3. 起动力的训练

在最短时间内（通常不到 150 毫秒）最快地发挥下肢的肌肉力量，称之为起动力。运动实践证明：最大力量水平是起动力的基本成分，许多力量型运动员（如举重、投掷运动员），尽管其体重大大超过 100 千克，也未从事过专门的短跑训练，但他们的起动速度都非常快。

（三）力量耐力的训练

力量耐力是力量和耐力的综合素质，它是在静力性或动力性工作中长时间保持肌肉工作能力，而不降低其工作效果的能力。根据肌肉工作方式，力量耐力分为动力性力量耐力和静力性力量耐力。动力性力量耐力又可细分为最大力量耐力（重复发挥最大力量的能力）和快速力量耐力（重复发挥快速力量的能力）两种。静力性力量耐力又可细分为最大静力性力量耐力和接近最大静力性力量耐力。

具有静力性力量耐力性质的运动项目很多，典型的有射击、射箭、速滑中的上体姿势、举重的支撑、吊环的十字支撑等项目。要求动力性力量耐力的运动项目多数集中在田径、球类、游泳和体操等项目中。

从肌肉物质交换的关系来看，在静力性力量耐力练习时，肌肉紧张逐渐下降，从而限制了有氧物质和酶作用的供应，肌肉高度紧张时，还会中断这种供应。在动力性力量耐力练习时，肌肉有节律地交替紧张和放松，短时间随血流流通供应有氧物质，易于加快消除疲劳的过程。

1. 极端用力法

这种方法要求训练时做极限数量的重复,即每组试举允许重复 10~12 次这一最大值,直到完全不能做为止。即使参加训练的肌肉再也不能收缩,肌肉越来越疲劳,需要从大脑皮层发出补充的神经冲动去激发新的运动单位,才能把每块肌肉充分地调动起来,并去激发新的肌群—即兴奋过程的扩散。

2. 循环训练法

循环训练法是指根据训练的具体任务,建立若干个练习站(或练习点),运动员按照规定的顺序、路线、依次完成每组所规定的练习和要求,周而复始地进行训练的方法。

循环训练要求系统地,按先后顺序进行两臂、肩带、两腿、腹部肌肉练习,以发展多部位力量耐力。循环训练的内容组织需根据练习的设想以及训练目的而定,同时根据"渐进负荷"和"递增负荷"的原则安排训练。负荷强度根据个人情况而定。随着训练水平提高,可逐渐缩短循环一圈所用的时间。

第二节　速度素质训练及方法

一、速度素质的含义

速度是指人体(或身体的某部位)进行快速运动的能力。它包括三个方面,即对各种刺激快速反应的能力、快速完成动作的能力和快速通过某一距离的能力。速度是运动员的基本素质之一,在体能训练中占有重要地位。有些运动项目(如田径 100 米跑)本身就是运动员比快速运动的能力。有些运动项目本身虽不是比速度,但速度对运动成绩有着直接影响。

二、速度素质的类型

速度素质是人体进行快速运动的一种能力,基本的表现形式有:反应速度、动作速度和周期性运动中的位移速度。

(一)反应速度

反应速度是指人体对各种信号刺激(如声、光、触等)的快速应答能力。

这种能力取决于信号通过神经传导所需时间的长短，即机体的感受器感受到刺激时，由感觉神经元传入至中枢神经，由中枢神经发出指令，经运动神经元传出至效应器肌肉，肌肉产生运动。这在运动中又称为反应时，反应时长反应速度慢，反应时短反应 15 度快。如，短跑运动员听到枪声后快速反应到起动；乒乓球运动员能在 0.15 秒内根据对方的击球动作和击球声音（通过视觉和听觉），非常迅速、准确地判断来球的落点和旋转性能，同时做出相应的技术回击，这就是良好的反应速度的表现。

反应速度以神经过程的反应时（其中包括感觉时间、思维判别时间和动作始动时间）为基础。反应时受遗传的因素影响较大，遗传力高达 0.75 以上。另外，反应时的长短与刺激信号的强度和注意的集中程度与指向有关。

（二）动作速度

动作速度是指人体或人体的一部分完成单个动作或成套动作的快慢以及单位时间内重复动作次数多少的能力。因此，动作速度又分为单个动作速度、成套动作速度及动作速率三种。如投掷运动员掷出器械的速度，排球运动员的扣球速度，跳高运动员的起跳速度，体操和武术运动员完成成套动作的速度以及拳击运动员的出拳速率等。

动作速度除了取决于信号在各环节中神经传递速度之外，还与神经系统对人体运动器官指挥能力关系密切。如兴奋冲动强度大，加之传递速度快，协调性好，即指挥的能力强，动作速度必然快。此外，动作速度的快慢还与人体各器官系统的准备状态、快速力量与速度耐力水平以及动作熟练程有关。

（三）位移速度

位移速度是指在周期性运动中，单位时间内人体快速位移的能力。通常用通过一定距离的时间或单位时间内所通过的距离来表示，如短跑运动员的跑速、跳高运动员的助跑等。从物理学上讲，位移速度是表示物体运动快慢的物理量，它是距离（s）与通过该距离的时间（t）之比，可用公式 $v=s/t$ 表示。

位移速度与人的神经过程的灵活性关系密切，神经兴奋与抑制过程灵活性越高，转换能力越强，人体两腿交换频率越高，位移速度就越快。运动员的跑速与其步幅、步频及二者的比例，肌肉放松能力和运动技能巩固程度有关。位移速度也受到遗传因素影响。在技术动作中，位移速度可分为平均速度、加速度和最高速度。

构成速度素质的反应速度、动作速度、位移速度之间既有联系又有区别。位移速度本身就是由各个单个动作速度和动作速率组合而成的。如途中跑的后蹬速度、前摆腿动作速度、摆臂速度和重复次数的组合。反应速度又往往是位移速度的开始（如起跑），反应速度在运动中，已经成为反应的第一个动作速度。因此，在发展位移速度中，要考虑三者之间的相互关系；就位移速度而言，反应速度是前提条件，动作速度是基础。

三、影响速度素质训练的因素

（一）感官

人体的感觉器官是接收外界信号源的收集"设备"，人体感官的敏感程度决定了对外界信号的感受时间。敏感程度越强，收集和传递信号的时间过程就越短，反之则越强。而注意力的集中程度，又是决定感官敏感程度的因素。举个例子来看，如百米赛跑运动员在起跑时必须全神贯注地听发令枪的声音，此时他的感觉器官处在高度集中的状态下，因此反应速度会得到很大的提高，反之，若没有集中精神，则极易使得反应速度减慢。感觉器官除受到注意力程度的影响外，还会受到人体疲劳程度的制约，如跳高运动员长时间练习腾空动作后，必然会导致他有关动作所要使用肌肉的疲劳，这时人体的反应时就会延长，造成动作越发脱离标准的现象。

（二）肌纤维

肌肉纤维的兴奋与否也对反应速度快慢起着重要作用。有关方面研究发现，肌肉处于紧张状态时的反应时要比放松状态的缩短7%左右。但要注意的是，这种紧张状态必须要在一定的限度内，而不能是过度的紧张，否则会由于肌肉的过度紧张使运动技术动作变形，起到事倍功半的不利效果。当肌肉过度劳累产生极强的疲劳感时，肌肉对应激反应的时间明显延长。通过这个规律可知反应速度会受到注意力的集中程度、疲劳程度与反应过程的影响而发生变化。

（三）人体体型

人体的体型对速度素质的影响方面较多。其中影响较大的方面在于如人体体长（身高）、四肢长度等。以田径运动为例，在两名运动员身高体重条件一致的情况下，上下肢越长的运动员其运动速度就越快，简单地说，就是四肢的长度与相关部位（手臂、腿部）运动速度成正比。举例说明，在田径项目中的径赛运动员的下肢长度通常决定了运动成绩，因为他腿长较长的缘故，所以，他跨出一步的距离相比腿长较短的运动员要大一些，在分秒必争的比赛中，每一步大出的一点优势，就决定了最终比赛的胜负。因此，这就是在选择对运动速度要求较高的运动项目（如田径、游泳、体操等）的运动人才时要首先将身体的体型作为一个重要选材指标的原因了。

（四）心理因素

对于动作速度和位移速度的心理影响，主要与自身注意力的集中程度有关。作为一种心理定向能力，注意力集中对中枢神经的兴奋性与迅速转换有极大的影响。除此之外，它还对肌纤维的收缩效果与紧张程度有着很重要的作用。然而，注意力在适度专注的情况下，可以提高动作和位移速度，但是，这种专注力过于膨胀时，就会向紧张心情靠拢，紧张的情绪反而会在一定程度上制约动作和位移速度。

四、速度素质训练的方法

（一）反应速度训练的方法

1. 变换练习法

即根据动作的强度和具有时间变化的信号刺激，明显改变练习的形式和环境来提高简单动作的反应速度。应用变换练习法还可在接近比赛的条件下，结合采用专门的心理训练来做发展简单反应速度的练习。这样可使运动员逐渐适应多变的环境，消除妨碍实现简单反应的多余的肌紧张，避免兴奋的不必要扩散。

2. 选择性反应能力练习

即在队友或对方发出的动作以及根据比赛的瞬息变化而做出的各种可能的反应中做出正确选择能力的练习。例如，拳击运动员在采取防守姿势时，对对方的进攻动作做出的最适宜反应以及速降滑雪比赛中，运动员根据坡度与雪情选择的最佳姿势。选择性反应能力练习应循序渐进，逐步提高。如在柔道、摔跤和拳击运动中，运动员应首先掌握对某一技术动作的常规反应，随着运动技能的熟练化和自动化，再逐步掌握不同的反应时间。接着，还可以增加新的训练内容，使运动员掌握对于某一进攻动作进行正确防守和反击的所有技能，以便在各种不同的情况下，选择最适合、最有效的行动。

3. 分解运动法

就是分解回答反应的动作，使之在较容易和更为简单的条件下，通过提高分解动作的速度来提高反应速度。例如，田径运动员采用蹲踞式起跑时，反应时间比站立式起跑长，其主要原因是运动员的两臂支撑着较大的重量，要较快地脱离支撑点有一定困难。因此，如果采用高姿势（如站立式）或手扶其他物体的起跑，就可以加快反应速度。因为在这种情况下，运动员的体重并非均匀着地，因而其上肢的反应就要比常规情况快。

(二) 动作速度训练的方法

动作速度寓于具体的动作之中。如抓举动作速度、掷铅球动作速度、游泳转身动作的速度等。动作速度不仅与动作技术紧密地联系在一起，而且与力量、耐力、协调性等其他运动素质水平有关。所以动作速度的发展与其他运动素质的训练和技术训练有密切联系。动作速度的培养，必须通过技术水平的巩固与提高以及其他生物能力（即运动素质）的发展才能实现。这是动作速度训练的特殊之处。

由于速度素质不易转移，因此在动作速度的训练中，专项要求不同，动作速度训练的具体任务和内容也不一样。例如，在非周期性速度力量项目中，动作速度主要是在具体的技术动作中表现出来（如抓举的发力，标枪的出手，跳跃项目的蹬地等）。在这类项目中，动作速度（特别是负重情况的动作速度）的培养与速度力量的培养任务是一致的。这类项目如果负重练习比例越大，重量越重，那么速度的训练与力量的训练之间的联系就越紧密。同时，动作速度与动作技术的关系也更密切。在周期性项目以及由许多综合性动作组成的项目中，必须多次在高速度的情况下来完成许多单个动作的组合。因此，动作速度的培养就与速度耐力（以及协调性、柔韧性等）等素质的培养任务联系在一起。在那些并不直接依赖极限速度的项目中（如球类等项目），则必须使动作速度在其他能力发展的同时得到提高，这是动作速度提高的物质基础，也是提高动作速度水平的重要保证。

1. "加速"动作法

大多数速度练习都包含有从静止到最大速度的"加速"阶段。如铅球投掷中的滑步，田径跳跃项目，技巧和体操支撑跳跃中的助跑，举重运动中的发力动作等。促使动作不断加速，并把加速阶段引入主要练习，是提高动作速度的重要途径。根据牛顿第二定律，力（F）等于质量（m）乘以加速度（a），即 $F=ma$。因此，力量的增加可通过改变质量或加速度两个因素中的任何一个而获得。在质量一定时，提高运动速度，能够有效地增加力量，并进而促进动作速度的提高。举重运动的实践与理论研究证明，近40年举重世界纪录提高了近30%，这除了与力量训练方法不断创新有关外，另一个不可忽视的因素就是动作速度的不断提高。训练中应努力提高动作练习速度，同时在一定情况下采用合理的辅助加速动作，并把它引入练习的最后阶段（如推铅球最后出手前的附加转体；在体操支撑跳跃中，采用起跳后触悬挂物体来增加蹬地的动作加速度等）。

2. 减少阻力法

即减少外界自然条件阻力和人体本身体重阻力的练习。如在自行车、速度滑冰等项目的训练中，可由摩托车带着挡板领骑；或利用风力进行顺风骑、顺风滑、顺风跑、顺水游泳等。还可以利用把运动员自身的动作惯性转移到速度上去的外部条件（如下坡跑，下坡骑自行车等）来提高运动员高速运动的感觉能力，也可在训练中引入可控制速度大小的外部力量（如牵引跑和高架牵引机等）。在克服自身体重的练习中，还可采用助力来减轻运动员体重，以帮助运动员提高完成某一技术环节的动作速度。如在体操等项目中可由教练员或同伴使用手的助力或保护带对运动员进行直接的体力上的帮助。在使用助力时，应注意掌握好助力的时机和用力的大小。最好在助力的同时用语言加以刺激，让运动员能很好地体会和感觉到助力，以便及早地独立达到动作速度的要求。另外，在负重练习中，减少重量大小，能在普通的条件下促使动作速度不断提高。因为在同一练习中，如果动作结构相同，则能使力量和速度之间产生良好转移。

第三节　灵敏素质训练及方法

一、灵敏素质的含义

灵敏是指人体表现出来的快速随机应变能力，它既与神经系统反应有关，又与力量、速度、协调性密切相关。发展灵敏素质的锻炼项目有体操、武术和各种球类等。它是运动员运动技能和各种素质在运动中的综合表现，是一种复杂的素质。对大多数的运动员而言，敏捷性是一项相当重要的运动能力，甚至是决定胜负的关键所在。如排球运动的"鱼跃救球"、扣球时准确的"空间感"等，都需要具备良好的灵敏素质，才能将技术发挥得淋漓尽致。而敏捷性能力与肌力、反应时间、速度、爆发力以及协调性有密不可分的关系，甚至可以说是这些基本运动能力的综合表现。没有良好的灵敏素质，运动技能也难以发挥到较高水平。

二、影响灵敏素质训练的因素

(一) 智力与思维

在运动中，各种运动技能的灵活应用，战术思想的具体实施，大脑神经活动过程兴奋与抑制的转换程度与快速工作能力的平衡均取决于良好的智力水平和敏捷的思维的判断。例如，优秀的运动员在竞赛中不仅能表现出高超的运动技能，而且也能表现出敏捷的思维能力，能迅速解决竞赛过程中出现的复杂和潜在的技术问题。

(二) 运动经验

长期学习各种运动技能，可以丰富运动员的实践经验，巩固运动技能的掌握程度，灵敏素质是多种运动技能和身体素质在运动中的综合表现，掌握的运动技能数量越多而且越熟练时，灵敏素质才能更加充分地表现出来，动作协调稳定且高度自动化，在活动中则表现得更加灵活省力。

(三) 其他因素

发展灵敏素质需要有一定的力量、速度、耐力及柔韧性等素质，这样才能真正地适应复杂的环境变化，做出准确的反应。此外，灵敏素质还受年龄、性别、体型和疲劳程度等因素的影响。在儿童期，男女灵敏素质差别不大；在青春期以后，男子明显优于女子。一般情况下，过高而瘦长、过胖或"梨形"的人缺乏灵敏性，但不同运动项目对体型的要求不一样。身体疲劳时，动作反应迟钝，爆发力、速度及协调性等都会下降，灵敏素质也会显著下降。

三、灵敏素质训练的方法

(一) 灵敏素质训练的基本方法

发展灵敏素质的途径主要包括徒手练习、器械练习、组合练习和游戏等。
1. 徒手练习
(1) 单人练习：弓箭步转体、立卧撑跳转体、前后滑跳、屈体跳、腾空飞脚、跳起转体、快速后退跑、快速折回跑等练习。
(2) 双人练习：躲闪摸肩、手触膝、过人、模仿跑、撞拐、巧用力等双人练习。

2. 器械练习

（1）单人练习：各种形式的个人运球、传球、顶球、颠球、托球等练习、单杠悬垂摆动、双杠转体跳下、挂撑前滚翻、翻越肋木、钻栏架、钻山羊以及各种球类运动、技巧运动、体操运动的专项技术动作练习等。

（2）双人练习：各种形式的传球、接球、抢球，双杠杠端支撑跳下换位追逐、肋木穿越追逐等练习。

3. 组合练习

（1）两个动作组合练习：主要有交叉步—后退跑、后踢腿跑—圆圈跑、侧手翻—前滚翻、转体俯卧—膝触胸、变换跳转髋—交叉步跑、立卧撑—原地高、抬腿跑等练习。

（2）3个动作组合练习：主要有交叉步侧跨步—滑步—障碍跑、旋风脚—侧手翻—前滚翻、弹腿—腾空飞脚—鱼跃前滚翻、滑跳—交叉步跑—转身滑步跑等练习。

（3）多个动作组合练习：主要有倒立前滚翻—单肩后滚翻—侧滚—跪跳起、悬垂摆动—双杠跳下—钻山羊—走平衡木、跨栏—钻栏—跳栏—滚翻、摆。

①用手扶住体操棒，然后松手转身击掌再扶住体操棒使其不倒。

②向上抛球转体2~3周再接住球。

③跳转360°后，保持直线运行。

④闭目原地连续转5~8周，然后闭目沿直线走10m，再睁眼看自己走的方向是否准确。

⑤绕障碍曲线转体跑。

⑥原地跳传180°、360°、720°落地站稳。

（二）灵敏性游戏训练法

在灵敏性游戏的设计、选择、运用中，要注意把思维判断、快速反应、协调动作、节奏感等内容有机地结合起来。进行游戏时，要严格执行规则，防止投机取巧，注意安全。

（1）形影不离，即两人一组，并肩站立。右侧的人自由变换位置和方向，站在左侧的人必须及时跟进仍站到他的右侧位置。要求随机应变，快速移动。

（2）照着样子做，即两人一组，其中一人做站立或活动中的各种动作，并不断更换花样，另一人必须照着他的样子做。要求领做者随意发挥，照做者模仿逼真。

（3）水、火、雷、电，即练习者在直径为15m的圆圈内快跑，教练员接连喊已商定的口令，所有人必须做出与之相适应的动作。要求想象力丰富，变换动作快。

（4）互相拍肩，即两人相对 1m 左右站立，既要设法拍到对方的肩膀，又要防止对方拍到自己的肩膀。要求伺机而动，身手敏捷。

（5）单、双数互追，即练习者按单、双数分成两组迎面相距 1~2m 坐下，当教练喊"单数"时，单数追双数，双数转身向后跑开 20m；当教练喊"双数"时，双数追单数，单数转身向后跑开。要求判断准确，起动迅速。

（6）抓"替身"，即成对前后站立围成圈，指定一人抓，另一人逃，逃者通过站到一对人的前面来逃脱被抓，后面的人立即逃开。当抓人者拍打着被抓者时，两人交换继续抓"替身"。要求反应快、躲闪灵。

（7）双脚离地，即练习者分散在指定的地方任意活动，指定其中几个为抓人者，听到教练的哨音后，谁的双脚离地就不抓他，抓人者勿缠住一人不放。要求快速悬垂、倒立、举腿等。

（8）听号接球，即练习者围圈报数后向着一个方向跑动，教练持球站在圈中心，将球向空中抛起喊号，被喊号者应声前去接球。要求根据时间和空间采取应急行动。

（9）老鹰抓小鸡，即"小鸡"跟在"母鸡"背后，用手扶住前面人的髋，排成纵队。"老鹰"站在"母鸡"前面要抓后面的"小鸡"，"母鸡"伸开双臂设法阻止。要求斗智斗勇，巧用心计。

（10）围圈打猴，即指定几个人当"猴"在圈中活动，余者作为"猎人"手持 2~3 个皮球围在圈外，掷球打圈中的"猴"（只准打腿部），被击中的"猴子"与掷球的"猎人"互换。要求眼观六路，耳听八方，掷球准确，躲闪机灵。

（11）跋山涉水，即用各种器械和物体设置山、水、沟、洞等，练习者采取相应运动越过去，山要攀登，水要划行，沟要跳跃，洞要匍匐前进，看谁跋山涉水快。此游戏可分成两组计时比赛。要求协调灵活，及时改变动作。

（12）"活动篮圈"，即队员分两组，每组设活动篮圈一个（两人双手伸直，互相握手）。教练抛球，两组跳球开始比赛，设法将球投入对方的活动篮圈中去，比哪组投中次数多。要求按篮球规则进行比赛，活动篮圈可以跑动，但不能缩小，防守队员可以在篮圈附近防守。

（13）"火中取栗"，即练习者分成两个小组，一个小组的人手挽手面向外围成一个圈子，以保护圈子中的几只球，另一个小组的人则设法钻进去把球取出来。要求动作灵巧，合理对抗。

第四节　耐力素质训练及方法

一、耐力素质的概念

耐力素质是指有机体在长时间活动过程中克服疲劳的能力，是有机体生理机能和心理素质的综合表现。良好的耐力素质有助于心肺功能的改善以及有氧代谢能力的提高。

耐力素质是身体素质的重要指标之一，是人体各器官系统功能和心理素质的综合表现，是衡量人的体质健康状况和劳动工作能力的基本因素之一，是从事各项运动必不可少的一种运动素质。耐力素质的发展具有重要意义，无论是身体还是意志都会同时优化。发展耐力素质既能增强心肺功能，改善内脏器官功能，提高体质，延长心脏的工作时间，增长生命的年限；提高呼吸系统、血液循环功能；增强抗疲劳能力；也能锻炼吃苦耐劳、顽强拼搏的意志，使其勇于承受更大的压力，养成健康良好的心态，在生活、训练或是比赛中都能达到更好的效果。

二、耐力素质的类型

（一）依据氧代谢的类型

1. 有氧耐力

有氧耐力是指个体在氧气供应充足的情况下能坚持长时间运动的能力。针对运动者的有氧耐力训练，应重点提高运动员机体输送氧气的能力，促进其机体的新陈代谢，为提高其运动负荷奠定良好的基础。

2. 无氧耐力

无氧耐力是指个体在氧气供应不足的情况下能坚持较长时间运动的能力。一般的，无氧耐力又可以分为非乳酸供能无氧耐力和乳酸供能无氧耐力。针对运动者的无氧耐力训练，应重点提高运动员机体承受氧债的能力。

（二）依据肌肉工作的性质

1. 静力性耐力

静力性耐力主要是指有机体在较长时间的静力性肌肉工作中克服疲劳的能力。例如，举重运动员在静力预蹲、静力半蹲表现出来的耐力以及体操运动员在十字支撑、慢起手倒立中表现出来的耐力都属于静力性耐力。

2. 动力性耐力

动力性耐力主要是指有机体在动力性肌肉工作中克服疲劳的能力。

（三）依据专项活动的关系

1. 一般耐力

一般耐力是专项耐力的基础，是指有机体各器官系统机能克服疲劳的综合能力。个体的一般性耐力是一种多肌群、多机体系统长时间工作的能力，良好的一般性耐力有助于运动者完成大负荷训练，在长时间的运动、竞争中更好地克服运动疲劳，并在大强度的训练和激烈的竞赛后更快地恢复。但因个体的一般耐力是不同形式耐力的综合表现，不同的运动项目对个体的一般耐力素质要求是不同的。

2. 专项耐力

专项耐力是指个体为了获取良好的专项成绩而最大限度地调动有机体整体的能力，以克服有机体在较长时间内进行专项负荷所产生的疲劳的能力。一般来说，运动者从事的运动项目不同，其所表现的专项耐力也不同。

（四）依据运动持续时间的长短

1. 时间耐力

短时间耐力是指有机体持续时间为45秒至2分钟的运动项目所要求的耐力。其主要是通过无氧过程提供完成运动所需要的能量。因在运动过程中氧债很高，所以，个体良好的运动成绩的取得与其力量素质和速度素质水平密切相关。

2. 中等时间耐力

中等时间耐力是指有机体持续运动时间为2~8分钟所需要的耐力，其强度高于长时间耐力项目。实践证明，在运动过程中，个体对氧的吸收和利用对其运动成绩起决定性作用。

3. 长时间耐力

长时间耐力是指个体持续运动时间超过8分钟时所需要的耐力。运动者在运动过程中，机体的能量主要由有氧系统供能，需要心血管和呼吸系统高度参与。

（五）依据身体活动的部位

1. 局部耐力

局部耐力主要指有机体的局部身体部位在长时间的身体活动中克服机体疲劳的能力。运动者的局部耐力取决于其一般耐力素质的发展水平。例如，运动者在长时间内反复进行上肢力量训练，上肢用力部位很快就会出现肌肉酸胀的现象和继续用力工作困难的情况。

2. 全身耐力

全身耐力主要指有机体的整个身体机能在训练和竞赛中克服疲劳的综合能力。个体的全身耐力是其综合耐力水平的表现。

三、耐力素质训练的方法

（一）持续训练法

持续训练法是指在相对较长的时间里（不少于 30 分钟），以较为恒定的强度持续地进行训练的方法。持续练习法具有持续刺激机体的作用，有利于改善大脑皮层神经过程的均衡性，提高心血管系统和呼吸系统的功能，能较经济地利用体内储备的能量，有利于发展有氧和一般耐力。持续训练法由于持续时间较长，又没有明显的间歇，所以总的练习负荷量较大。但是训练时的强度较小，而且比较恒定，变化不大，一般在 60% 的强度上下波动。训练对机体产生累积性的刺激比较和缓。持续训练时，内部负荷心率一般控制在 140~160 次/分钟的范围内为宜。

（二）间歇训练方法

此方法是指在相对固定的条件下，按照严格规定的间歇时间休息并进行反复练习的方法。它与重复训练方法的最大区别是对间歇时间赋以严格的规定。此方法的主要功能是提高中时耐力水平效果显著。此方法特点是：间歇时间是以运动后心率恢复到 120 次/分为确定具体间歇时间的主要依据，具有严格的指标；对于提高人体心脏每分输出量的影响最大，可显著提高心肌收缩能力，提高心脏输送血液的能力；对于提高中时耐力、长时耐力Ⅰ级耐力具有较高训练价值；较高强度负荷下，通过分段持续负荷和不断缩短间歇时间方法，可有效地提高专项耐力水平。此方法的不足是：对初级运动员不宜过多采用；负荷量不易掌握。实践中倘若运用失当或负荷间歇掌控不好，易发生速度障碍。

（三）放松训练法

放松训练法是指运用游戏或比赛的方式进行训练的方法。这种方法能较快地提高运动员训练的兴趣和积极性，放松并在练习中充分发挥主动精神，使机体能够承受较大强度的负荷，有利于提高有氧耐力和无氧耐力。

（四）高原训练法

高原练习法主要利用高原空气稀薄，在缺氧情况下进行训练。这有利于刺激机体，改善呼吸及循环系统的机能，提高最大吸氧能力，刺激造血功能，增加循环血中红细胞和血红蛋白的数量，提高输氧能力，因而高原训练具有提高运动员对氧债的承受能力，进而提高有氧耐力和无氧耐力的水平。

（五）循环训练法

循环训练时的各站内容及编排，必须符合专项特点的要求进行选择和设计，同时应根据"渐进负荷"或"递增负荷"的原则安排练习。

以上所介绍的耐力训练的方法基本上是单一类型。在实际发展耐力素质过程中，往往还要采用综合训练法，即组合训练法和循环训练，使得训练过程变化更大，更具选择性，从而有效提高耐力水平。

第五节　柔韧素质训练及方法

一、柔韧素质的概念

柔韧素质是指人体各个关节的活动幅度以及肌肉、肌腱和韧带等软组织的伸展能力。

柔韧素质包括两个方面的含义，一是关节活动幅度的大小，二是跨过关节的肌肉、肌腱、韧带等软组织的伸展性。关节的活动幅度主要取决于关节本身的装置结构。跨过关节的肌肉、肌腱、韧带等软组织的伸展性，则主要通过合理的训练获得。

柔韧性在运动中具有重要意义，它是有效改进技术的必要基础，也是保证提高运动技术水平的基本因素之一。

如果柔韧性差,掌握动作技能的过程会立刻缓慢下来,并变得复杂化,而其中某些对完成比赛动作十分重要的关键技术往往不可能学会。关节柔韧性差还会限制力量及速度、协调能力的发挥,使肌肉协调性下降,工作吃力,并影响到其他运动素质的发展,也往往还会成为肌肉、韧带损伤的原因。

二、柔韧性的类型

按照训练程度和训练者的意识可分为:一般柔韧性、专项柔韧性、主动柔韧性和被动柔韧性。

(一) 一般柔韧性

指运动员在进行训练时,为适应这类身体练习,保证一般训练顺利进行所需要的柔韧素质。

(二) 专项柔韧性

是专项运动技术所特殊需要的柔韧性。它建立在一般柔韧性基础上,并由各专项动作的生物力学结构所决定。

(三) 主动柔韧性

是人在主动运动中表现出来的柔韧素质水平,它是依靠相应关节周围肌肉群的积极工作,完成大幅度动作的能力。主动柔韧性不仅涉及培养对柔韧性有直接影响的能力,而且还涉及力量素质的发展,力量素质的发展能促进主动柔韧性水平的提高。

(四) 被动柔韧性

是在一定外力协助下或在外力作用下(如教练员或者同伴协助练习者做压腿练习)表现出来的柔韧性。它是指被动用力时,关节所能达到的最大活动幅度,运动员被动柔韧性的指标一般高于主动柔韧性。主动柔韧性不仅反映对抗肌的可伸展程度,也可反映主动肌的收缩力量。被动柔韧性是发展主动柔韧性的基础,主动柔韧性比被动柔韧性要差,这种差距越小,说明柔韧素质的发展越均衡。

三、柔韧素质训练的方法

（一）静力拉伸法

把韧带、肌肉和肌腱等缓慢地拉伸到一定位置，这个位置会有胀、酸、痛的感觉出现，并且可以稍微超过这个位置，之后在这个位置停留一段时间的练习方法，称为主动或被动的静力拉伸法。这种方法可以使超过关节伸展能力的危险性进行减少或者消除，对可能出现的拉伤进行避免，同时还不会使牵张反射受到激发。通常在感觉胀、酸、痛的位置要求停留时间保持在 6~8s，且重复的次数应该保持在 6~8 次。

（二）动力拉伸法

对一个动作多次速度较快地、有节奏地、逐渐加大幅度地进行重复，这一种柔韧素质的练习方法通常叫作主动或被动的动力性拉伸方法。在运用该方法时，用力不能过猛，幅度一定要由小到大，对拉伤的情况进行避免。对于每一次练习而言，其重复次数应该控制在 5~10 次，值得注意的是这个重复次数是能够按照专项技术的需要而不断增加的。这里所说的主动的动力性拉伸法只能是依靠自己的力量去进行拉伸，而被动的动力性拉伸方法主要是需要对外力进行借助的拉伸，通常会使用同伴帮忙或者自身负重的方式，然而，有一点是需要特别注意的，那就是运动员被拉伸的部分，其伸展能力应当同外力互相适应。

上述的这些方法在运用的过程中，可以是单独使用，也可以是混合使用，通常在对练习时间进行确定时需要按照实际需要的情况来进行。

（三）各关节柔韧性训练的方法

1. 对肩关节柔韧性进行发展的方法

肩关节是一种球窝关节，主要是由肩胛骨的关节盂与半球形的肱骨头构建而成，因此，肩关节是所有关节中灵活度最好，存在最大活动幅度的关节。对肩关节柔韧性进行发展的练习方法有多种方式，例如，主动的拉肩、压肩、转肩、吊肩或者被动的拉肩、压肩、转肩、吊肩，等等，练习主要包括了背对肋木上握双手向前的拉肩、手扶肋木的肢体前倾的压肩、在吊环或者单杠上做出各种各样握法的悬垂、对木棍或者绳子加以利用进行转肩，等等。

2. 对肘关节柔韧性进行发展的方法

肘关节通常由三个部分构成，分别是肱桡关节、肱尺关节和桡尺关节。除此之外，还需要外侧副韧带、内侧副韧带、桡骨环状韧带等对其进行加固处理。在运动过程中，肘关节会做出较多的屈伸动作，因此，在开展屈肌力量发展的相关练习过程中，应该还要加入屈肌的伸展性练习作为辅助。通常使用别的练习方式有旋外、旋内、绕环、压肘，等等。

3. 对腕关节柔韧性进行发展的方法

腕关节主要由两个部分构成，分别是挠腕关节与腕间关节，前者促使手部做出屈伸、内收外展的动作，而后者主要使手部做出旋转的动作。体操运动员一般在对自身背屈能力进行发展的过程中主要应用倒立爬行、俯卧撑推手等多种方式进行练习。排球、篮球、手球、网球、乒乓球等运动项目对运动员的手腕灵活性存在较高的要求，因而，他们不仅仅需要对手腕屈伸、内收外展的能力进行发展，还需要对手腕旋转的能力进行发展，在这一过程中比较常用的方式就是对各种各样的基本技术与基本动作充分利用。在田径运动项目中，除了投掷、举重等项目外，不会对腕关节的柔韧性提出过多的要求。

4. 对踝关节柔韧性进行发展的方法

踝关节通常由四个主要部分构成，分别是胫骨下关节面、距骨上关节面、腓骨外踝关节面、胫骨内踝关节面。有机体踝关节的韧带，前后部分相对薄弱，而两侧的外侧副韧带与内侧副韧带则相对强一些。对踝关节柔韧性进行发展，归根到底是对踝部关节内翻、外翻、背伸、背屈等能力进行发展。通常来讲，体操运动员主要是对自身足背的绷脚面能力进行发展，因而需要开展各种各样足背伸的相关练习；足球运动员主要是对自身踝部关节外翻或者外翻的能力进行发展；而举重运动员则是主要对自身踝部关节的背屈能力进行发展。

5. 对脊柱柔韧性进行发展的方法

脊柱通常是由26块椎骨组成的，依靠椎间盘将椎骨与椎骨连接在一起，其中拥有椎间盘的椎体有23块，因为椎间盘弹性的存在，促使椎骨与椎骨之间能够进行少量的转动。当椎骨被肌肉牵动的时候，脊柱较大运动幅度的产生主要是由于每一个椎骨少量转动综合在一起的结果。所以，脊柱能够做出向左侧屈、向右侧屈、前屈、后倾、转动等动作。脊柱的柔韧主要由胸椎柔韧、颈椎柔韧、腰椎柔韧等构建而成。

（1）在对颈椎柔韧性进行发展的过程中，常用的练习方式有头部左右侧屈、头前后屈、头部左右转动及绕环等。

（2）发展胸椎和腰椎柔韧性，主要采用下腰、甩腰、体前屈等练习方法进行练习。

第七章　体育教学中技战术训练及其方法

在体育教学中，对学习者进行技术与战术的训练也是教学中的重要环节，技战术训练能够从技术与战术层面帮助学习者提升运动技能，对于学习者提高体育素养具有重要作用。本章主要论述了体育教学中的技战术训练及其方法。

第一节　体育技术训练及方法

一、体育技术训练

(一) 体育技术训练的影响因素

1. 主体因素
(1) 人体结构力学特征
身体动作表现以人体解剖结构作为基础，是运动技术的主要表现形式。
(2) 人的协调与平衡能力
运动技术的合理性依赖于参加动作的肌肉群的协调程度，而这种协调程度又依赖于神经系统对肌肉的合理而精细的支配，即协调能力。协调能力与神经系统的功能水平关系极大，而神经系统的功能是不易受后天因素影响的，主要取决于遗传因素，这是运动员协调能力个体差异很大的重要原因。

参与运动技术各肌肉群的协调程度是，影响合理完成运动技术的重要因素。大脑皮质神经系统对各肌肉群的合理支配是各肌肉群协调程度的基础，所以运动技术完成的合理程度主要取决于神经系统对各肌群的支配能力。神经系统较肌肉运动系统在后天的训练过程难以产生适应性改变。

技术动作的完成是一个复杂的、连锁的、本体感受性反射。这一反射的完成主要取决于神经冲动的发出频率、冲动的传递以及到达肌纤维的时间特征。三个方面协调配合才能顺利协调地完成技术动作，同时，完成的动作所对应的拮抗肌的神经支配处于抑制状态。运动技术取决于协调与平衡能力主要基于以下两个方面。

（3）人的感知觉能力

运动员完成技术动作需要感觉和知觉的参与。在对技术动作的反复练习过程中，运动员的肌肉感觉起着一定的作用。在某些情况下，为了完成各种专项运动的要求，专门化知觉应运而生。在具有高度的感知觉能力前提下，做出的动作具有高度的准确性和协调性。在以往的运动实践中可以发现，运动员感知觉能力的高低，影响运动技术水平的高低。例如，在隔网对抗的球类运动中，小肌肉群的感知觉能力就影响运动员对高难度技术掌握的快慢与程度。

（4）人的动作技能的存储数量

运动员动作技能存储的数量越多，就越容易快速有效地掌握技术动作和建立新的条件反射，从而掌握新的技术动作，表现出良好的协调能力。

（5）人的运动素质的发展水平

技术动作的完成和完成质量的好坏，与动作速度、弹跳力、力量、柔韧等运动素质密切相关。技术完成过程中，时空、节奏感及各部分肌肉用力的协调配合均受这些运动素质发展水平的影响。从某种意义上来说，运动员技术发展能力在很大程度上依赖于有关运动素质的水平。

（6）运动员的个性心理特征

运动员掌握技术和完成技术的质量，与运动员的心理品质（注意力集中、思维缜密、坚定信心、意志顽强）有着直接关系，抓住运动员的个性心理特征才能够快速掌握高难技术，为创造优异成绩提供保障。

2. 客体因素

（1）竞赛规则与技术环境方面

任何运动技术，只有在竞赛规则允许的范围内才能存在和发展。无论是运动技术的创新、学习、训练、掌握还是运用，都必须在遵循规则的前提下进行。竞赛规则直接制约运动技术的发展方向和发展速度。在规则的前提下有效利用规则，进而预测可能发生的变化和即将带来的影响。

技术环境是指运动员（队）周边相关群体（国家、地区或运动队）的整体技术的发展水平。适宜的技术环境对于运动员学习、掌握和运用、创造运动技术都起着重要的作用。

2. 器材设备与场地方面

随着科学技术的快速发展，高科技的发展也渐渐渗透到运动训练的过程中，在特定条件下，运动员优异成绩的取得与在比赛与训练中所使用的器械有很大的关系，例如，乒乓球比赛中优异成绩的取得，与两面不同性质的球拍胶皮的使用也存在着密切的联系。所以，器材设备等物质条件的快速发展，为运动技术的提高提供了可能。

(二) 体育技术训练的要求

1. 基本技术与高难技术相结合

基本技术是从事各个运动项目的基础，扎实的基本技术训练是运动员保持常高峰年限的重要条件。每个优秀运动员都进行过长时间的、系统的基本功训练。基本功训练到一定阶段，就要调整目标，向高难度技术进行挑战。难度类主导项目，对高难度技术要求更高。例如，我国跳水队在奥运会上取得成功的经验之一是，在训练中发展难度动作；在国际竞技健美操的比赛中，我国选手的难度动作的难度系数是相当高的，完成的质量高又体现出运动员扎实的基本功底。扎实的基本功可以让高难技术的发展速度更快，形成独有的绝技与风格。根据各个运动项目的技术特点、对象和训练阶段的具体情况，长期系统地抓基本技术训练，努力掌握高难技术，让基本技术和高难技术有效结合，才能不断提高技术的训练水平，创造优异的运动成绩。

2. 特长技术与全面技术相依托

不同的运动项目存在着特长技术和全面技术。

特长技术是指在运动员所掌握的技术"群"中，那些对其获取优异运动成绩有决定性意义的，能够充分展现个人特点或优势、使用概率和（或）得分概率相对较高的技术。

全面技术是指组成专项运动的各个动作技术之间有着内在的联系，相互促进，相互影响，同时要求运动员要全面掌握组成专项运动中的各个技术动作。

在特长技术训练中，对一些技术仔细雕琢，已经成为运动员在比赛中获得高分的主要手段之一。技术全面对发展运动素质，提高运动成绩有重要的意义。所以，两者的有机结合可以有效提高训练的效果。

有关研究指出，高水平的田径运动员都有与其自身运动能力相适应的特点，发挥自身特长的技术特点，使得高水平运动员能够在某一项目上达到世界高水平。例如，世界著名男子跳远运动员鲍威尔、刘易斯，他们助跑时的步长与步频的关系处理、起跳的风格、起跳腿膝关节角度的变化等方面，都存在着很大差异。依据这些情况，在技术训练的过程中，教练员要有意识地培养运动员发挥其个人技术的专长。

技术全面更不能忽视掌握重点技术。在技术全面掌握的基础上，要有针对性地精练几种重点技术。重点技术很好地发挥是要靠全面技术作保障的，相反，能够系统地掌握和发挥全面技术是离不开重点技术的依托的。重点技术应从三方面来确定：①该项运动中带有关键性技术（如篮球的投篮、足球的射门）；②根据比赛分工的需要（如足球守门员的扑、打、滚翻、接球等技术）；③根据运动员个人特点，有利于发挥特长。

在掌握全面技术训练的同时应抓重点技术，如抓训练中专项关键性技术、分工技术、运动员特长技术等。在大力着手于特长技术训练的同时，更不能忽略全面地掌握专项运动中的各项技术这一重点。原因如下：

①在专项运动技术动作群中，各种技术动作之间往往有着密不可分的内在联系，起着相互促进、相互影响的作用，我们把这种作用称之为运动技术的"转移"。对于一个看似没有必要掌握和了解的辅助性技术，反而可能会影响特长技术水平的发挥。

运动技术的转移有两种情况：前摄效应和后摄效应。前摄效应指前一动作对后一动作产生的影响，后摄效应则反之。例如，先做侧手翻再做侧空翻，前者就会对后者动作产生积极的前摄效应，因为这两个动作都是在同一平面绕同一轴翻转且动作结构相类似。侧空翻技术掌握之后，反过来再做侧手翻就容易多了，这是侧空翻对侧手翻的后摄效应。因此，在系统训练运动技术的过程中，应充分发挥技术间的正转移，这样更有利于加快专项技术动作的掌握。

②在运动竞赛中，技术是否合理是保证特长技术能否发挥的重要条件。有时运动员运动成绩的取得取决于水平较低的技术而不是较高的（特长）技术。即运动员技术系统（技术群）在竞赛中所能发挥出的整体效应有时要服从"木桶原理"。所以说，随着运动训练实践的发展的需要，在平时训练中应要求运动员的特长技术和全面技术两者有机结合。

"技术是战术的基础"。在比赛的过程中不仅要最大限度地适应对手，也要给对手带来不适应性，是技术又是战术的问题。

3. 注重规范化与个体差异

合理、规范和实用是所有运动技术都具有的特性。科学合理的运动技术必须符合力学和生物学的原理和规律。在这个基础上说，运动技术应该具有一定的规范，主体上是统一和一致的技术。

技术规范是一种理想模式的技术规格，是人们在技术训练时依据科学原理技术而总结的必须遵从的模式化要求。要符合技术规范提供的某些共性的标准，所以强调技术合理、规范和实用是所有运动技术都具有的特性。科学合理的运动技术必须符合力学和生物学的原理和规律。在儿童少年的学习技术训练的初级阶段，必须强调技术的规范化，还要重视个体的差异。因为某些特定的时期，一些运动员并不能同时具备一些特征，运动员的技术动作也很难完全符合技术规范的要求。因此，技术规范也只能为技术训练提供一些准则，指明一个基本的方向，而不可能深入到每名运动员的技术细节中去。

技术规范的模式并不是一成不变的，各种技术要素之间互为依托和相互补充，运动员不同的个体条件也对专项技术产生极大的影响。由于运动员在技术训练中存在着个人的特点即个体差异，在技术的掌握过程中，也许不符合技术规格的动作但对其本人的练习与进步确实是有效的。所以，在技术训练中除必须要求运动员按技术规格练习外，还应注意运动员的个人特点。

4. 循序渐进与难点先行相统一

现代研究认为，在训练内容安排和训练方法手段的选择过程中，一般都要服从"学习—提高—巩固—再学习—再提高—再巩固"的程序。在各个技术的组成部分之间都有其自身的内在联系，所以要充分认识和利用这种内部存在的固有联系，沿着由低到高、由易到难等顺序练习，从而更有利于运动员打下坚实的基础。同样的，现代运动技术训练实践的发展告诉我们，上述教学顺序也不是一成不变的唯一模式。在某些条件或情况下，"难点先行"，即"先难后易""先深后浅"等模式，同样可以获得好的效果。

"难点先行"也绝不是不注重基本的技术，它只是一种技术训练的程序。这种训练程序的运用，运动员也必须具备一定的基本能力；在有些可能出现的运动损伤的项目中，如若运动员还没有通过基础训练获得较强的自我保护能力，若要练习高难技术，就必须采取有效的措施，防止造成运动中的损伤。归根到底，"难点先行"仍是"循序渐进"的一种特例，只是它是按照新的"序"来训练的。

5. 处理好内部机制与外部形态的关系

合理的内部机制，指运动技术在工作时要符合运动解剖学，运动生理学所指明的神经肌肉工作原理，运动技能形成的心理学原理和运动技能要具备正确的外部形态，其意义表现在以下几个方面。

第一，外部形态和内部机制交互影响。在技术动作掌握的开始阶段，正确的外部形态对技术、技能的进一步形成具有重要意义。具有正确的外部形态技术，可向中枢神经系统发出对完成练习比较适宜的神经冲动，能顺利地达有关的神经和肌肉部位，会加快肌肉协调能力及动作力量、速度、耐力等方面的发展。

第二，对于技术的外部形态，通常用运动生物力学方法，如运动的轨迹、幅度、加速度、打击点、打击力量等描述。并且通过以上指标来描述技术动作在经济性和实效性等方面的特征。

第三,"技术美"在很大程度上是通过外部形态来体现的。特别是在表现难类项群的项目中,如体操、花样滑冰、水中芭蕾等项目中更是如此。

特别要指出的是,体育教育专业的学生在对动作的学习和训练时,更要注意正确的外部形态,以便在走上工作岗位后可以正确地示范,给学生带来积极影响。

6. 做好技术风格的培养

技术风格被誉为运动技术的"灵魂"。运动员对技术风格的理解,不仅仅局限在个人的技术上。每名运动员都有其个人的技术风格,一个队伍也有集体的技术风格。培养何种技术风格将直接影响运动员或者运动队未来的发展方向。从这个问题上进一步探讨,可以引申出"技术流派"的概念,如南美流派等。技术流派,是指若干运动队所具有的相似的技术风格。

(1) 技术风格释义

技术风格是指某运动员或者运动队的技术系统,区别于其他的运动员或者运动队的技术系统的、较为成熟和定型化了的、经常表现出来的特征。

不同国家或地区的运动员(队)会表现出不同的技术风格,技术风格的不同,实质上是源于技术系统的不同。技术系统和技术风格的物质载体即运动员,运动员或者运动队是主体的因素,任何技术风格都需要运动员才能展现;每名运动员或者群体都有自身的个性特征和行为特征,独特的技术风格的培养,总体上来说是来源于独特的技术系统;运动员或者运动队技术系统有其自身的独特性,技术风格的培养是一个长期的过程,这样的一个独特性只有运动员或者运动队表现出来才能被人们所认知、检验和承认。其表现手段主要是竞技比赛,运动员的技术风格只有通过比赛才能显现出来。

(2) 影响技术风格的因素

①种族特征

从人类学的角度看,种族特征对技术风格的影响较为明显。种族形态与心理特征制约运动技术的发展方向。例如,在足球运动中,欧洲运动员凭借自身优势,在技术上形成大刀阔斧的欧洲风格,而南美运动员从身体形态上与欧洲运动员存在着不同,但在技术上精雕细刻,形成其自身的南美风格。

很多情况下,人体的运动能力还多以基因遗传为主。有研究发现,黑人肌肉中快肌纤维所占比例达到85%,而其他人种均为70%左右;他们快肌纤维收缩速度达40次/秒,比慢肌纤维的速度快三倍,这样就可以使肌肉产生快速收缩运动。所以,黑人运动员爆发力强、弹跳力出色、步频快是受基因遗传影响的。

人体的运动能力虽多以基因遗传为主,但人类的遗传能力又会随着环境的变化而逐渐发生变化。环境的影响主要表现在地理位置、气候等。

②民族文化

技术风格在形成过程中同样也受到民族文化的影响。中国的舞龙舞狮风格独特，其技术风格为：竞争中表现出礼让，蛮劲却又不粗野，富于观赏，精神气质追求高尚，呈现东方文明所特有的气质和风范，蕴含丰富的中国传统哲理。保加利亚的艺术体操成套动作编排的艺术性比较强，能够表现出很强的技术风格，这是因为运动员从小就受到艺术的熏陶，参加丰富的训练和即兴表演，形成其独特的风格。所以，技术风格的形成与民族文化的熏陶是分不开的。

③特长技术

从一定意义上讲，特长技术的训练促成技术风格的形成，某项特长技术的掌握，特长越显著，风格就越突出。所以选择部分技术结合其他技术练习，也是培养运动员技术风格的关键问题。

④运动员的神经类型

运动心理学研究表明，一定的气质类型适合于一定的技术风格。神经类型是气质类型的生理基础，气质类型是神经类型的外在形式。例如，在技术风格中强调"变化的运动员"，要求其自身的神经活动具有高度的灵活性和平衡性，这种风格运动员的气质类型，大多为经典的多血质。

7. 加强技术训练与学习

技术学习是技术训练过程的起点和基础，对整个技术训练过程产生重大影响。其主要内容包括：运动技能形成模式分析、运动技能学习的一般能力及专项素质、练习前的各种准备、练习的具体措施和教学方法安排、练习后的教学措施、社会及练习中所产生的各种因素对学习的影响。

从特定角度认为，技术训练过程的实质是运动学习的过程。在这个过程中，包括接收信息，形成动作表象，建立动作程序；发出指令，完成动作；反馈和调整动作三个环节。

（1）接收信息，形成动作表象，建立动作程序。在技术动作学习时，运动员通过感觉器官从多种信息源上将所学的动作技术信息传到大脑皮层进行一系列加工，从而形成技术动作表象。由于人的信息加工能力的有限性，神经中枢只能同时处理一组信息，对在这一时期接踵而来的技术，机体对它的反应就会相应推迟或者根本不做任何反应。所以，运动员在学习的过程中掌握重要技能信息的多少、认知能力的大小及学习时机和情绪的控制与把握，对运动学习起着十分重要的作用。

（2）发出指令，完成动作。大脑皮质按照形成的动作方案，向有关运动器官发出指令。运动器官按此活动，完成动作。由于种种原因，开始完成的动作不可能与预定方案完全符合，这就要通过下面的反馈、调节过程进行修正。

（3）反馈和调整动作。反馈信息来自两个方面：一是运动员本身的各种感觉、知觉；二是外部他人给予的信息。反馈信息传导中枢神经系统与原来的动作方案对照，据此调整动作方案，再次发出指令，实施动作。经过多次循环往复才能形成技能。从一定意义上来说，"学习"效果将直接决定技术训练的效果。所以，在技术训练中，首先，教练员要有选择、有重点地向运动员提供有关动作的信息、详细研究技术的实质及要领，围绕关键技术；结合运动员个人特点和所练技术的掌握情况，确定给予信息的内容、顺序及频率，以使运动员对技术较易形成清晰的认识。其次，注意给予信息的时间。按在运动中给予运动员信息的时间特征，可将它们分为同步信息、快速信息和滞后信息。同步信息应在动作完成过程中给予（如教练员的呼喊）；快速信息应在动作后25～30秒钟给予；滞后信息则是在练习或比赛后给予。

8. 改善动作基本结构，提高技术组合水平

改善动作基本结构和提高技术组合水平，是提高运动技术整体水平的重要途径。技术组合有两层含义：宏观的，是指运动专项技术群中各种技术的组合与连接方式；微观的，是指某一种具体技术内部各个技术环节的连接方式。

对于技能主导类表现准确性项群来讲，提高运动员整体技能水平的主要方式为改善单个技术动作的基本结构和提高单个技术动作的组合水平。竞技比赛对运动成绩的要求比较高，所以说对高水平运动员来讲，这个问题显得更为重要。

在运动组合技术的诸项群中，根据运动技术在临场上的运用形式，可大体将其分为固定组合和变异类组合两大类。

在技战能主导类表现难美性项群中，单个动作的组合构成"动作编排"。其"编排"（组合）水平的高低，也将直接影响运动成绩。例如，在体操项目中，人们一般把固定式组合称为"动作编排"。"编排"（组合）水平的新颖，直接影响比赛成绩。动作编排是否突出，在比赛中起了"龙头"作用，对整个比赛的胜负有着决定性影响。

在技能主导类的格斗对抗性、隔网对抗性及同场对抗性项群中，根据对手的情况，技术的运用除有一定的固定形式外，也存在着变异组合形式。

对于体心能主导类项群来讲，专项技术动作相对单一，所以对各个动作的基本环节精雕细刻，并力求使环节间的联系更加流畅，可以更大限度地发挥运动员的体能水平。

二、体育技术训练方法

(一) 直观法

直观法是指利用运动员的感觉器官,使运动员建立对练习动作技术的直观表象,获得对练习动作的感性认识,从而帮助运动员达到正确思维、掌握和提高运动技术水平的一种常用训练方法。

应用直观法时应注意以下问题。

1. 根据每个阶段的具体条件和可能,广泛利用各种直观手段。

(1) 提高多感官的综合分析能力。运动员综合利用感觉器官的能力越强,越能较快地感知和掌握技术动作。

(2) 各种感觉器官的作用一般具有一定的阶段性。

2. 运用直观法和启发运动员的积极思维相结合。感性认识到理性认识的过渡必须通过积极的思维才能形成正确的动作概念,以便准确地掌握动作。

3. 对于低水平和年龄较小的运动员可以注重用电影、录像视频和各种示范手段。

(二) 语言法

语言法是指在技术训练中,教练员运用不同形式的语言,指导运动员学习和掌握技术动作的训练方法。其主要作用在于帮助运动员借助语言明确技术动作概念,保证完整的动力定型的建立。

运用语言法应注意以下问题。

1. 使用正确的专业术语。教练员要用正确恰当的词语来讲解技术动作的名称、过程和要领,这样才能够使运动员快速建立正确的概念,有效地掌握运动技能。

2. 精讲多练。教练员要尽量精讲多练,深入分析动作技术的要领,加深运动员对技术动作的理解,这样可以有效增加运动员的练习次数,提高训练的质量。在技术训练的过程中,练习密度的大小对训练效果起着重要作用。

3. 注意讲解的时机。在运动员的初级阶段,尽量较少使用讲解,让其多实践练习。在中高级阶段,运动员在大脑内对动作技术有了一定的意识、概念,加强讲解,便可以提高运动员对技术动作的感性认识。

（三）完整与分解法

1. 完整法

完整法是指运动员不分部分和环节，练习技术动作的开始姿势到结束姿势，进而掌握运动技术的训练方法。其优点是一开始就使运动员建立完整的技术动作概念，不致影响动作的结构和各部分之间的联系。可以用于多个或单个动作的训练，也可用于成套和个人及集体配合的技术动作和战术配合的训练。

运用完整法时应注意以下问题。

（1）对于比较简单的技术动作，在安排练习时应注意练习形式的多样性和竞争性，培养运动员之间的良性竞争意识。

（2）对于比较复杂的技术动作，首先，在采用完整法时应降低整个技术动作的难度，使运动员在保持正确的基本动作结构的基础上，完成整个技术动作，确立自信心；其次，要提高练习的目标要求，对技术的核心环节质量要严加控制；最后，在练习较难的动作时，必要的保护与帮助，使运动员建立完整、正确的技术动作的本体感觉。

2. 分解法

分解法是指将单独动作或者组合动作的完整技术，或战术动作的配合过程科学合理地分成若干个环节或部分，然后对各环节或部分分别训练的方法。运用此法，其优点是可以缩短教学时间、集中精力完成专门的训练任务、提高学生学习的自信心，从而获得更高的训练效益。此方法主要用于较复杂的技术动作的练习，减少运动员开始学习的困难。

运用分解法时应注意以下问题。

（1）对于复杂动作，在采用分解法时应注意阶段的划分，保证技术动作的结构特点和各部分的联系不被破坏。

（2）一般情况下，运动员运动技术水平越高，分解练习的运用就越多。

（3）在技术动作复杂并且有危险性时采用分解法。

（4）在技术动作对身体能力要求比较高时可采用分解法。

（四）减难度法与加难度法

减难法是指在技术训练中，以低于专项技术要求的难度训练的方法。这种方法常用于低水平练习者的技术初学阶段。

加难法是指在技术训练中，以高于专项技术要求的难度训练的方法。这种方法常在优秀运动员训练中使用。

减难法与加难法可以采取整体减难或加难的方法提高课堂的教学质量。要根据运动员的实际情况来恰当安排。减难法主要是为了使运动员掌握基本技术动作，而加难法是为了提高运动员对技术动作掌握熟练程度和在比赛中的技术运用能力。

运用减难法与加难法应注意以下问题。

（1）对于初学者在练习技术中应首先采取减难法，以帮助初学者尽快建立完整技术动作的本体感觉，促进技术动作的掌握，提高练习的效率；而在一些较简单的技术动作训练时，则应多采取加难法，以不断提高运动员掌握技术动作的熟练水平和比赛中的应用能力。

（2）对于某一个技术动作，保持核心环节方面正常训练水平要求的同时，可以在次要环节方面适当降低难度要求，以便更快地掌握技术动作的核心环节。

（五）想象法与表念动法

想象法是指在练习前，通过对技术动作要领的想象，在大脑皮层中留下技术"痕迹"，使技术动作完成得更为顺利和正确的一种训练方法。此种方法比较适用于优秀运动员。

念动法又称"表象法"，是一种心理训练的方法，是指运动员在头脑中创造出没有经历过的完整的正确技术动作表象。可以提高运动员的表象再现及表象记忆能力；使运动员的注意力集中于正确的技术要求，有利于提高心理稳定性，从而促进技术的掌握。许多优秀运动员都曾采用这一方法收效甚佳。运用想象法与表象法应注意以下问题。

1. 要与各种感觉相结合，即在头脑中对技术动作进行想象的同时，同步地与各种感觉相结合，把头脑中的想象变成运动器官的操作性活动。

2. 在运用该方法时应考虑不同年龄段运动员的接受能力。在运动员不能够很好完成完整的动作质量时，在头脑中重现的表象为教练员或者他人的动作，能更好地理解技术，体会动作，感受肌肉的用力。

3. 不断重复形成记忆。从德国心理学家艾宾浩斯绘制成的遗忘曲线得知，人的大脑的遗忘进程是不均匀的，在记忆的最基础阶段遗忘得最快，后来逐渐缓慢，到了相当时间，几乎不再遗忘。所以通过想象使完整的正确技术运动表象不断在头脑中重现，使头脑中对动作的记忆形成"潜移默化"的效果，最终形成长期记忆。

（六）比较分析法、预防与纠正错误法

1. 比较分析

比较分析法是对练习者所做技术动作进行比较和分析，以此来得到能用于指导练习者继续有效训练的指令依据。

一般是教练员把运动员表现的技术练习现状，经过比较、分析，形成具体、明确的新指令内容，及时指导练习者练习运动技术。依据运动技术形成的规律，对练习者在初学运动技术动作阶段发布经比较、分析之后获得的新指令。

2. 预防与纠正错误法

（1）对于难度大的技术动作，应当在初学时就对易出现的错误动作进行有针对性的预防练习。

（2）对于不同的问题采用不同的辅助练习方法进行预防。

（3）对于大多数练习者都存在的问题，需重点重复讲解动作要领和要点，并采取有针对性的辅助练习。

（4）纠正错误要及时、准确。

第二节　体育战术训练及方法

一、体育战术训练

（一）体育战术训练的内容

1. 战术理念

战术理念指对比赛战术理解、战术成效及应用条件等认知与思考后形成的理念。战术理念的形成与运动员、教练的竞赛经验、个人素养、认知方式和思维方法等有着密切的联系。运动员、教练员的战术理念对其战术制定、战术思考、战术执行等战术活动有着重要指导意义。

2. 指导思想

战术指导思想指在建立在战术观念的基础上，根据比赛情况提出相应的战术运用的理念和准则。基于对战术规律的认识，指导思想是对战术执行的规范或约束，明确地体现战术制定者的战术观念。

3. 战术意识

战术意识又称战术素养，是指运动员在比赛中为完成战术目的而选择自己战术行为的思考过程。具备较强战术意识的运动员，一般体现在面对复杂多变的比赛环境能及时准确地根据临场情况，随机应变，迅速而准确地决定自己的战术行为（包括个人行动及与同伴的配合行动）。

4. 战术知识

战术知识是理解和运用具体战术的基础。教练员、运动员的战术知识储备的广度与深度，直接决定其指定战术方案的合理性、灵活性和有效性。

5. 战术形式

战术形式指战术活动中具有相对稳定的形态和结构的行动方式，如篮球战术中的掩护、盯人、联防等形式。

6. 战术行为

战术行为指为达到特定战术目的而采用的动作、动作系列或动作组合。

（二）体育战术训练的要求

1. 要把握制胜规律

运动训练（包括战术训练）的主要目的是：在教练员的指导下，全面发展运动员的身体素质和提高专项运动技术水平的过程。运动训练的直接目的，是为了不断提高运动员的运动技术水平，创造优异成绩。其任务是：第一，不断提高运动员各器官系统的机能，发展运动素质；第二，加强培养运动员独立训练的能力；第三，时刻进行道德和意志、品质教育；掌握和提高专项运动的技术和战术，以及有关的理论知识。这四个方面的任务是紧密联系，互相促进，又都是以创造优异成绩为目的的。因此，训练的内容及采取的方法、手段等都具有专门的性质，并要求运动员承担很大的运动负荷，训练中的成绩要能在正式比赛中表现出来。这是战术训练最基本的要求，也是形成正确战术观、正确制订战术方案、正确实施战术训练、在比赛中正确运用战术的前提条件。

所谓制胜规律，是指在竞赛规则的限定内，教练员、运动员在竞赛中战胜对手、争取优异成绩所必须遵循的客观规律。制胜规律组成包括两个方面：

第一，制胜因素。制胜因素是对专项成绩有决定性影响的因素。这些因素是人们在对专项比赛的各种特性深入研究后归纳总结的。我国部分优秀竞技项目在认识、发掘和把握制胜因素方面走在其他项目前面，例如，乒乓球技术中的"快、转、准、狠、变"，排球技术中的"高、全、快、变"，这些都是我国优势项目能居于世界先进水平的重要原因之一。例如，长跑运动员的"匀速跑""先慢后快（持续加速跑）""甩掉尾巴（领先跑）""紧跟领跑者（跟随战术）""最后冲刺战术"等。

　　第二，制胜因素间的本质联系。联系是相对复杂的，因为制胜因素都有若干个，它们相互促进、相互制约有时又互相矛盾，技能主导类同场对抗、格斗对抗、隔网对抗项群等这些项目的制胜因素具有一个非常明显的特征：每个因素都包含着明确的战术含义。在任何一项目中，制胜因素都不可能是一个或两个的存在的，而是一个"因素群"。因素群是由多个因素相互结合构成独特的结构，体现特有的表现。若干个因素之间，存在着必然性的联系，这些联系以不同的方式表现出来，有的是相互促进，有的是相互制约，有的相互矛盾。正确地认识和把握这些关系，才能遵循制胜规律，才能有效地战术训练。例如，排球项目中的"高"，除必须选拔"高大运动员"之外，还有采用"高举高打""高点强攻"战术的含义；足球、篮球等项目中的"高"与"快"的关系，网球、羽毛球等项目中"快"与"准"的关系，击剑、拳击等项目中"狠"与"准"的关系等。在认识制胜因素及其关系时，要特别注意各因素内涵的发展情况。例如，目前在对技能主导类项群隔网对抗项目"快"的理解上，除了以前内涵中已有的球速快以外，还从抓"适应与反适应"（即最大限度地适应对手、最大限度地不让对手适应自己）这对主要矛盾发出，赋予"快"以"战术变化快"（在有效的前提下）、"节奏变化快"等新的内容。这些都是战术训练时应该注意的。

　　我国体育竞技运动的发展始终离不开制胜规律的研究，特别是同优势项目的发展息息相关。广义的制胜规律是指项目的普及、提高和发展与其影响因素之间的本质的、必然的、稳定的联系；狭义的制胜规律，是指项目竞技体育比赛的取胜与其影响因素之间的本质的、必然的、稳定的联系。制胜规律是规律在竞技体育领域的特殊表现，它具有规律的基本特点，如客观性、普遍性、内在必然性、历史性、可重复性等，此外，它还具有一些自身的特点：概然性、经验性、复杂性。对于广义制胜规律来说，后备人才培养、训练、竞赛、管理等是制约现代项目健康发展的核心要素，是我们分析和研究的重点；对于狭义的制胜规律来说，运动员的竞技能力、教练员的行为以及参赛行为是我们研究的重点。无论是广义制胜规律的研究，还是狭义制胜规律的研究，对这些研究重点（制胜因素）的分析过程就是制胜规律的提炼过程。制胜规律的提炼需要以下五个步骤：定本质、定对象；析要素，找联系；确定本质联系；论证得出结论；投入实践检验。竞技实践的复杂性、不确定性、不可逆性决定指导竞技实践的制胜是一件非常复杂的事情。

2. 要养成战术意识

战术意识是指运动员在发挥技术的过程中，支配自己的行动，并带有一定战术目的的心理活动。战术意识是运动员在运动实战中所具有的经验、才能与知识的反映，是运动员在比赛中判断能力、应变能力、合理地运用技术和实现战术等能力的概括。培养运动员战术意识是战术训练的中心环节，战术训练的目的不仅是掌握各个战术系统和各种攻防战术的打法，更重要的是培养运动员的战术意识。由于战术意识支配着运动员场上的一切行动，显然有其特殊的重要性。培养运动员的战术意识，是战术训练的中心环节。培养战术意识的方式有：比赛中战术变化的规律及应变措施、专项战术的发展趋势、系统了解专项竞赛基本规律与战术特征、积累专项战术理论及经验知识、大量而熟练地掌握基本战术等。战术意识的培养与运动员的思维活动密切相关。从某种意义上讲，战术思维是战术意识的核心。因此，运动员的战术思维能力水平决定其战术意识水平。具体而言，运动员思维的灵活性、预见性和创造性等是其战术意识的决定因素。从运动训练实践看，"想练结合"是培养运动员战术思维的行之有效的手段。

例如，篮球战术意识具体表现在全面观察场上比赛情况的基础上，迅速做出正确的判断，通过战术思维活动及时地采取相应的、恰如其分的对策，合理运用身体、技术和与同伴协同配合的能力及有创造性地运用新的手段、方法和措施。现代篮球战术意识分为进攻战术意识和防守战术意识。进攻战术意识是指运动员在比赛中，通过战术的形式对对手攻击时所表现的一种强烈的欲望和行动能力。

进攻战术意识包括快攻、阵地进攻和衔接段进攻的战术意识。快攻战术意识是在由守转攻的一瞬间，运动员在特殊的快速反击的强烈愿望的驱使下，迅速做出反射性的行动。它是运动员在长期的专门训练和比赛实践中，经过积极思维加工，提炼积累的，这种意识表现在战术的每一个环节上。如：掷界外球快攻时，队员要有迅速拿球掷界外球打反击的意愿和行动；抢篮板球发动快攻时，中锋队员抢到篮板球后，要有迅速面向反击方向发动快攻第一传的愿望和行动；前锋队员从守转攻的一瞬间，要有快速向前场疏散跑位和运用各种攻击手段与同伴组成快攻配合的愿望及行动的能力。阵地进攻的战术意识指进攻队快攻未成，人球进入前场防守已经完成布阵，进攻队针对对方的防守战术形式，按照自己既定的进攻战术，有步骤地组织进攻所表现出的强烈愿望和行动能力。阵地进攻战术意识主要表现在移动中灵活运用掩护、策应、传切、突分等配合，对人员多少、方向、位置、角度、路线以及时间、空间的变化正确的判断和良好的感觉。衔接段进攻战术意识，是指运动员介于快攻与阵地进攻之间的一种抢时间、追着打的前场进攻战术的强烈愿望和行动能力。它的战术特点是简练，并具有突然性。在衔接段进攻中，由于参与抢攻的人员不固定，进攻的区域也不固定，战术的形式又具有连续、快速和机动灵活性，因此，对运动员的战术意识要求较高。

防守战术意识，是指运动员在比赛中，通过战术的形式对对手防守时所表现出的一种强烈的欲望和行动能力。防守快攻战术意识，是指运动员由攻转守的瞬间组织起来的阻止和破坏对方快攻的防守战术时所表现的强烈的愿望和行动能力。防守快攻战术意识主要体现在运动员的积极主动的精神、强烈的战斗作风，合理地运用封、堵、夹抢、断等技术，密切地相互协作配合，并针对场上情况随机应变。防守阵地进攻战术意识，是指运动员积极能动地运用迫、逼、堵、截、封、盖、抢、打、断等个人防守技术的同时，又具有与同伴协同组成抢过、关门、交换、保护、围守、夹击、补防等战术配合意识。这种协同配合的防守欲望和协同配合防守行动，所表现的对具有攻击性的防御战术的熟练运用和掌握其应变性，是防守阵地进攻战术意识的核心所在。

3. 要培养战术运用能力

在运动训练中，应该把培养运动员在各种复杂且艰苦的条件下合理运用战术的能力作为一项重要的任务。这也是在战术训练中贯彻"练为战"思想的具体要求。战术运用的基本要求为：

（1）有目的性、针对性。任何战术的运用都必须有明确的目的性，做到有的放矢。战术行动合理、针对性强，做到特定战术解决特定问题。

（2）高度的实效性和高度的灵活性。战术运用的目的是制胜，因此，应以能否达到制胜目的为准，力戒华而不实。能根据场上千变万化的局势，灵活机动地坚持运用有效战术，力争主动、避免被动，使战局向有利于本方的方向发展。战术意识的培养方法：通过进攻战术训练培养篮球战术意识，进攻是篮球比赛中克敌制胜的重要手段。

运动员进攻意识强，比赛的获胜系数就大。因此，在进攻训练中培养运动员的意识十分重要。在实施进攻训练时，首先要让每个队员都明确自己的进攻范围、任务、跑动路线和谁是本队的投篮手，知道什么是好的投篮机会，应如何把握每个机会迅速投篮，如何有目的地行动。应做到：靠近球篮的方向移动，给对方以威胁；为自己争得更大的活动范围；尽量摆脱防守队员的防守；帮助同伴从防守中解脱；保证投篮。要让进攻队员在移动前想想自己的行动是否合理，而不盲目乱动，同时要运动员明确个人攻击要点：要把防守者带到对他不利的位置去；要对防守者最弱的地点攻击；要在自己攻击性最强的地点发动进攻。要求运动员不断改变进攻方向，不要一味地打一两种战术配合，要声东击西，内外结合，在左、中、右轮番进攻。在进攻时，积极寻找对方漏洞，攻破其防守意图。当对方变换各种不同形式联防或综合防守时，运用拉开战术，扩大对方防区，采用移动进攻，有针对性地增加对方在局部区域的负担，以多打少；如果对方改用紧逼，则及时稳定阵脚，从容对付，耐心组织，利用掩护、传切、少运球和突分战术，使对方丧失信心。在进攻训练时，除教运动员进攻配合外，还要教他们对付各种防守的办法，同时要允许运动员有创造性地发挥。在防守训练中增强篮球战术意识。在防守训练时，首先要求运动员必须具有坚韧不拔、死缠紧防的意识。使运动员了解训练的目的，明确概念，领会要求。例如，在有球队员防守训练时，无论采用哪种方法和手段，都要紧防，目的还是不让其随心所欲地传球，干扰降低其投篮命中率，并警惕其突破。

4. 注重个人战术行为与集体配合

个人战术能力培养是提高个人战术行为能力的关键环节。此外，丰富的战术理论知识、结构独特的个人战术体系及由此而形成独特的战术风格，都是加强个人战术能力的必备条件。集体战术以个人战术为基础并对此协调配合。集体战术能力是运动队伍整体竞技能力极为重要的组成部分。在集体对抗性项目中，合理有效的集体战术是取胜的关键。球星的作用毋庸置疑，像艾弗森、邓肯、乔丹，但这也不表示只单纯地依靠他们就可以为球队带来胜利，在集体对抗性项目中，合理有效的集体战术是取得胜利的关键，所以个人战术必须服从全队的整体配合，所有队员战术行为的目的应当一致，每个队员的个人战术行为必须相互协调，以保证全队战术目的的顺利实现。

战术配合是集体战术行为的核心。战术配合的构成因素有：参与配合的人数；每个人的行动方式；个人行动目的与战术配合目的的关系等。战术配合水平取决于两个方面：第一，队员在战术配合过程中表现的活动方式的协调程度，亦成为操作形式的协调程度。第二，战术意识——心理过程的协调，亦称为"默契"。达到"默契"程度的战术配合行动，表现较大的灵活性和创造性。

集体战术的基本要求为：第一，严密的组织性，即强调个人战术行为必须服从全队的整体配合。每个队员都必须遵守战术纪律。所谓战术纪律，指为争取比赛胜利而制订的要求每个队员都必须按照战术计划行动的强制性规定。战术纪律是战术计划有效执行的保证。在战术计划没有被竞赛过程证明为无效且竞赛指挥者没有发出明确修改指令前，战术纪律要求队员不得无故不执行战术计划。第二，高度的一致性。即所有队员战术行为的目的应当一致。第三，高度的协调性。即每个队员的个人战术行为必须相互协调，以保证全队战术目的的顺利实现。

例如，排球运动是集体竞赛项目，不仅要求每个队员有比较熟练的基本技术和灵活的个人战术，全队还必须运用一定的集体战术，依靠密切的战术配合，才能在比赛中取胜。战术的运用，要从本队实际情况出发，即根据每个队员的身体条件、技术水平、战术意识及本队的配合熟练程度等，制定出最实用的集体战术配合。排球运动除发球外都是由防守转为进攻，技术是防守与进攻质量的保证，技术是基础，要高质量地完成攻、防战术，就必须有高质量的技术做保证。因此，技术的教学与训练，在排球运动中是非常重要的。在技术的保证下，培养队员的攻防意识；使其熟练衔接由防转攻的各环节；加强队员攻、防保护意识；使其熟练掌握由防转攻的各种变化的战术打法。排球战术的教学与训练要遵循排球运动的攻防规律。采用不同的教学训练手段，提高队员的竞技水平，使其能够积极主动地防守、灵活多变地进攻。

5. 重视战术组合

随着竞赛的日趋激烈，靠单一战术制胜的局面已经不常见，这就要求我们的战术要向"复合化"方向发展。从某种意义上讲，复合就是组合，就是将多套战术有机地结合，并在比赛场上极富针对性地使用，是衡量运动员战术水平高低的主要标志。

目前，战术组合可分为程式型组合与创造型组合两种。一是程式型组合：是指在战术行动在空间上、时间上按一定的顺序所构成的组合。各专项教科书所载战术（配合）多指此种，如足球中的阵型战术、篮球中的联防、盯人战术等。另外，根据特定对手而专门制定的战术组合也可归入此类。二是创造型组合：是指根据比赛临场变化情况，创造性地将几套战术组合在一起。它具有很大的随机性。

程式型组合既可以表现于训练之中，又可以表现于比赛之中；而创造型组合则更多地表现于比赛之中。程式型组合能力是创造型组合能力的基础。运动员对程式型组合掌握得越多越熟练，就越能开发创造性组合。创造型组合能力又不能简单地等同于程式型组合能力。程式型组合能力的神经生理机制可用经典动力定型理论解释，而创造型组合能力至今尚未得到权威性的说明。虽然如此，运动员在比赛中的创造性是必须加以着重培养的能力。

6. 做好战术创新

战术创新可分为两种，即常用战术创新与特殊战术创新。常用战术创新是指基础创新：一旦创新并被实践认可，就可能给专项战术带来革命性影响，因此创新难度较大。特殊战术创新，是实用性创新，具有很大的针对性，是针对特殊的对手"设计"某种新战术。教练员、运动员应当把更多的精力放在这方面的研究和实践上。创新技法如下：

（1）逆向法。在不改变战术原有的基本结构的前提下，使其向不同方向发展，从而创造另一新的战术的方法。

（2）递进法。在不改变旧的战术的性质的前提下，使其在某方面程度上的递进式的变化，从而创造另一战术的方法。

（3）组合法。保持两个以上旧战术原有的性质，通过组合使之成为另一种战术的方法。

（4）复合法。把一个以上的旧战术复合融会在一起，从而改变了原有的性质，形成一种战术的方法。

（5）移植法。不改变原有的战术，而把它用于其他战术或其他项目的方法。战术练习是在两个层面上进行的，一个层面是围绕自己进攻的战术练习，另一个层面是防御对方进攻的战术练习，两者是不能偏废的。比赛不可能是随心所欲的事情，还要根据对方的实际水平，制订的战术方案，必须是有具体对象的，而不是"放之四海而皆准"。要考虑自己的特长战术，也要了解对方的战术。如果我们平时战术训练能从上述两个方面来开展，攻防转换的能力和应变能力就会强得多。事实证明，一个好的球手，进攻和防守的能力是基本上均衡的，只有这样，才有希望获得好的比赛成绩。

7. 提高综合战术的使用能力

通过战术练习，还应该有目的地在平时的比赛中去检验自己的战术究竟达到一个什么样的水准，即比战术、比使用技术的方法。如果我们能把平时的技术练习与战术练习紧密地结合在一起，那么，技术就会与战术产生联系，形成带有战术特点的技术，这样不必再担心自己的技术能不能在比赛中发挥正常，而更多地会考虑自己能不能够合理地使用技术，打出相应的战术。此时，技术不再是第一要素，取胜的关键在于你的战术是否成功。我们看到记者对许多优秀运动员的临场采访，问他们取胜或失败的原因是什么，他们回答的不是技术层面上的原因，而是在战术上的措施上，就是这个道理。这里并不是贬低技术的作用，特长精绝、功夫艰深、技术全面是优秀选手必备的技能，但比赛中战术的针对性、实施战术的坚定性和使用战术的灵活性，却表现出他们更多的智慧和功底。

二、体育战术训练方法

(一) 分解法

分解战术训练法，是指将一个完整的战术组合过程划分为若干个相对独立的部分，然后分部分练习的方法。这种训练法常在学习一种新的战术配合形式时采用，其目的在于让运动员掌握某种战术配合的基本步骤。

(二) 完整法

完整战术训练法，是指完整的战术组合练习的方法。这种方法常在运动员已具备一定的战术知识和战术能力后采用，其目的在于使运动员能够流畅地完成整个战术组合过程。

(三) 虚拟现实与想象法

1. 虚拟现实法

这是指运用高科技设备，将未来可能出现的比赛场景提前在电脑屏幕上"虚拟"出来，从而帮助运动员提高预见能力，以及在各种情况下灵活有效地运用战术能力的训练方法。这种方法目前在德国、英国等足球队中运用得较为普遍。可以预见，随着高科技手段在运动训练和竞技比赛中的广泛渗透，虚拟现实训练法也将在更多项目中采用。

2. 想象法

这是一种心理学训练方法。这种方法是在运动员大脑内部语言和套语的指导下进行战术表象回忆，能够帮助运动员在大脑中建立丰富而准确的战术运动表象。

(四) 程序训练法

这是近年来从教学领域引进的一种训练法。在运用程序训练法进行战术训练时，除应遵循由易到难、由简到繁、从固定到变异的一般性程序外，还应特别注意编制不同项群战术训练的特殊程序。

体能主导类项群可考虑采用如下训练程序：不同战术方案选优—重复熟练—不同情况下实施战术训练——在实战条件下训练。

技能主导类对抗性项群可考虑采用如下训练程序：无防守训练—消极防守训练—积极防守训练—模拟比赛训练—实战训练。

(五) 模拟与实战法

1. 模拟法

指在获得准确情报信息的基础上,通过与模仿重大比赛中主要对手的主要特征的陪练人员对练,及通过在与比赛条件相似的环境中的练习,使运动员获得特殊战术能力的一种针对性极强的训练方法。

随着运动训练实践的发展,模拟训练方法的应用范围逐渐扩大。它不仅应用于技能主导类格斗对抗、隔网对抗、同场对抗类项群的战术训练之中,而且在体能主导类项群中,为使运动员能针对比赛场地、气候、日程安排等具体情况做有效的战术准备,模拟训练也在逐渐开展。

2. 实战法

这是指在比赛中培养战术能力的方法。这种方法可使运动员对战术的理解更为深刻。在参加重大比赛前,往往安排一些邀请赛或热身赛等,其目的是演练将在重大比赛中使用的战术,以检验其有效性。

(六) 减难与加难训练法

减难训练法,是指以低于比赛难度的要求训练的方法。这种方法常在战术训练的初始阶段采用,如在同场对抗性项群的球类项目中,最初可在消极防守或不加防守的条件下完成战术练习,待运动员掌握战术的基本步骤后,逐渐加强防守,提高难度以达到比赛要求。

加难训练法,是指以高于比赛难度的要求训练的方法。这种方法的目的是提高运动员在复杂困难的情况下运用战术的能力。采用的方式一般有限制完成技术动作的空间和时间条件(如限制场地、缩短时间等);与不属同一级别的高水平运动员或运动队对抗;采用比正式比赛条件更严格、更困难的标准训练等。

(七) 战术隐蔽法

从某种意义上讲,赛前隐蔽是一种有意识地隐蔽(不让对方了解)本方的真实情况,以达到在比赛中争得主动、出奇制胜等战术目的的战术行为。赛前隐蔽的内容有:技术隐蔽,即不让对方了解本方的创新技术或关键技术;战术隐蔽,即不让对方了解本方的常用战术,尤其是不能让对方了解本方针对其制定的特殊战术;人员隐蔽,即不让对方了解可能对其构成威胁的本方人员(尤其是新手)的情况;阵容隐蔽,即不让对方了解正式比赛中本方主力阵容及替补阵容;器械隐蔽,即不让对手了解本方在比赛中将使用何种性能的器械。

第八章 体育教学中的心智训练及其方法

随着体育运动赛事的不断增加，运动水平的不断提高，对抗实力的不断接近，运动员的心智作用对于能否取得赛事胜利起着至关重要的作用。实践证明，良好的心理是发挥体育技能的重要保证，聪慧的智力是以弱胜强的重要手段。本章主要对体育教学中的心智训练及方法进行了论述。

第一节 心智训练概述

一、心智训练的主要内容

严格地说，心智主要是指运动心理和运动智力两个部分的基本内容。

运动心理是指运动员或教练员的大脑对运动训练和竞技比赛的客观世界的主观反应，这种反应主要通过感觉、知觉、表象、记忆、想象、思维、感情和意志等多种多样的形式表现出来的。因此，运动心理的训练实际上主要是对上述感觉、知觉、感情和意志等主要构成要素的训练。

人格不属于心理过程现象，但是人格也是一种心理现象，并在一定程度上通过心理过程表现出来。因此，心理训练实际上也包括人格的训练。可见，认识和掌握运动心理训练内容的意义何等重要。

智力是指人认识客观事物并运用知识解决实际问题的能力。运动智力是指运动员在竞赛或训练中运用基础理论和专项理论知识，认识运动竞赛和运动训练自；一般或特殊规律以及解决实际问题的能力。运动员运动智力主要是由观察力、记忆力、思维力、注意力和想象力要素组成。

二、心智训练的特征

(一) 多样性

这一特征集中反映了竞技运动心智因素的复杂性和多元性特点。多样性特点说明心智构成因素是多种多样的，某一心智因素的特征不能以偏概全地替代竞技运动心智特征的全部，更不能由此推论视为整个竞技运动的特征。同样，某一领域或某一学科对竞技运动心智的某一方面研究所取得的成果，只能反映某一竞技运动心智的某一方面研究的进展而已，不能由此推论视为整个竞技运动的特征研究。

竞技运动心智能力第四级层次要素提出的目的，主要是客观揭示竞技能力心智结构中基本要素的多样性特点，着重反映专项竞技能力结构内部的复杂性和多元性特征，旨在提醒心智训练或心智科研过程中出现挂一漏万或以次充主的不良现象。

(二) 类别性

这一特征集中反映了竞技运动心智因素的类别性和逻辑性特点。类别性特点说明心智因素的类别性质及其关联是不容忽略的。揭示心智结构因素的类别特点，主要是为了客观地认识各个心智构成要素的性质。

例如，运动心理的训练与研究，必须针对民族特点和文化背景以及运动员的成长经历方可有效获取数据；运动智力的训练与研究，则要不断深入比赛实际和深刻认识专项特征的途径，学习和掌握运动训练的科学理论，采用多种智力开发和训练的系列方法，方可有效形成战术对策。

显然，运动员的智力开发难度较大，因此，智力的发展与提高必须依靠多种学科支持方能实现，运动心智的发展与提高必须从逻辑性角度系统进行方可实现。

(三) 专项性

心智构成要素的专项性特点是运动心智的第三特征。这一特征集中反映了竞技运动心智因素的专项性和目的性的特点。专项性特点说明心智因素尽管具有多样性和类别性特点，但是不同运动的心智特征，影响着不同专项的运动特征。各个专项特征实际上是蕴藏在心智要素的特征中。

换言之，专项心智各个要素的影响作用或影响权重，实际上影响着专项竞技能力特征，甚至影响着竞技运动特征。例如，射击运动心智要素中，情绪稳定和注意稳定的影响权重远比其他项目更为重要；对抗性运动的智力要素的影响权重要比体能类项目更为重要。因此，我们必须抓住专项运动的心智主要因素训练。

专项性特点提示：心智各个因素的发展，必须从专项的目的性角度系统地发展和有效地提高。

第二节　心理训练及方法

一、心理训练的概念

心理是人体精神属性的具体体现，心理能力是竞技能力高级发展阶段的产物，也是竞技能力的重要构成因素之一。目前对于人类来讲，精神潜能的巨大威力就像无边的宇宙那样难以想象和预测，现代科学理论和科学技术对竞技体育的渗透使人们对于精神潜能的开发和利用成为具体的现实。对心理能力的开发、训练和利用，将会对总体竞技能力的发展水平起重要作用。

运动员的心理能力是指运动员与训练竞赛有关的个性心理特征，以及根据训练竞赛的需要把握和调整心理过程的能力，是运动员竞技能力的重要组成部分。运动员在参加竞技类体育活动时，其个性心理特征的变化将会对本人在整个比赛过程中的表现产生决定性的影响。

从广义角度看，心理训练是指为提高运动员的心理能力而进行的训练过程从狭义角度看，利用不同的心理调控手段，对运动员的不良心态进行调控的方法就是心理训练，该方法也可由运动员自行使用完成对自我心理状态的调整，经过调整，运动员的心理状态将达到一个健康水平，这样，其就能在比赛中赢得好成绩。随着现代竞技运动的发展和日益激烈的比赛竞争，人们越来越重视对运动员精神和心理能力的开发，心理训练已成为现代运动训练中一个重要的研究课题。

二、心理训练的内容

1. 一般心理训练

一般心理训练是指在日常的训练中培养和发展运动员所必备的基本的心理

品质和心理能力的训练过程。运动训练的全过程都可以进行安排。一般心理训练主要包括培养运动员从事专项所需的兴趣、能力、气质、性格等个性心理特征，发展感知觉、运动表象、形象思维、想象力以及情感和意志品质等心理过程，培养注意品质，包括注意的稳定、注意的集中、注意的转移和注意的分配等。

2. 赛前心理训练

赛前心理训练是指在赛前一定时期内，针对比赛使运动员掌握自我调节心理状态的方法，以利于最大限度地适应比赛氛围，做好参赛心理准备的一般过程。内容包括明确比赛任务、激发比赛斗志，使运动员避免受到不良比赛的情绪影响，保持稳定的心理状态，建立取得比赛胜利的信心等。

3. 赛后心理调节

在比赛结束后，运动员的身心会产生极度的疲惫，因此进行适当的赛后调节也是心理训练练的重要内容。赛后进行心理调节的内容一般体现在两方面：首先对比赛失利的运动员要多进行正面的鼓励，消除比赛失利造成的消极情绪，激发运动员拼搏进取的精神。其次，对取得胜利的运动员在充分肯定的同时，总结经验、消除其骄傲自满的情绪，使其积极地投入到新的训练中去，争取更高的目标。

三、心理训练的意义

1. 有利于运动员形成个性心理特征

人的个性心理特征包括性格、气质、动机、兴趣和能力等方面。运动员在运动比赛中会受到不少因素的影响，其中比较重要的因素就是个性心理特征、兴趣、气质等。笔者需要注意的是，运动员要想形成良好的兴趣、气质，那么其就需要在日常生活中加强心理训练，通过心理训练，学生的兴趣品质得到了很好的培养，同时，其气质也能有所提升。

2. 有利于运动员心理过程的完善

人的心理过程主要由三个部分组成，这三个部分分别为认知过程、情感过程和意志过程。经过必要的心理训练之后，运动员可以获得更加精准的运动感觉，同时，还能获得比较清晰的运动表象能力；更为重要的是，运动员的运动快速反应能力将会增强，这让其在运动比赛中能及早地分析对手的动作意图，从而提前做好预判；还能提高培养运动员的意志品质，无论是什么运动，运动员要想出成绩就需要不断的训练，枯燥的训练可能并不能"立竿见影"，这就需要对运动员进行定期的心理训练，使其能正确应对不出成绩的情况，正确应对比赛过程中存在的困难时刻。

3. 有利于运动员训练和参赛心理的形成

运动员的心理状态特别容易变化，他们的心理会受到许多因素的影响，可以说，要对其心理状态进行分析，必须要进行综合考量。运动员拥有一个良好的心态，对其训练与比赛都能形成一定的影响，尤其是能对其比赛产生影响。在比赛中，如果运动员有一个良好的心理，它就能非常轻松地面对对手，如果运动员的心理状态不好，他甚至可能会为对手所碾压。

四、心理训练的基本方法

（一）意念训练法

意念训练法是指运动员有意识地、积极地利用头脑中已经形成的运动表象或充分利用想象进行训练的方法。意念训练对技术训练、战术训练作用显著。

例如，在练习之后，对刚刚完成的练习动作进行动作过程"回忆"，使正确动作或关键环节在脑海里更加巩固。假如动作出现错误时，可在回忆中伴随着对错误动作的"纠正"和与正确技术进行对比，使其首先得到大脑表象中的"克服"，为避免下次动作练习再次出现错误提供正确表象。实践中，意念训练法对于形成良好的"水感""球感""位感""力感"等感知能力具有十分重要的作用。

（二）放松训练

放松训练也是运动员经常进行的一种训练，具体来说，运动员会在训练过程中使用一些暗示语，然后利用暗示语进行呼吸的调节，使其肌肉可以放松下来。

作为一种最常见、最基础的心理技能训练方法，放松练习主要有以下几方面的作用。第一，降低中板神经系统的兴奋性。第二，降低由情绪紧张引起的过多能量消耗使身心得到适当休息并加速疲劳的消除。放松训练之所以具有上述作用，源于大脑与骨骼肌之间具有双向联系，即信号不仅从大脑传至肌肉，而且从肌肉传往大脑。肌肉活动积极，从肌肉向大脑传递的神经冲动就增多，大脑就更兴奋，热身准备活动就能起这种作用。反之，肌肉越放松，向大脑传递的冲动就越减少，大脑的兴奋性会降低，心理上的紧张感也会相应减少。

通过练习熟练掌握放松技术后，运动员可将其灵活地运用于训练与竞赛实践中去。放松技术通常可在以下几种情况下使用。第一，表象训练之前。帮助运动员集中注意力，使生成的运动表象更为清晰、逼真、稳定。第二，训练后或临睡前。有助于运动员消除疲劳，使身心得到充分放松。第三，赛前过于紧张时。帮助运动员减少能量消耗，使唤醒水平处于适宜状态。

（三）诱导训练法

在运动训练过程中，利用一些刺激物将运动员的心理状态引导到某一个事物上去的方法就是诱导训练法。这一方法能帮助运动员在训练与比赛时保持良好的心理状态。与意念训练法相比，诱导训练法的不同之处在于，运动员的训练是通过教练员以及团队成员的传递诱导信息作为外界刺激来完成的。

诱导的途径是多样的。优秀的教练员或相关专家等团队成员，常常善于通过示范与图片、录像与讲解、眼神与面部、说服与疏导、谈心与交心、鼓励与批评和启发与评价等手段，来达到心理诱导训练的目的。同时，优秀的教练员和相关专家常常善于通过异地训练、封闭训练等方式，屏蔽不良信息的误导。显然，诱导训练法是优秀教练员充分利用信息内容和信息通道，实施心理训练的重要方法。

（四）表象训练

表象训练是指有意识地、积极地利用自己头脑中已经形成的运动表象进行回顾、重复、修正，发展和创造自己的动作。良好的表象训练可帮助运动员形成精确的运动知觉、清晰的运动记忆和敏捷灵活的想象能力，可使他们尽快地熟练掌握技术，减少运动员的各种焦虑，克服各种心理障碍，以增强自信心。

表象训练的方法有：

①利用多媒体。通过观看比赛实况等方法，使运动员领会测向运动的全过程，然后结合自己实际操作练习时所产生的体验，进一步巩固头脑中逐步建立起来的技能概念。

②详细地想象自己在完成测向训练时最成功的经验和最不成功的经验。仔细地检查技术过程的每一个环节。

③教练员根据运动员的情况，采用有针对性的语言刺激，不断强化运动员头脑中的技术概念，促使他们在训练中做到"边练、边想"。

（五）模拟训练法

对以后比赛中可能出现的心理变化情况进行训练的方法就是模拟训练法。这一方法能让运动员提前感受比赛氛围，可以尽早地进入比赛状态，使其能在比赛氛围中提高自己的心理承受能力，当其进入真正的比赛中时，其就能灵活应对。在实际的训练中，教练员一般主要是通过制造模拟条件的手段完成对运动员心理的模拟训练。

模拟训练包括实景模拟训练和想象模拟训练。在模拟比赛的实际进程和条件的状况下进行训练叫作实景模拟训练,模拟训练内容包括很多,如战术配合及其应变的心理配合训练、比赛环境条件下的心理适应训练、适应比赛对手特点的心理应对训练以及适应"时差变化"的心理应对训练等。显然,运动心理的模拟训练特别强调的是实战环境下心理应对和心理适应训练。

(六) 意志训练

意志训练是在运动训练中有目的地使运动员克服各种困难,完成意志行动,实现既定目标,从而提高意志品质的过程。培养意志品质主要是通过克服运动实践中的困难和教练员有意识提高训练难度而进行的,在克服困难训练中可采用以下几种方法:

(1) 鼓励法。表扬本队中意志坚强的运动员;激励运动员相互学习,共同提高。

(2) 诱导法。激发和诱导运动员的事业心和责任感,把运动训练成绩提高与祖国的荣誉结合起来,从而使运动员产生强大的动力,为事业去战斗,为理想去拼搏。

(3) 刺激法。通过大运动负荷训练,使运动员能承受大强度、大密度、大难度的考验,以增强克服困难的勇气和信心。特别是在疲劳的状态下进行这种训练,对运动员的意志品质培养有积极的促进作用。

(4) 强制法。教练员下达命令,提出训练规定要求,运动员必须保质保量去完成。如模拟训练中,电台距离为 5~8 km,运动员必须努力完成,从而培养运动员的顽强意志。

五、比赛心理调节的方法

(一) 音乐调节法

此方法主要是利用音乐的感染力,以取得对心理进行调节的效果。现代科学成果证明:欢快的音乐节奏和韵律,能使人激昂振奋,精力充沛;轻柔平和的音乐能松弛肌肉,消除紧张;轻松愉快的音乐可使人的大脑保持适度兴奋。总之,音乐具有转移不良心理、缓和紧张状态和激发积极情绪的作用。

具体做法:组织不同形式的"赛歌会""歌咏会",组织音乐欣赏会,请专家讲述音乐作品含义,提高运动员对音乐的欣赏能力和理解水平。

建议:音乐调节需要选择安静的环境,音乐内容若伴有语言"诱导词"效果更好。"诱导词"必须与音乐作品的含义一致,乐曲作品的选用须特别注意健康而有针对性。情绪消沉时可选择节奏明快的轻音乐,情绪亢奋时以选择温柔抒情的歌曲为好。

(二) 呼吸调节法

采用此方法可以转移注意力,降低大脑兴奋水平,减弱交感神经过程,使心率、血压、氧耗、动脉血管乳酸含量下降,从而有利于消除过度兴奋、紧张心理和恐惧感,也有利于内环境的动态稳定。

具体做法:平时训练课中如果采用训练密度加大的负荷训练,可利用训练间歇专门进行呼吸调节训练;赛前、赛间的间歇可随意站立,全身肌肉放松,微闭双眼,采用慢吸快呼、快吸慢呼、鼻吸口呼的呼吸方式进行心理调节。

建议:对紧张和激动情绪进行调节时,应采用慢呼快吸一类的方法;对低沉情绪进行调节时,应采用慢吸气和用力呼气一类的方法,以便提高兴奋性。另外,采取腹式呼吸对于扩大肺活量、改善心肺功能和腹部脏器功能、安神益智都有积极的促进作用。

(三) 暗示调节法

暗示调节法是一种通过多次重复某些词语,实现心理调节的方法。它的生理机制是通过大脑皮质思维过程的痕迹,对自己施加影响,从而达到调节的目的。

具体做法:学习新技术或复杂动作的训练,或是重大赛事之前或是赛中间歇过程,通过闭目入静养神,默念预先拟定的有关方面的熟悉词语,引导自己进入平复心态境界,争取达到调节心理目的。例如为了尽快消除疲劳,可反复默念"我的心情开始平静了""我要安静下来""我很放松"等。为了消除紧张焦虑心情,可反复默念"我已经准备好啦""我有信心取得胜利"等。

建议:默念套语时意念应高度集中,尽可能地排开杂念。默念的暗语可以是自编自说的习惯用语,语言暗示的内容应该是积极、肯定的语气和现时的语态。

(四) 想象调节法

此方法是指让运动员根据比赛需要,在头脑中重现与当前情景相似的、过去曾经获得成功的动作表象或比赛情景,以唤起动作记忆、技术记忆或战术记忆。如果想象中能联想当时成功的身体感觉和情绪状态,其效果更为显著。

具体做法:坐或卧势,全身放松,微闭或全闭双目,心境尽量保持平静。然后开始回忆一个即将进行的、在过去比赛中曾获得成功的动作或自己感到满意的比赛场面。这种回忆在脑中出现的景象越清晰越好,直至产生满意情绪体验时为止。

建议：由于想象调节的效果取决于意念集中程度和表象重现的清晰性，因此，想象调节时，运动员必须态度认真，思想集中，意念专注。此方法可与暗示调节法结合进行，适用于赛前、赛中间歇的训练，也可用于平时的训练。

（五）活动调节法

这是一种通过准备活动来进行心理调节的方法。由于人的大脑与骨骼肌肉之间存在着"互为传感"的系统，因此，可借助于活动肌肉的办法来调节大脑的兴奋性。

具体做法：训练前或比赛前，教练员应仔细观察运动员外在表现，认真分析其内在心理活动。然后根据情况安排准备活动的内容、强度和时间。例如：情绪过度兴奋时，应安排一些轻松、缓慢的活动（小关节做柔韧练习）或转移注意力的内容；如发现兴奋水平不足，准备活动则应安排那些速度快、强度大、准确性高的练习内容。

建议：教练员必须深刻地认识身体活动不仅是运动器官的热身准备，而且也是心理调节的重要手段，因此，务必摸索一套有针对性的调节心理的活动。"统一行动"和"放任自流"是不可取的。

（六）松紧调节法

这是运动员通过肌肉逐段松紧交替活动、调节心理状态的有效方法。它有助于兴奋性集中，注意力转移，进而达到解除心理不安和心态波动的目的。

具体做法：运动员平躺在松软的垫物上，力求处于半睡状态，逐段对肌群实施放松与紧张的活动。肌群交替放松与紧张的程序是脚、小腿、大腿、臀部、腰部、胸部、背部、上臂、前臂、手掌、颈部。在交替进行松紧的过程中，肌肉紧张的时间是短暂的，并伴有屏气。接着，突然松弛紧张的肌群，同时伴以深呼吸。

一般情况下，从头到尾做一遍需要 8 分钟。这种做法通常安排在因负荷强度较大，身体反应强烈以至于难以入睡的情况下，或者安排在赛前难以入眠的情景下。

建议：练习中精神要集中，思想要专注有关肌群。

六、竞赛期的心理训练

1. 赛前心理准备训练

赛前心理准备包括许多内容，经过笔者的梳理，主要有以下几点：

第一,要对对手有足够的了解,在比赛中才能灵活应对。在比赛之前,运动员要对自己的对手有清楚的了解,分析对手的优势与劣势,时刻保持一种积极的备战装填,要保持端正的参赛跳读,进而清晰地理清比赛思路,同时还要思考可能出现的危机情况,并做好预案。

第二,要在赛前将影响自己心理状态的紧张因素排除掉,要加强心理预防训练。教练员应对运动员进行一些抗干扰训练,要最大限度地为运动员制造比赛困难,能将比赛中可能出现的困难进行准确地把握,这样,运动员在比赛中遇到不利的情况时也能冷静应对。

第三,要对运动员的责任意识予以强化,同时还应培养其团队精神。这对于一场比赛来说十分重要,拥有责任意识、团队精神的运动员往往能够战胜各种困难,能在激烈的比赛中保持高昂的斗志。尤其是对于足球、篮球等集体性的运动来说,责任意识与团队精神就显得更加重要,甚至那些没有责任意识、团队精神的人会导致一场比赛的失利。

2. 赛中心理控制训练

运动员在比赛过程中应该进行必要的心理控制。运动员心理控制的内容包括许多个方面,其中比较重要的方面就是情绪控制。运动员在比赛中会形成积极的心理定式,也会形成消极的心理定式,这是不可避免的,最重要的就是通过心理控制训练使其可以消除消极的心理定式,将积极的心理定式激发出来。通常来说,裁判的误判会让运动员连连抱怨,嘈杂的比赛环境也会让运动员烦躁,这时教练员不能坐以待毙,而是应该积极地给运动员以鼓励,使其能在第一时间活动心理上的安慰,这样,其心理状态就会逐渐平稳,也能继续参与比赛。

笔者认为,甚至有时候运动员的情绪稳定能使其获得比赛的最终胜利。运动员会有许多参与比赛的机会,尤其是一些优秀运动员,他们参与各种赛事的机会更多,这时教练员要充分利用好运动员的这些比赛机会,在比赛过程中应了解运动员的起伏变化,当运动员的心理发生变化之后,教练员应该能敏锐地觉察到,并且积极地帮助其疏导情绪,并最终使其可以形成良好的比赛心态。

在比赛过程中,运动员可以采用信息回避的方式来保持自己情绪的稳定,当外部干扰因素没有了之后,运动员就能安心的比赛。运动员要保证自己的头脑中始终保持一些积极的内心想象,不能让一些消极的内心想象占据自己的大脑。同时,在比赛过程中,运动员还应该进行自我鼓励,告诉自己,自己才是这个项目的王者,从而使自己的比赛心态调整到最佳。

3. 赛后心理调整训练

运动比赛结果也会对运动员的情绪产生影响,因此,当运动比赛结束之后，教练员应该组织运动员进行比赛总结。当然要分析运动员的技战术使用情况，更为重要的是，要对运动员在赛场上的心理变化进行分析，从而找到运动员心理变化的原因，并根据具体的问题进行合理的调整。此外，教练员还应该认识到一个十分重要的问题，运动员的情绪体验往往具有明显的群发性特征，也就是运动员之间的情绪会"传染"。这时，当一个运动员的情绪比较低落时，教练员就不能忽视了，需要及时对其进行安稳，使其能迅速调整自己的心理状态，否则其他运动员的心理也可能会受到影响。

获得理想成绩后会使运动员产生鲜明而深刻的两种截然不同的情绪体验：一种是积极的情绪体验。主要表现为心理满足、精神振奋、情绪愉快、信心倍增，此时运动员的参赛欲望更强，精神斗志更高，深感责任更重，表现出积极向上的强烈的精神；另一种是消极的情绪体验，主要表现为骄傲自满、目中无人、得意忘形、自吹自擂、盲目自信，此时运动员参赛欲望下降，过高估价自己，表现出沾沾自喜的不良的个人主义。

获得不良成绩后也会使运动员产生鲜明而深刻的两种截然不同的情绪体验：一种是积极的情绪体验，主要表现为寻找差距并积极克服，不甘示弱，更激斗志，不怕挫折，信心依旧地投入后续比赛；另一种是消极的情绪体验。主要表现为面对问题束手无策，面对失败斗志颓废，以致消极地应付后续比赛任务。

赛后调整心理的主要对策是：对待获得理想成绩的具有积极情绪体验的运动员，要积极帮助他们总结比赛中的经验与教训，鼓励他们继续保持积极情绪，激励他们更加努力拼搏，争取更大的胜利；对待获得理想成绩的具有消极情绪体验的运动员，要认真指出他们心理状态的危害性，善意指出他们比赛中的缺点和不足，促使他们居安思危，备好后续比赛工作。

对待取得不良成绩的具有积极情绪体验的运动员，要充分肯定他们比赛中的经验，保护他们难得的积极情绪，鼓励他们克服困难、努力拼搏的精神；对待取得不良成绩的具有消极情绪体验的运动员，要帮助他们认真总结失利的原因，及时指出他们的优点及各种有利因素，帮助他们积极找出克服的办法，使他们重新焕发比赛的斗志。

另外，安排积极性休息、调节精神状态也是赛后心理调整的重要举措。特别是战役性赛事的间隔期间，应当适当安排积极性休息。此点，对于心情过于沉重、一时难以摆脱失败困扰的运动员尤为重要，可让他们暂时从事其他活动，转移注意，促使精神得以解放，加速摆脱失败情景的影响。

· 163 ·

第三节 智力训练及方法

一、智力训练的内涵

智力是指人认识客观事物并运用知识解决实际问题的能力。它集中体现在反映客观事物深刻、正确、完全的程度上和应用知识解决实际问题的速度和质量上运动智力是指运动员在竞赛或训练中运用基础理论和专项理论知识,认识运动竞赛和运动训练的一般或特殊规律以及解决实际问题的能力。运动员的运动智力主要反映在观察力的细微性和准确性、记忆力的清晰性和持久性、思维力的敏捷性和逻辑性、注意力的集中性和合理性、想象力的丰富性和联想性上。显然,运动智力训练是指在运动训练过程中有目的、有计划地提高运动员智力水平的过程其中,思维训练是智力训练的关键内容,它不仅直接影响着深刻认识运动训练内容的深度,而且深刻影响着正确解读复杂比赛的整个进程。

运动员的训练过程和参赛过程,不仅是身体运动的活动,而且也是思维过程的活动。运动智力的表现,并不像运动素质、运动技术和运动战术那样显现。因此,运动智力的训练很难像运动素质、运动技术和运动战术那样令人瞩目。不过,优秀的教练员深知运动素质、运动技术和运动战术方面所表现的身体能力,实际上是运动智力的载体。运动智力可以通过身体的运动能力及其表现反映出来,甚至某些竞技能力(身体运动能力),如运动战术,必须依靠运动智力才能合理地表现。由此可见,训练或参赛行为本身一直受着运动智力因素的制约,并受着思维力的支配。其中,技术的灵活运用、战术的灵活多变正是思维力因素在起作用。因此,智力训练是运动训练工程必不可少的重要组成部分。

智力是保证人们有效地进行认识活动的稳定心理特征的综合、其基本内容结构主要由五大基本要素组成,即观察力、记忆力、思维力、注意力、想象力。运动智力是智力类型中的一种特殊智力。其中,观察力的细微性和准确性、记忆力的清晰性和持久性、思维力的敏捷性和逻辑性、注意力的集中性和合理性、想象力的丰富性和联想性 10 种要素,则是运动智力要素体系里面的重要因子。

运动智力的形成、发展与成熟,主要通过 4 条途径实现目的:一是不断地深入学习文化知识；二不断地践行专项运动理论；三是不断地提升专项运动意识；四是不断地探索训练创新方法。因此，必须深刻认识运动智力的结构及其要素必须深刻了解运动智力形成、发展和成熟的4条基本途径。

二、智力训练的要求

应积极鼓励教练员、相关专家或运动员以专题的形式定期讲解竞技运动和专项运动的基本理论。语言讲解方法分为正、反向讲解两大类：正向讲解是指教练员或相关专家向运动员讲述训练原理或理论；反向讲解则是指运动员向教练员或相关专家叙述所学内容。正向讲解时必须注意：一是讲解要有明确的目的。应根据训练任务、内容和要求有的放失地讲解。二是讲解内容要用语正确，内容体系要注意具有科学性、系统性。三是讲解用语要通俗易懂。教练员讲解时一定要注意用词准确、精练、形象，力求规范技术术语，以提高运动员理解动作要领的能力。四是讲解内容要有启发性。要注意使运动员知其然也知其所以然。课后应注意检查运动员对讲解内容的理解程度。

采用引进植移法要注意理论联系实际。目前，动作植移已经广泛地应用在许多项目的技术创新和动作创新之中。战术植移需要运动员具有一定的思维想象力、分析力，通过观摩非专项运动的比赛、分析战术打法，并结合本专项运动实际，将非专项先进的战术形式融于本项目的战术内容之中。理论植移有助于运动员开拓思维的深度，可以从更深刻、更全面的角度认识运动训练的各种规律。

求异创新是当代智力训练中的重要方法。无数赛例表明，战术上的不断创新、技术上的创新立异、打法上的独特风格，往往是运动员在比赛中夺取胜利的重要因素。在现代运动竞赛激烈对抗之中，要善于捕捉一些非正规但实效好的变异动作，并加以改造使之成为以后比赛出奇制胜的运动技术。

攻中具有攻其不备之效的攻击技术；背越式跳高技术的诞生也是如此。技术创新是受思想创新的支配，例如体操动作不同编排可以创造或形成多种多套的组合动作，球类项目多元动作的变异组合可以创造或形成多种阵形和战术变化，这些都是思维创新的结果。因此，必须重视创新思维的科学训练。

万事万物都是错综复杂的，人们对事物认识的深度也是永无止境的。运动训练过程也是如此。在寻求运动训练真谛的过程中，应当始终持以探究的态度。生疑提问法就是为了培养运动员具有积极探究态度和积极的思维能力而提出的一种方法。采用此法必须依靠团队的智力资源。应该承认，目前运动训练中的很多问题尚在研讨之中，许多答案尚未有解。应积极保护运动员生疑提问的态度和积极思考的精神。

三、智力训练的方法

(一) 语言表达法

语言表达法是智力思维训练最基本的方法。正确地使用语言，不仅可以有效地传授知识，并且可以有效地发展运动员的积极思维能力，加深其对训练内容的理解程度，培养其分析问题和解决问题的能力。在运动训练中，运用语言表达法的形式有讲解、语言评议、口头或文字汇报以及默念与自我暗示等。

其中，文字形式可有效促进运动员积极思维，特别是对运动员思维逻辑性的培养效果显著＝实践中，定期地安排运动员写出读书札记或训练日记是此方法的具体手段。默念与自我暗示也是思维训练的作业方式。

由于第一、第二信号系统有一定联系，无声语言可在头脑中反映即将进行的动作过程，也可在一定程度上表述动作的外在特征，因此采用此法有利于提高形象思维能力。

(二) 正误对比法

正误对比法是指通过讲解、示范或图片分析、录像分析方式，将错误与正确的技术、战术进行对照、比较、分析的方法。采用此法可以有效地提高运动员逻辑思维的鉴别力、判断力，加深对正确动作的认识和有效预防错误动作的发生。

实践中，正误对比法有许多形式可以采用，如可以将动作过程用语言来描述。教练员将一组正确与错误的语言描述进行对照比较，启发运动员的鉴别能力；或者采用影视录像、系列图片或示范形式，将一组正确和错误的动作、技术或战术。展示在运动员眼前，以提高运动员形象思维的鉴别力和判断力。

总之，正误对比法是培养运动员逻辑思维和形象能力的一种好办法，许多富有成效的教练员都很善于运用此法系统、科学地提高和运动员的运动智力水平。

(三) 引进植移法

引进植移法是将其他专项的先进理论、技术动作、战术打法，通过自己的头脑分析、加工、改造、设计出适合本专项特点的理论、技术与战术。引进植移法对提高运动员的思维创造力有独特功效。引进植移法分为动作植移、战术植移和理论植移。

动作植移是指借鉴非专项运动的技术特征，力求赋予专项的动作形态，例如排球运动的时间差动作就是植移篮球运动的篮下虚晃投篮技术。

战术植移是借鉴非专项运动的战术打法，力求赋予专项的战术形式，例如排球运动的前交叉快球就是植移篮球运动的掩护战术。

理论植移是借鉴优势项目的先进训练理论，指导同类运动项目的训练或比赛，例如游泳训练的无氧阈概念及其理论，目前已经成为划船、自行车、中长跑等运动项目的科学训练指南。

（四）求异创新法

求异创新法也是运动训练中提高运动员思维能力的重要方法，此方法有助于培养运动员的思维创造性。其中，对思维训练价值较高的有对比求异、组合求异和改造求异等方式。

对比求异是指将两种以上类型相同但细节有异的技术、战术进行对比，寻求它们的同异处，加深对细节的认识，从而为在比赛中灵活运用技、战术奠定基础。

组合求异则是利用事物的不同部分进行科学组合，教练员可以不同动作的组合变化来丰富运动战术的变化或提高运动员求异创新的思想和方法。

改造求异是指通过捕捉一些非正规但实效好的变异动作，并加以改造使之成为以后比赛出奇制胜的运动技术。

实践中，教练员只要善于启发运动员研究，不仅可以丰富其专项技术种类，而且可以有效地提高其智力水平。

（五）生疑提问法

生疑提问法就是为了培养运动员具有积极探究态度和积极的思维能力而提出的一种方法。在实践中，采用此法主要有如下两点技巧：

一是寻求原因。教练员不仅要善于培养运动员"勤练"的精神，而且要注意培养其"好问"的习惯，使其不论在接触新事物还是旧问题时，都具有探究的态度。

二是寻求规律。任何事物都有其自身的发展规律，而这些规律又隐藏在现象的背后，教练员要善于通过生疑提问的过程和步骤，引导运动员透过现象看本质。

应当说明，生疑提问是受问题的现实性和复杂性制约的。提问的问题和答案具有系统性，运动员思维过程也会更具条理性。因此，有计划、有逻辑地进行生疑提问是运用此法的关键。当然，这一方法要求教练员具有深厚的理论基础和实践经验。

第九章 体育教学中重点运动项目训练及其方法

体育教学需要对多种类型的运动项目进行训练，借助有效的训练方法提升学习者的运动技能。本章主要论述了体育教学中几种具有代表性的重点运动项目训练及其方法。

第一节 篮球运动训练及方法

一、篮球运动训练概述

（一）影响篮球运动训练的因素

1. 科学化因素
（1）技术的科学化
科技是第一生产力，这句话同样适用于体育领域，在篮球运动训练中，先进的体育科技所发挥的重要作用是其他因素所不可替代的。在现代篮球运动训练中，先进的训练仪器和设备被频繁运用，各个训练环节中都渗透着科学的管理思想和方法，这大大提高了篮球运动训练的科学化水平和训练效率。
（2）教育的科学化
科学教育对篮球运动训练的影响力非常重大，篮球教练员的素质在一定程度上更是直接决定了运动训练的效果。此外，在篮球运动训练科学化发展方面，新型科技人才的继承、发展及创新也是非常重要的直接动力。培养优秀的篮球科技人才能够保障篮球运动训练的科学发展。
（3）管理科学化
篮球运动训练的科学发展会受到很多因素的阻碍，只有对科学管理因素的规律有正确的把握,充分发挥科学管理的作用,在管理体制与机制方面不断完善、科学创新,积极主动地加强管理,才能有效提高篮球运动训练的科学化水平。

(4) 社会环境条件

社会环境是不断变化的,呈现出明显的与时俱进趋势,这对篮球运动的科学化训练产生了一定的影响。一方面,国家经济层面为运动训练的开展提供了重要的物质保障;另一方面,区域经济发展不平衡也在一定程度上造成了地区运动训练的差异,可见社会环境因素对篮球运动训练的科学化具有十分重要的影响。

(5) 训练条件的保障

体育科技的创新、成果的转化及其在运动训练中的推广与应用是保障篮球运动训练长期稳定发展的重要条件。此外,篮球运动训练的科学化发展离不开教练员、运动员、管理人员及科技人才的相互协调配合。

2. 影响篮球运动训练成败的因素

(1) 训练的方法、手段

篮球运动训练的方法是否科学、先进,直接影响篮球运动训练效果,而训练效果的好坏与训练目标的实现程度有直接的关系,所以说运动训练的方法、手段是影响篮球运动训练目标实现的核心因素。

判断篮球运动训练方法的优劣,不能看其形式,而要看内容,良好的训练方法一方面体现在适合篮球专项;另一方面体现在训练方法手段的科学组合。客观而言,训练方法的优劣决定了篮球运动水平的高低。篮球运动训练方法非常丰富,但一般都是组合起来使用的,训练方法的组合、战术组合以及训练负荷的组合都会影响篮球训练目标的实现。

(2) 营养补充

在确定篮球运动训练方案后,运动营养就直接关系到篮球训练目的的实现。篮球运动员的能量供应、运动恢复等都直接受运动营养的影响,运动营养进而对运动员技能的发挥、运动训练目标的实现产生影响。

科学的运动营养方法应该是符合运动专项的,具有针对性,而且也比较具体。在篮球运动训练中实施运动营养方法,要综合考虑训练时间、训练环境、运动员的身体状况等实际情况,要确保运动员营养均衡、全面。

(3) 运动医务支持

篮球运动训练目标的实现离不开运动医务监督与各训练环节的密切配合,否则即使训练过程再科学、合理,如果没有系统的医务监督相配合,训练目标也难以实现,即使实现了某一目标,运动员也可能付出惨重的代价,如发生运动损伤等。科学的运动医务监督能够有效缓解与消除篮球运动员在训练中出现的运动疲劳，使运动性损伤、疾病出现的可能性降低，从而降低篮球运动人才的损失率。

在篮球运动训练中加强医务监督，一般要注意以下几个方面。

①对生理与病理的界限有所明确。

②从医学上评定运动员身体机能状况。

③防治运动性损伤与疾病。

④做好运动卫生保健工作。

⑤注意伤病后的恢复训练。

⑥消除运动疲劳。

⑦比赛时提供全面的医疗服务。

（二）篮球运动训练的原则

1. 自觉性与积极性原则

在篮球运动训练过程中，处于首要地位的是思想政治教育，因为只有具有良好的思想政治觉悟，才能够保证运动训练的积极有效进行，才有可能取得理想的运动训练效果，因此，一定要对此加以重视。

另外，运动员参与篮球运动训练的积极性也是不可忽视的重要方面，要通过各种方式和途径，来将运动员参与训练的自觉性与积极性充分调动起来，使运动员能够从更加深层次上认识和理解，并自觉主动地参与其中，积极地进行训练思考，从而使训练任务得到创造性的完成。

2. 全队训练与个人训练结合原则

在运动训练过程中，往往会根据人数的多少，将训练的形式分为两种：一种是单个人的个人训练，另一种是以整体形式存在的全队训练。可以说，全队训练就是个人训练的不同组合与实践。具体来说，由于每个运动员都具有自身的显著个体特征，再加上不同位置的分工和职能，对运动员的要求也会有所差别，因此，这就要求在运动训练过程中，要以运动员的个人特点为主要依据，并且在实践过程中，保证训练的科学性、合理性和针对性。

3. 一般训练与专项训练相结合原则

一般训练，就是使运动员整体素养和技能都得到普遍提升的训练方式；专项训练，就是针对某一运动项目来进行的针对性训练，比如，篮球运动训练，就是针对篮球运动而进行的运动训练。

在运动训练过程中，一定要以运动的专项特点、运动员的训练水平和不同训练过程的任务为主要依据，将一般训练和专项训练有机结合起来，从而使其协调发展得到保证。

4. 训练与比赛相结合原则

在篮球运动训练过程中，所有的训练都是为比赛服务的，因此，都必须以比赛的需要为依据来进行相应的训练。因此，将训练与比赛有机结合起来，是有着非常重要的实践意义的。具体来说，通过训练与竞赛，能够将训练过程中出现的问题找出来，来对篮球运动技战术水平的提高起到积极的促进作用。

5. 合理安排运动负荷原则

在篮球训练过程中，首先要以训练任务和对象水平及每个练习的目的、要求、负荷为主要依据来合理安排运动负荷，从而使运动负荷量得到有效提高，直至达到最大负荷要求。另外需要强调的是，在训练过程中，运动负荷的提高是需要一个过程的，具体为：加大、适应、再加大、再适应。

二、篮球运动训练方法

（一）变换训练

变换训练法是指在篮球技战术训练中，通过有目的地变换动作组合、训练负荷，以及变换练习的条件和环境等进行训练的方法。

篮球运动技战术训练中变换训练法的应用十分广泛，例如，变换动作要求（动作速度、幅度、距离等）、变换动作形式（原地传球、跑动中传球）、变换动作组合（原地接球跳投、移动中背向篮接球转身跳投）、变换运动量（同一训练时间不断增加运动量或强度或运动量时大时小）、变换训练器材（用小篮筐、加重球）、变换训练环境（馆内、露天、气候变化、高原训练）等。

（二）循环训练

循环训练法要求运动员根据篮球运动技战术训练的具体任务，把预先设计的多项活动内容设计成若干个站，在训练过程中使运动员按照一定顺序一站一站地进行练习，运用循环练习的方式周而复始循环往复地进行练习的方法。一般来讲，开始时先练一个循环，过 2~3 周再增加一个循环，逐渐增加到 3~4 个循环，但最多不得超过 5 个循环。一次循环中应包括 6~14 个不同的练习，每个练习间歇为 45~60 秒钟，每个循环间歇为 2~3 分钟。该方法对刚刚参与篮球运动训练的人员较为适用。概括来讲，循环训练法的作用主要表现在以下三个方面：

(1) 循环训练法有利于增强运动员的肌力、增强心肺机能、提高身体素质。

(2) 循环训练法可消除枯燥感，机体肌肉的局部负担不重，不易疲劳，能调动运动员的积极性。

(3) 循环训练法可因人而异地区别对待和解决负荷量问题，避免运动者过度紧张状况的出现。

科学实施篮球运动循环训练，要求篮球运动技战术训练应突出重点，因人而异地确定循环训练的负荷，如在比赛之前的训练要以战术训练为主，基本技术动作训练为辅，而由于不同的人，身体素质也存在较大差异，在安排素质训练时，要因人而异，同时还要避免因局部疲劳积累而产生损伤。此外，在训练过程中应根据阶段训练任务的变更及时进行调整或变换。

(三) 重复训练

所谓重复训练法，指在不改变动作结构和运动量，在相对固定的条件下，对某种动作采用同一运动负荷和相同的间歇时间进行多次练习，以达到增加运动负荷和巩固技能的目的。在训练实践中，重复训练法主要是通过同一动作或同组动作的多次重复，经过不断强化运动者的运动条件反射的过程。关于重复训练法，可以根据不同的分类标准将其分为以下两大类。

(1) 按练习时间长短，重复训练方法可分为短时间（不足 30 秒）重复训练方法（主要用于训练各种基本技术、高难技术的组合练习，以及有关速度素质和力量素质的发展）、中时间（0.5~2 分钟）重复训练方法（主要用于整套技术动作的练习）和长时间（2~5 分钟）重复训练方法。

(2) 按训练间歇方式，重复训练法可以分为连续重复训练法和间歇训练法。重复次数不同，对身体的作用不同，对巩固机能的作用也不同。

篮球技战术训练的实践证实，重复训练法有利于运动员掌握和巩固技术动作，使机体产生较高的适应机制，有利于发展和提高篮球运动员的技术水平和机体机能。

(四) 比赛训练

比赛训练法是指组织竞争性的、有胜负结果的、以最大强度完成练习的训练方法。它包括教学比赛、检查性比赛、适应性比赛等。比赛训练法对于篮球运动技战术训练的意义主要体现在以下两个方面：

首先，比赛训练法能结合实战提高运动员的技术、战术、身体训练水平和心理素质。

其次，比赛训练法是能调动篮球运动员训练和比赛积极性的有效手段，它可以激发篮球运动员的斗志，促使运动员积极向上、克服困难，从而创造优异的运动比赛成绩。

(五) 间歇训练

所谓间歇训练，具体是指重复练习之间按严格规定的间歇时间休息后再进行练习的方法。训练中练习间歇时间的长短，取决于训练的目的、训练的强度、运动员的训练水平和身体状况。每次练习的数量、练习的负荷强度、重复练习的次数（组数）、休息方式和间歇时间是构成间歇训练法的五个基本要素。

在篮球技战术训练中，根据超量负荷原理，可提高每次练习的强度，增加练习的重复次数和调整间歇时间。要科学、合理地制订间歇时间，并且要使训练负荷与运动员所能承受负荷的能力相符合，运动负荷过大或过小都不利于获得良好的训练效果。需要注意的是，在机体尚未完全恢复时，运动员就必须要进行下一次练习，从而保证训练的效果。

运动员采用间歇训练法参与篮球运动训练，不仅能有效地提高呼吸机能，提高机体糖酵解能力和耐乳酸能力，还能在练习期间及中间间歇期间使运动员的心率保持在最佳范围之内，有助于提高和改善运动员的心脏泵血功能。只有这样才能在技战术训练当中保持良好的状态。

第二节 足球运动训练及方法

一、足球运动训练

(一) 足球运动训练的目标

1. 技战术训练目标

足球运动技战术训练目标就是运动员通过科学的技战术训练方法，掌握先进的足球运动技战术知识，使自己具备全面的足球运动技战术运用能力。在足球运动中，技术训练的具体目标是运动员通过训练全面地掌握足球的运球、过人、传球、射门、头球以及假动作等技术，并能够在足球比赛中进行充分的发挥。而战术训练的具体目标则是运动员通过战术知识学习与实践训练，理解自己在足球阵容中的位置意义和作用，并在比赛中能够充分发挥自己在整个足球战术阵容中的作用。

2. 身体素质训练目标

现代足球运动身体素质训练的目标，要围绕足球运动的专项特点来进行制定，运动员不仅需要保持较好的有氧能力，还需要具备较好的无氧能力。足球运动员在进行身体素质训练时，要以各项身体素质的全面协调发展为目标，在进行速度、力量、耐力素质训练的同时，不能忽视柔韧、灵敏等素质的提高。

3. 心理素质训练目标

现代足球运动心理素质训练的主要目标是通过足球训练来增强运动员的自信心，促进自我控制能力的提高和保持稳定注意力的能力。除此之外，运动员还需要通过足球训练全面提高自身的意志力、竞争意识、良好的沟通能力、角色的定位和责任感等心理素质。足球运动员的心理素质和运动能力是紧密结合的，如果在足球训练过程中忽视了运动员心理素质的训练，其自身技战术能力在比赛过程中的正常发挥就很难得到保障。因此，在现代足球运动训练中应将运动员的心理素质训练融合到平时的身体素质和技战术训练中去。

(二) 足球运动训练要遵循的客观规律

1. 竞技能力形成的时间阶段性规律

对于足球运动员而言，其竞技能力的形成与发展不是一成不变的，在一定的时间段内会呈现出一定的阶段性规律。一般来说，年龄阶段不同，运动员的发育状况也是不同的，在训练的过程中，教练员要指导运动员依据自身的客观条件和现实水平进行训练，不能盲目训练，运动训练要与运动员的心理和生理变化相适应。所选择的运动训练内容与方法要有利于运动员的成长发育，能促进运动员各项能力的发展和提高。但是并非每一名运动员的成长发育曲线是相同的，而是呈现出明显的个体差异，并且运动员各发展阶段间的界限也不明显，即使在同一阶段也会有不同的发育过程和能力。因此，教练员在安排足球训练时要十分注意这一点。

一般情况下，青少年足球运动员的训练可分为三个阶段、即初学阶段、基础阶段和提高阶段。要根据青少年足球运动员的发育特征和具体实际设计训练内容与方法，以适应运动员的变化和需要。

2. 战术发展过程的实战性规律

(1) 系统、全面培养技战术能力

要想顺利完成足球比赛，运动员必须具备全面的技战术能力，在比赛中能结合当下形势及时选择合理的技战术，促使比赛向着有利于本方的方向发展。另外，通过大量的训练和比赛，运动员能获得丰富的经验，能提高自己的足球技战术运用能力。因此，在平时的训练中，要十分注重运动员的技战术训练。

（2）发展实战性技的战术

在技战术学习的初级阶段，最好采用分解法和完整法相结合的方式，使运动员建立和形成正确的技术概念和动作。但需要注意的是，只有通过真实的比赛才能客观地评价运动员的技战术掌握情况，即使再好的技术动作如果不能在比赛中得到良好的应用，那么训练就难言成功。

（3）不断提高实战的层次

在训练的最初阶段就进行实战是不符合事物发展的客观规律的，因此我们要把参加最高级别比赛作为训练的指向，把实战层次分为不同的阶段，每个阶段都结合运动员的实际确定训练内容，逐步提高运动员的足球竞技水平。

3. 职业素质与技战术发展相统一规律

作为一名出色的足球运动员，不仅要具备高超的技战术水平，同时还要有良好的职业素养，二者是相互联系的。之所以要将职业素质与技战术相联系，其主要原因在于以下几个方面。

首先，只有具备良好的职业素养才能促使运动员积极地参与训练和比赛，将足球这一运动看作是自己的事业，以积极饱满的热情投入其中。

其次，足球是一项团队运动，无论是参加足球训练，还是比赛，运动员都必须要获得队友的支持，否则个人技战术就难以得到有效的发挥。

最后，在职业足球运动发展的今天，作为俱乐部的一名成员，运动员还要得到公众的支持。因为舆论对于俱乐部的发展非常重要，如果运动员出现一定的负面新闻就会严重影响俱乐部的声誉，不利于俱乐部的发展，同时对于运动员的整个职业生涯也是不利的。

4. 运动员培养的"金字塔"规律

对于欧美等足球强国而言，他们的足球发展模式基本上是"金字塔"型的，这一模式非常符合运动员的成才规律。经过各个阶段的选拔与培养，一部分人被淘汰，一部分人进入"金字塔"的顶端成为职业足球运动员。现代足球运动发展非常迅速，要求运动员必须具备全面的技战术素质，要有出色的体能，稳定的心理和高超的技术水平，这三个方面缺一不可。作为一名运动员要想到达"金字塔"的塔尖，需要付出不懈的努力，要克服各种困难和挫折。"金字塔"式的成才规律是运动员成长与发展的一个重要规律。

作为一名教练员，在培养运动员的过程中要始终遵循"金字塔"规律，要挖掘与培养具有出色运动天赋和潜力的人才。但是也不能忽略了一般运动员的培养，只有不断培养运动员对足球的热情，提高他们的各种能力，才能发挥他们在足球事业中的能量，促进天才运动员的培养。另外，需要注意的是，运动员个体存在差异性，不能过早地认为某一名运动员没有运动天赋，以免错失大器晚成的足球运动员。对于那些天赋异禀的运动员可以采取有针对性的训练，为他们提供良好的训练环境和条件，充分挖掘他们的足球天赋，但是在训练中要注意他们的身体承受能力，避免造成伤害。

二、足球运动训练方法

（一）持续训练

持续训练法一般针对的是训练中需要较长时间的坚持训练才能达到效果的练习，这种练习需要一定的运动负荷强度，较长的负荷时间，无间断地连续进行。足球训练中的持续训练法一般会以锻炼时间的长短为主要划分的依据，一般将持续训练法分为短时训练法、中时训练法、长时训练法三种基本类型。

高校足球训练如果采用持续训练法，需要注意：在制订持续训练方案时要考虑到，由于持续训练的时间较长，练习量较大，因此强度不宜太大。要以恒定的运动强度，有利于发展一般耐力。

（二）游戏训练

游戏训练法就是采用游戏的方式来进行足球训练的方法。这种方法可以最大限度调动运动员的训练积极性，愉悦身心，在嬉笑娱乐中达到训练的目的。游戏训练法的运动负荷要根据训练者的实际情况的不同而随之改变。游戏训练法要注意游戏的多样性和趣味性，这是取得理想训练效果的重要保障。

（三）间歇训练

间歇训练法就是指在足球运动训练中，运动员按照规定完成一定强度的训练之后，要按照严格的时间和休息方式进行休息，不等待机体机能完全恢复的情况下，就进行下一次练习的训练方法。

间歇训练法能有效地提高呼吸和心血管系统的机能。它与重复训练方法的关键区别在于，间歇训练每次练习的间歇时间有严格规定，要在运动员机体机能能力未完全恢复的情况下就开始下一次练习；而重复训练的间歇时间是在运动员机体机能能力基本恢复的情况下才进行下一次的练习。

在进行高校足球训练时，可以根据实际训练强度和运动员不同的身体素质合理安排间歇时间。高校足球运动的训练过程中，如果使用间歇训练法，有几个问题需要注意。

（1）间歇训练方案的制订要以训练任务为主要依据。间歇训练法由每次练习的数量、负荷强度、重复次数、间歇时间及休息方式五个要素组成。这五个要素之间是相互影响、相互制约的，因此在变换或调整某一要素的参数时，要充分考虑到其他因素的影响。

（2）在间歇训练方案确定后，应经过一段时间的训练，使运动，员有了适应和提高后，要根据运动员的实际锻炼效果适时地进行调整变换。

（3）间歇训练的间歇时间和训练的运动负荷，要依据运动员个人的具体情况进行确定。通常情况下，间歇与训练之间的转换应该是：当心率在每分钟160~180次时，进行间歇；而当心率恢复到每分钟120~130次时，就要进行下一次训练。

（四）竞赛训练

竞赛训练法是一种比较有激励性质的训练方法，一种具有组织竞争性的、有胜负结果的、以最大强度完成的足球训练法。通过足球竞赛发现平常训练中不易发现的问题，从而有针对性地提高运动员的足球技战术水平，综合提高高校足球队的技术水平。在足球训练的实践中，根据竞赛的内容不同，一般可以将竞赛训练法分为教学竞赛、检查性竞赛等。

足球运动员可以在竞赛中发现问题，交流经验，提高技战术水平，同时还能锻炼运动员的心理承受能力，培养运动员坚强的意志品质。通过足球比赛，运动员对于平时训练练习的技战术的综合运用能力会提高。

足球运动在使用竞赛训练法进行训练时，要注意几个方面的问题：

（1）竞赛中要根据运动员的实际情况确定运动负荷，分配比赛位置。在竞赛训练中，通常易激发情绪与兴趣，能量消耗多，而且较难控制和调节练习中的负荷。因此，在采用此法时，要根据专项训练的需要，选择适合运动员特点的竞赛内容和形式。

（2）采用竞赛训练时，教练员既要注意引导运动员发挥自己的特长，又要秉公执法，严格执行比赛规则，及时引导和教育学生不要有违规行为出现，提高他们的自我控制能力，培养优良体育作风。

（3）在训练过程中，要准确把握时机，在运动技能尚未形成之前和疲劳时，不宜采用竞赛法，以免影响刚刚形成而尚未巩固的动作技术，也可以防止伤害事故的发生。

第三节　武术运动训练及方法

一、武术运动训练

（一）武术运动训练的内容

1. 对身体的训练

身体训练的目的在于提高学生的身体机能和素质，为技术水平的提高打下良好基础。它包括一般身体训练和专项身体训练。

一般身体训练：主要是增强学生的健康水平，提高各器官系统的机能，全面发展身体素质。而其中又以身体素质的训练为主要内容，多采用其他运动，如各种跑、跳、举等练习方式进行训练。

专项身体训练：指与武术专项技术有直接联系的身体训练。采取与武术技术动作结构、动作方向、速度、幅度及用力性质有关的练习手段，来增强学生肌体的武术活动能力，为学习、改进、提高武术技术动作提供直接的身体条件。武术基本功是训练专项身体素质的最佳途径，其中的腰、腿、臂对身体主要部位的素质训练起着积极有效的作用。

2. 对技术的训练

技术训练是训练工作中的核心环节，它分为基础技术训练、基本动作训练和套路技术训练。

基本技术训练：武术中的基本技术，是从武术运动实践中提炼出的规范化的常用技术，只有将基本技术做得标准、规范，才能更好地保证套路完成的质量。

基本动作训练：基本动作是指典型、常用、但又比较简单的动作。一般包括：手型、手法、步型、步法、腿法、身法、平衡和基本跳跃等内容，并随技术水平的发展提高而逐步增多。在训练中，对基本动作的姿势必须严格要求，做到一丝不苟，以便形成准确的动力定型，为套路演练打下良好的基础。

套路技术训练：套路技术训练，是指提高套路的演练技巧和水平，不断增强身体素质、机能，取得最佳的运动成绩。

3. 对心理的训练

心理训练是指通过各种手段有意识地对学生的心理过程和个性特征施加影响，使学生掌握调节自己心理状态的各种方法，为更好地参加训练和争取优异成绩做好各种心理准备的训练过程。它主要分为一般心理训练和短期心理训练两部分。

4. 对智能的训练

智能训练是指对运动活动的实际操作能力和适应能力，以及对运动行为的观察力、记忆力、思维力等有机结合的方法方面的训练。它对武术技术的掌握和完善十分有益，训练中，教师要善于分析动作内涵和技术原理，启发诱导，形象类比，以培养学生自我分析能力、创造能力和思维能力。

(二) 武术运动训练的要求

1. 提升准备活动的质量

武术运动训练前的准备活动，也称为"热身运动"。准备活动的作用，是提高中枢神经系统的兴奋性和酶的活性，加强呼吸和血液循环的机能，降低肌肉的黏滞性，提高肌肉和韧带的控制力及弹性。由此，做好身体的预热活动是极为重要的。

武术运动训练前的准备活动与其他体育运动项目的准备活动相比，有其特殊要求。多数体育运动项目的准备活动，以身体感到发热和微微出汗为宜，但武术运动项目的许多动作，其运动幅度大大超越了人体的日常生理活动极限，因此，准备活动理应做得更加充分。武术运动准备活动的内容，通常分为一般性准备活动和专项性准备活动两个方面，而且这两个方面需要科学、合理的搭配。对于不同风格及特点的拳种或器械套路，准备活动还应有选择性地进行。如在训练武术基本功跳跃动作或腿法技术较多的套路动作时，应重点加强对踝、膝、髋关节与腰部的活动；在训练长器械套路动作时，则应注重手、臂、肩关节和腰部位的活动等。根据人体运动的规律，准备活动应当由一般性准备活动逐步向专项性准备活动合理过渡，以使身体逐渐适应正式训练或比赛的要求。

一般性准备活动，可以分为三个环节进行练习。首先进行轻松自然的慢跑，慢跑运动可以逐渐升高体温，使心率达到适应正式训练的状态；其次做腰、髋、膝、踝、肩、肘、腕关节的旋转性活动，以扩大各个关节部位的活动范围；最后做上、下肢以及躯干部位的运动，以促进全身的血液循环，增加身体各部位肌肉的力量及其弹性。

专项性准备活动，其内容一般包括手臂环绕、翻身、压腿、扳腿、劈叉、踢腿和跳跃等。在练习时要严格遵循由易到难、由简到繁、循序渐进的原则，并使练习的速度由慢逐渐加快，力量由小逐渐加大。如做踢腿动作前，应先将腿举到一定的高度，做静止控腿（耗腿）和压腿动作练习，然后再做踢腿动作。压腿时先轻压后重压，踢腿时先慢速后快速。控（耗）腿、压腿、扳腿和踢腿可以交替进行练习。对负担较大的腿部，特别是膝、踝部位比较容易受伤，可增加相关的辅助性动作练习，如膝、踝关节环绕运动、曲线跑、半蹲跑等，以提高这些部位的运动功能。若运动间歇的时间过长，也应当有针对性地补做准备活动，以使身体逐渐恢复到适宜的运动训练状态。

2. 对训练负荷做合理安排

从运动生理学理论看，人体在运动中一旦出现疲劳现象，就很容易产生身体局部损伤。因此，在安排运动量时要注意考虑练习者的实际情况，如练习者的身体发育情况、机能状态以及训练质量等，科学地安排训练内容和训练时间，并根据其训练水平的提高，不断改进训练内容、方法和手段。在训练过程中，当身体承受一定的负荷时，很容易引起疲劳，这就需要安排一定的放松或调节的时间，以保证身体得到充分恢复甚至超量恢复。在运动时，由于人体各器官系统对运动的适应不可能同步形成，所以，要有规律地安排运动负荷。一般采用的是大、中、小生理负荷相结合并交替进行的方法，这样可以使身体各器官系统都能够取得良好的训练效果。在安排负荷时还要注意局部负担不宜过大，要合理地掌握运动的时间，当身体局部出现不良反应时，应当立即停止训练，查明所致原因，必要时可采取相应的保护措施。在训练结束时也应当做适宜的放松调整活动，以尽快消除疲劳，恢复体力。

3. 采用科学性的训练方法

有些没有经过武术的基本功和基本动作专门训练的青少年学生，他们多存有一些片面的想法，渴望能够一举成功。殊不知，若操之过急，过早地进入较难技术或攻防实战技术的学习与训练，很容易造成关节扭伤或肌肉韧带拉伤，从而影响正常的学习与训练。

根据运动生理学理论，初学武术必须先进行武术的基本功和基本动作训练，然后再学习武术基础套路，而且在动作规范化的前提下进行科学、系统的训练，使动作逐步达到正确、规范。只有这样，才能有效地提高一般身体素质和专项身体素质，为以后学习高难套路动作或攻防实战奠定良好的基础。

在学习较为繁难的动作技术时，要注意运用先分解后完整、先分类后综合的训练方法，同时也要增加某些相应的辅助性动作的练习。如训练踢打动作时，要先进行压肩、双臂环绕和压腿、劈叉、扳腿等动作的训练，以增进肩臂和腿部各关节韧带的柔韧性，加大各关节的活动范围，发展其力量，然后再进行踢打沙袋和排打功法的训练，从而提高手臂部位与腿脚部位的击打力度及抗击打的能力。

4. 加强自我保护

武术训练，通常以单人练习的形式为主，因此，练习者必须学会和掌握自我保护的方法。如在摔倒瞬间，身体要尽量做到蹲缩，以降低身体重心减少下坠的力量，必要时也可屈肘扶地、低头、团身，以手、肩、背部着地顺势滚翻，切不可用手直臂支撑地面，以免造成手臂挫伤。对已伤部位的恢复性训练，更要注意谨慎小心，应量力而行，切不可草率从事，以防旧伤复发甚至加重，影响正常的生活、学习和训练。

5. 注意设备场地维护

武术训练时，要重视对训练场地和器械等方面的检查与维修工作。在每次正式训练或比赛前，都要认真检查运动场地是否整洁、平坦，武术器械是否有损坏，设施是否完整安全；在攻防实战训练或比赛时，要特别注意检查各种护具是否有破损，佩戴是否正确、规范等，以防因场地、器材损坏而造成运动损伤。

二、武术运动训练方法

（一）分解训练

所谓分解训练法就是指将一整套的技术动作分解开来，分为多个技术动作的步骤，这样能够帮助运动员将技术动作简化，从而更好、更快速地掌握技术动作。这种方法最大的优势在于简单易学，非常适用于某一套技术动作的初学者，特别是青少年阶段的竞技武术运动员，要想让他们快速掌握一套技术动作是比较难的，将其分为几个步骤，一点点的学习才能够更容易让初学者接受。比如在学习腾空飞脚这一动作的时候，教练会将这一动作分为多个步骤，首先要让运动员学会正确的起跳；然后在学会的基础上加强联系，使动作更加流畅；第三，要通过训练提高运动员对于右腿的踢摆速度、左腿的收腿控制；最后要学会正确的落地技术。当运动员将每个动作都练习的熟练之后，再将这些动作串联起来，联系完整的动作，这样的训练效果会更加明显。

（二）过程训练

武术的过程性训练主要是盘架子、含有功放含义的动作路线，武术流派的不同，架子和动作路线的风格与内容也存在差异。武术在长时间的发展演练实践中形成了诸多技击动作，不同技击组合在一起能发挥不同的作用，最终形成符合发展规律的套路。传统武术技术的精髓大多都记载中各种套路中，过程训练主要是教师进行盘架演示，使学生掌握并识记动作路线，学生在练习过程中，要注意观摩中自己体会技艺动作的精髓，在大量、反复练习中提升自身素质，同时能够掌握各种技击，将不同技击结合在一起发挥武术的攻防作用，感受武术魅力的同时，增强习武信心。例如，对武术受训者进行站桩训练，提膝平衡与盘腿平衡，静态中感受深层肌肉的用力情况，通过一段时间的桩上训练单脚蹲起，在动态中完成所有动作。

（三）多媒体训练

随着教育信息化的深入发展，信息技术在体育教学中也取得了显著的成绩，当然，武术教学也不例外，将信息技术运用到武术套路教学中，不仅可以改善武术套路教学枯燥乏味的现状，还可以增添学生的学习趣味性；例如，在进行武术理论知识及武德教学时，教师采用多媒体课件进行讲解，让学生根据课件进行案例分析、知识竞赛、室内素质游戏，增强学生对知识点的理解和识记；在进行武术技能教学时，采用多媒体播放视频，让学生分组尝试模仿练习，鼓励学生自主合作探究，改变教学方式和学习方式，通过视频感受武术的精气神，提升武术套路展示的观赏性和劲力性。

第四节 其他运动项目训练及方法

一、乒乓球运动训练及方法

（一）乒乓球运动训练的原则

1. 一般训练与专项训练相结合

一般训练是指采用多种多样的非专项的手段和方法，对运动员进行全面训练，促进运动员身体形态、技能和身体素质全面协调发展，增进健康，增强体质，同时掌握一些非专项的运动技术和理论知识，为专项运动水平的提高打好各方面的基础。专项训练是指采用专项或与专项相类似的练习来发展运动员的专项素质，掌握专项运动的技术、战术和理论知识，以使最大限度地提高专项运动的成绩。

2. 遵循系统性原则

系统性是指从训练的最初阶段开始，直到出成绩、保持成绩并不断提高技术水平的整个训练过程，前后连贯、紧密相关而不中断。实践证明，一个优秀的乒乓球运动员要经过多年系统、科学的训练才能取得优异的成绩。乒乓球训练中的各个训练过程、训练内容都是彼此相关、相互影响和相互促进的。

乒乓球技术的掌握与技能的形成以及训练水平的提高都有一定的规律，只有遵循这些规律，按照乒乓球项目本身的特点，持续不断地进行训练，才能取得良好的预期训练效果。

3. 遵循周期性原则

周期性原则是指按照竞技状态发展的规律确定训练过程的周期，并按周期进行循环往复的训练，有步骤地不断提高运动员的训练水平。通过训练，运动员的竞技能力在一个训练周期中，可达到相对的最佳状态，这种最佳状态即通常所称的竞技状态。

(二) 乒乓球运动训练的方法

1. 模拟训练法

模拟训练法是指根据未来比赛的需要，有目的地选拔陪练员模仿某特定对手的主要打法及技战术运用特点，作为主练者的"假想敌"并与主练者反复训练，使主练者逐步掌握某种对付方法进而在比赛中战胜该对手的一种训练方法。此外，还有环境（包括场地、器材、灯光和喧哗）、气候、时差和饮食等情况的模拟。

2. 多球训练法

多球训练法是指根据单球训练或比赛的各种来球情况，采用多球连续不断地给受训者供出不同落点、旋转和力量的球，使受训者可连续练习回击，用以加快动作的掌握和提高技术水平的一种训练方法。

3. 以强带弱训练法

所谓以强带弱训练法，是指利用训练者在年龄、性别以及训练年限等方面的差异，以水平较高的一方作为水平较低的一方的陪练，帮助他们提高技战术训练的质量，促使他们的技战术水平能更快提高或提高到更高水平的一种训练方法。

5. 分类训练法

分类训练法是指按照乒乓球运动各种类型、打法的分类标准，即以技战术特点、技术方法和球拍性能为主要依据，朝着各种打法、技术风格所需要的技术组合与技术配套的要求，分门别类地进行训练的一种方法。

二、羽毛球运动训练及方法

(一) 羽毛球训练的内容

1. 速度训练

(1) 训练反应速度

反应速度是人体对各种刺激发生反应的快慢,是多项身体素质的综合体现。羽毛球选手在比赛中需要对不同的情况快速做出反应,这就需要提高选手的反应速度。教练要给队员不同的视觉刺激,让其在最短的时间内做出反应,从而跟上来球的速度,同时教练也要训练队员对于声音信号的反应速度。在双打比赛中会有队友的提示性语言,尽快处理队友给出的信号,有利于及时了解队友的站位和意图。

(2) 训练位移速度

提高羽毛球选手的位移速度即脚步移动速度是打好羽毛球的关键。步法是羽毛球运动的灵魂,没有好的步法,再好的手,上技术都是空谈,身体没有到位的击球都是勉强的击球,击出去的球质量自然会有所下降。

(3) 训练动作速度

不少业余羽毛球运动爱好者初学时或许都有一种困惑:在后场击高远球或中后场杀球时,尽管用了很大的力气,但打出去的球却到达不了对方的后场,或者杀球时速度不够快,这是为什么呢?主要是因为挥拍速度不够快。羽毛球运动中的动作速度主要体现在上肢的挥拍速度。具体的训练方法有以下几种。

(1) 按慢—快—最快—快—慢的节奏进行原地跑步、高抬腿跑。

(2) 高频率跑楼梯。

(3) 快速立卧撑。

(4) 高频率跨越障碍物(羽毛球)——10个羽毛球一字排开,两球间距离1.2~1.5米。

(5) 十字跳。

(6) 单、双摇跳绳、两脚交替跳绳。

2. 练习力量

力量素质是指肌肉在工作时克服内外阻力的能力,包括快速力量素质和力量耐力。在羽毛球运动中,人体的无氧代谢能力和肌肉协同作用的能力尤为重要。良好的力量素质不但有利于发展技术水平,同时也是防止伤病的重要武器。

3. 练习耐力

羽毛球运动的特点决定了它所需要的耐力素质主要是速度耐力,供能形式主要为无氧供能。其中非乳酸性无氧代谢供能占主要地位，并有适当的乳酸性有氧供能。

4. 练习柔韧素质

柔韧素质是指人体各关节活动的幅度，以及肌肉和韧带的伸展性和弹性。羽毛球选手要经常做一些跨步，俯身救球甚至劈叉等动作，因此对柔韧性要求较高。人体的柔韧素质提高了，肌肉的动作才能更加协调。主要通过各个关节、肌肉的伸展性练习增强。

柔韧素质，包括静力性拉伸和动力性拉伸，重点放在肩关节、腰腹、髋关节、腕关节、踝关节和膝关节。

5. 练习指握力

在羽毛球的力量训练中，选手训练手部的重点往往在手臂与手腕上，然而由于球拍设计得越来越轻，使人常会忽略指握力的重要性。一般在未击球状态下是轻握球拍的，以保持拇指与食指的灵活性，只有在击球时才用力，以保持拍面的稳定性。

指握力的训练可以借由虎钳式握力器，或是在手腕来回挥动时，握一些握柄较大的重物做练习，这样能增加握拍的稳定性，在比赛中面对快球及连续性的杀球时，能迅速翻转球拍，大大降低挥拍不及时的出现率。因此，对于欲打出质量优质的球的选手来说，指握力训练不可忽视。

(二) 羽毛球运动训练的方法

1. 课前预习训练法

这一方法是指学生在课前根据学习的进度和教师指定的学习内容，自己先阅读教材，初步了解将要学习的运动技术项目的内容，同时根据羽毛球运动的特点与要求，进行一些身体素质训练，为上课做好体能方面的准备。学生在运用这一方法时，应注意以下几点：

(1) 要养成预习习惯

学生要自觉养成课前预习和训练的习惯。应根据教师预习指导中提出的要求，认真阅读教材，了解动作的概念和要求，对不清楚或难以理解的问题，应记录下来，在课堂上向老师请教。课前的训练，可以进行一些身体素质训练，也可练习，上次课的一些技术动作，巩固学习的技术。

(2) 要有计划地预习

课前预习和训练应有计划地安排，课前的训练要恰当，不要做自己目前力所不能及的动作或训练，要防止发生伤害事故。

（3）要有正确的预习方法

教师对学生课前预习和训练应该加强指导，帮助学生掌握正确的学习方法。

2. 自学自练训练法

这一方法指的是学生根据自己的实际情况，按照教师课上的提示和指导，进行自学自练的方法，运用这一方法时应该注意以下几点：

（1）明确目的

一般地说，可以分为两种情况：一是纠正课上的错误动作，强化正确的术；二是为了提高运动成绩。前者练习时要认真按照教师课上的要求和指导进行，要经常用正确的技术概念和动作要领提示和对照自己；后者应弄清楚提高自己成绩的有效途径。

（2）强化自我评价

自学自练应得到教师的指导与帮助，学生应主动向教师请教，请教师根据自己技术掌握的情况，分析原因，找出差距，指导自学自练的方法、注意事项和安全措施等。自学自练时应具备一定的自我调节和自我评价的能力。

（3）做好模拟演练

对学生进行羽毛球的教学，可以采用模拟演练的方法。模拟演练训练实际上就是对学生自身已经掌握的羽毛球技巧方法进行反复的练习过程。具体实施过程可以就一些视频上的方法进行反复练习，如对视频的握球拍方法进行实际中的反复练习，使自身的球拍握法得到规范，学习视频中的发球练习法，进行实践演练，这样可以使自己在实际发球中避免不知所措。在实际的教学中对其中的某些技术手法进行动作分解，使学生们通过分解动作充分观察清楚技术动作要领，从而使其对羽毛球产生学习兴趣，积极地去学习羽毛球打法，使学校更加利于开展羽毛球教学活动。

在羽毛球的模拟训练方法中，有以下三个主要的训练方法：

①颠球训练法。主要就是学生在练习时正确地握住球拍，手臂保持向上发力，控制手臂发力的大小、羽毛球落拍的位置，并注意在拍打球时，手指从松到紧的发力过程。

②不同高度的吊线球练习。在训练中要切实保证手握球拍的方式正确，首先用正手练习发球，过一段时间再利用反手进行发球练习，然后调整吊线高度，反复练习。

③在运动场上练习发球。在通过（1）和（2）的练习后，在运动场上的发球练习就要求做到从握拍到发球姿势等一系列动作的规范和连贯，通过这些训练方法，提高学生的羽毛球水平，提高羽毛球训练质量。

（4）实战训练法

羽毛球的训练方法，都是为了实战的应用，因此，把实战作为羽毛球的一项训练方法，可以把实战和体育活动结合起来，在实战中，我们可以看到羽毛球教学以及训练的成果，可以看到训练方法以及教学方法中的不足，教师可以适当地去改进教学方法。同样，学生在实战中可以快速提高自身的羽毛球技术，在实战中也可以加强自身对羽毛球的喜爱，加强实战的交流，使学生在运动过程中把理论知识和实践结合起来，更好地去理解以及运用理论知识，这对羽毛球教学活动的顺利开展具有重要的意义。

三、健美操运动训练及方法

（一）健美操训练的原则

1. 坚持直观性原则

在训练过程中，直观性训练有很多种手段和方法，而且健美操训练更加强调直观性，原则的运用。对于初学者来说，先进行直接示范，使其掌握到一定的水平后，再通过录像、图解、直接观摩优秀运动员的表演和比赛等手段，同时结合清晰、准确、形象的讲解，以及教练员对练习者技术动作的观察分析，经过研究讨论，来启发练习者进行积极思维活动，并逐步找出健美操运动的规律性。除此之外，也可用语言信号、固定的身体姿势或慢速动作，来对空中的方位、肌肉用力情况进行体会等。

2. 遵循区别对待原则

在健美操训练中，实施区别对待原则能够使练习者的积极性得到充分的调动，更好地培养优秀的健美操运动员。健美操比赛可以分为单人、混双、三人和六人项目，这就使得在训练中实施区别对待原则尤为重要。区别对待原则必须在训练计划中体现出来，并在整个的健美操训练过程中进行贯彻，以使整个训练的任务、内容、手段、方法和运动负荷均符合练习者自身的特点，做到有的放矢。

除此之外，教练员应当全面观察和了解练习者，准确掌握练习者各个方面的情况，如此才能保证健美操训练达到区别对待、对症下药、扬长避短这三项要求，从而有针对性地强化练习者的薄弱环节，最终使练习者的健美操运动技能得到大幅度提升。

3. 遵循竞技需要原则

竞技需要原则是指根据练习者竞技能力及运动成绩的需要。从实战出发，科学安排训练的内容、方法、手段及运动负荷等因素。一般来说，练习者的竞技能力体现在完成成套动作的质量、练习者表现力等方面,训练过程应围绕这几方面有计划有目标地进行。健美操成套动作是难度动作和操化动作有机、巧妙的组合。动作过渡与衔接需要包括节奏、空间、路线等方面的变化。

动作质量是由练习者对机体的控制能力来体现的。完美地完成动作的标准是操化动作准确、有弹性、连贯,肢体线条优美与自然、健康。练习者的专项耐力主要表现为轻松完成成套动作的能力。表现力是通过练习者生动有力、清晰的动作,富有激情的、丰富的、贴切的表情来展现。良好的心理状态能很好地把握自己在赛场上的稳定发挥。

(二) 健美操运动训练的方法

1. 基本动作的训练方法

健美操的基本动作是训练中十分重要的一环。经实践表明,从身体各部位的基本动作练习中加以提炼,组编成套进行训练,效果较好。选择的动作应具有代表性。动作由简单到复杂,节奏由慢到快,运动量由小到大。训练中节奏练习与基本动作练习可结合起来进行。基本动作组编成套后,可根据训练进度配以不同速度和节奏的音乐。初学者可选择简单的基本动作组编成套,再配以节奏鲜明、速度较慢、易于理解或较为熟悉的音乐。随着练习的深入,练习者应不失时机地不断更换训练内容,以期达到更佳的训练效果。此部分内容一般安排在练习时的准备部分,时间以 25~30 分钟为宜。

2. 套路动作的训练方法

(1) 分解法与完整法相结合

①上下结合,先下后上。

健美操动作大部分是上下肢协调配合的动作。在训练过程中首先要让练习者学会下肢动作,然后再加上上肢动作的协调配合,这样有助于尽快地掌握动作。

②左右结合,先右后左。

人体运动功能应注意左右并重,不得偏废。训练过程中,一般采取左右两侧相结合的方法,而且往往是先右后左进行的。一般来说,右侧比左侧更协调,学习动作快。左右交替进行有助于身体全面发展。

③头躯结合,先头后躯。

健美操要求动作优美大方,活泼而潇洒,其关键则在于头部的动作、面部表情与动作协调配合。训练过程中首先应注意头部动作的训练,使其准确、自如,而后是身躯动作的配合,从而达到整体动作的完美。

(2) 快慢结合,先慢后快

动作本身有其固有的节奏,但人们不可能马上掌握它,必须经过反复的训练逐步过渡到正常节奏。因此在练习任何一个动作时，必须遵照由慢到快的训练方法，一旦动作自如，才能用正常的节奏去练习。例如：由原地弹踢腿—原地弹踢跳—移动弹踢跳。

（3）单个动作练习与成套动作练习相结合

健美操训练应按照操的顺序、规律，逐节逐步练习，然后再进行部分及成套组合练习。这种练习方法便于记忆，而且便于练习者更快和更扎实地掌握动作。

第十章　体育教学改革与训练的保障
——体育教师

在教育改革的进程中，体育逐渐成为人们关注的一个重点科目，但体育教师作为体育教育的一个重中之重，往往会被大家所忽略掉。本章主要从体育教师的素质与角色定位入手，分析了体育教师的专业发展，分析了体育教师嗓音训练，同时还探讨了体育教师职业技能训练的相关知识，为体育教学改革与训练提供了保障。

第一节　体育教师的素质与角色定位

一、体育教师的素质

（一）思想道德素质

思想道德是体育教师对学校体育教育的法规、原则的感知、理解和接受，它对体育教师的信念、情感、意志和教育教学起着导向作用，影响和决定体育教师教学行为的发展方向。

教师肩负着培养祖国合格的、创新型人才的神圣使命。体育教师必须树立高尚的理想，努力做到热爱体育、献身体育，培养忠于职守、乐业不倦的工作态度。教师的道德素质对学生形成正确的人生观和世界观起着潜移默化的影响和作用，因此，体育教师首先要具有完善的人格，在思想境界、道德情操方面为学生树立榜样，不断提高自己的道德修养，努力完善自我。

体育教师的思想道德素质首先是热爱祖国，忠诚于党的教育事业，必须有敬业精神，有稳固的专业思想，有做好工作的决心，热爱体育教学事业；对工作认真负责，兢兢业业，任劳任怨，不计个人得失；对同事谦虚谨慎，团结协作、关心集体、努力学习、深刻领会课程标准的新理念；教书育人，热爱学生，关心学生，和学生打成一片，尊重学生的人格，善于发现和发展学生的个性特长，耐心解答学生提出的问题，教育学生树立正确的人生观和世界观。有了这种教育观念，才能使我们正确认识和实施素质教育，才能使我们改进教学方法，将培养学生运动参与、运动技能、身体健康、心理健康与社会适应四个方面作为体育教学的核心目标。具有良好的道德素质，才能做到认真细致地辅导学生学会自主学习、合作学习、探究学习，掌握体育与卫生保健知识，教会学生锻炼身体的方法，掌握体育锻炼的自我监督，提高学生的潜能，做德智体美劳全面发展的综合型人才。

(二) 专业素质

教育理念的更新和体育改革的逐步深入，对体育教师提出了更高的要求。体育教师如果不加强学习，不主动地去掌握新的知识和技能，就无法胜任体育教学工作。体育教师要树立终身学习的意识，顺应终身学习的时代要求，活到老，学到老。

体育教师只有不断更新知识，充实自己，才能符合当前教育形势发展的需要。只有教学的经验是远远不够的，体育教师不仅要学习体育理论知识，还要熟悉运动力学，教给学生跑跳投的运动原理；掌握运动生物化学，解释运动产生的化学原理；学习心理学，了解学生运动的兴趣与爱好，以便有针对性地从事选择教学内容和教学方法；学习美学，布置场地激发学生的练习兴趣；学习外语，随时了解国外有关体育的先进技术与动态，洋为中用；学习社会学，便于接触家长和同事交流意见与感情；加强科学研究，体育科研是体育教师成长的必备条件。从教师专业成长的角度说，教师专业知识的拓展、专业能力的提高和专业思想与意识的发展，都离不开科学研究。教学改革的不断深入，学生学习方式的变化，教师的教育观念和教学方法的不断更新，教学质量如何进一步提高，以及教学过程中出现的问题，都需要通过科学研究加以解决。教师需要不断地探索教学规律，创新教学手段与教育方法，所以应具备教育科研的素质与能力。

除知识素质外，体育的专业技术也相当重要，这是体育教学不可或缺的本领。在体育教学中肯定会遇到这样和那样的问题，课堂教学中必然遇到的是教学目标的提炼与确定，对教学内容的介绍，教材内容的动作要点、重点，教学中的难点，以及突破难点的关键环节。作为一名合格的体育教师，起码要有熟练的、精湛的体育教学技术与技能，教会学生学会并掌握体育与健康的基础知识、基本技能和基本技术，掌握锻炼身体的方法和锻炼时自我监督的方法，使学生终身受益。

(三) 身体素质

身体素质包括力量、耐力、速度、灵敏度、柔韧度。

力量是指体育教师的四肢发达，肌肉饱满，力量充足，表现其力量大，能移动重物。比如，同样的年龄、同样的技术，同样重量的铅球，他比别人推的距离远，说明他的力量素质比较好。

耐力是指坚持的时间比较久，能够长时间重复同样的动作。速度指移动的快慢程度，如某运动员打破百米世界纪录，说明他跑得快，速度素质好。我们经常还说起跑的速度、出手的速度、起跳的速度等。

灵敏度指身体的灵活程度以及做动作的敏捷度，如跨栏动作的灵敏跑步时突然跌倒身体侧翻的保护动作等，说明其灵敏度很好。

柔韧度是指关节韧带的长短及柔韧程度，如某人虽到中年仍能横劈叉，仍能做弯腰下桥的动作，证明此人柔韧素质相当好。

良好的身体素质是素质整体结构的基础，身体素质与其他素质相互联系、相互配合才能发挥整体素质的应有作用，如果身体素质不好，也会影响其他素质的正常发挥。

(四) 心理素质

身体是生理和心理合一的整体。良好的心理素质是在后天环境、教育、不断的社会实践的影响下逐渐形成的。

心理素质主要包括思维、想象、动机、兴趣、注意、信念等内容。体育教师根据某节课的教学内容确定教学目标时，主要通过思维是否符合课程标准的要求来确定，这些教学目标提出的程度学生能否完成。通过想象，目标过高或过低，就要进行反思，找出原因，以免再犯类似错误。教师所确定的教学目标，是使学生达到健康，但是，健康不是通过一节课就能够达到的，而是长期锻炼的结果，即使教师的动机是好的，但是也可能事与愿违，达不到预期的目的。

体育教师应该树立热爱体育教学的坚定信心和永远忠于党的教育事业的坚定信念，这种信念帮助教师确定心目中的目标追求，使教师产生积极乐观的人生态度，形成正确的人生观和世界观。

体育教师在教学中应该对学生的健康负责，根据学生的生理与心理特点，选择他们喜欢的教学内容，这样才能收到理想的教学效果。体育教师要研究学生的心理活动，掌握他们的心理活动规律，了解学生的神经类型，便于有针对性地进行教学。

二、体育教师的角色定位

(一) 指导者与促进者

体育教师具有传授运动知识和技能的任务,但传授运动知识和技能并不是体育教师唯一的任务,而且,体育教师只强调教师传授、学生被动接受的教学方式不利于调动学生参与体育学习和活动的积极性,不利于培养学生主动学习的精神和创造能力,不利于营造和谐、平等和民主的课堂教学氛围。传统的体育课程重视传授运动知识和技能是基于这样的考虑:这样可以提高学生的运动技能水平。运动技能学习的初始阶段采用教师传授、学生被动接受的方式似乎有效,但对学生后来的学习作用不大。笔者必须要承认的是,传统教学方式没有能让学生比较好地掌握运动技能,甚至还让不少原本对体育学习有着浓厚兴趣的学生逐渐丧失了兴趣,更重要的是,无法将教育面向全体学生的思想展示出来,学生的主体地位也没有得到重视。当然,不可否认,有些学生的运动技能确实不错,但主要就是因为他们的确发出了诸多努力,并不是由传统教学模式所决定的。可以说,从当前体育教学改革的实际以及学生的学习需求来看,传统的体育教学模式已经"落伍"了,如果再一味地沿用这一教学模式,那么,高素质的体育人才培养目标将无法实现。

大量的现代教育理论研究已经表明,学生在学习过程中的角色已经发生了明显的改变,其已经从知识的被动接收者转变为知识的主动建构者。教材不再是教师向学生传授知识的主要依据,教师可以从网络平台上搜集更多的教学资源,从而不断拓展学生的学习视野。同时,教师在课堂教学中使用的媒体也不再是一种教师用来传播知识的手段,它已经有了更大的作用,主要体现为它可以为学生创设情境,使学生在相对比较真实的情境中完成知识的建构。

笔者认为,体育教师要理解并落实体育教学新理念,能始终运用一切教学手段保持教学的有效性。要实现这一目标,体育教师就不应该再扮演传统的知识与技能的传授者的角色,而是应该积极地做出改变,对学生的学习进行合理的引导与指导,也就是使自己成为学生在进行运动知识建构与技能掌握过程中的有力的引导者与促进者。教师还应该意识到情境的重要性,依据教学内容为学积极构建相关情境,同时鼓励学生积极参与情境,使其能在情境中完成对体育知识与技能的消化,实现真正的掌握。

(二) 传递者

目前的体育教师中，不少人运动技能高超但文化素养欠缺，在运动技能传授中有丰富的经验，但是缺乏对体育文化的发掘，或者是一个训练上的专家，教学中重视体质或体能，却对健身技能和方法上把握不足。体育课程明确了提高学生的体育文化与体育欣赏能力、培养健身技能与方法作为体育课程的目标之一。这就意味着大学体育教师应该具有较高的文化修养，较宽的知识储备，较强的运动技能。这种知识与技能基础，使他们不仅懂得挖掘体育的文化内涵，更好地传播体育文化，培养学生的体育观赏水平；不仅传授运动技能，还要传授健康知识与技能，根据体育项目的特点创新健身的方法。

(三) 设计者与组织者

一直以来，体育教师并没有认识到学生的主体地位，仅仅将其看作是教学的客体，因而没有充分将学生的主体性作用发挥出来。就是在这种情况之下，体育教师在体育课堂中的权威性被建立了起来，教师讲什么学生就听什么，学生在教学中毫无主动性可言，甚至他们想要与教师进行主动的交流也因为课堂时间有限而作罢。教师对教材知识进行梳理，并结合自己的教学经验，将体育知识传授给学生，在这一过程中，教师仅仅是将学生看作是一种装知识的"容器"，学生处于明显的被动位置。很明显，传统体育教学中，教师成了教学的中心，他们甚至在选择教学内容时都没有以学生的需求为出发点，这导致体育教学内容十分陈旧，无法适应时代发展的需求，无法适应体育教学改革的需求，无法适应学生学习的需求。现代教育理论已经表明，知识是会不断更新的，并没有一种知识是权威知识，是能解决所有问题的，因此，体育教师那种从教材中照搬下来的、与学生的生活实际相脱离的知识，显然是不符合体育教学的需要的，也不符合学生的学习需要。

因此，契合体育教学改革的需要，体育教师应该转变自己的身份，应该为学生组织多样的体育学习活动，这样，其就成为体育学习活动的设计者与组织者。

(四) 协调者

过去，体育教师作为教学活动的主宰，是维护课堂纪律的管理者，师生关系其实是建立在不平等的基础上的。学生渴望理解，期望获得尊重。这种不平等的师生关系阻碍了教学信息的有效传递与反馈。因此，作为体育教师，从教育民主化、个性化的角度出发，应该站在学生的立场上思考问题和组织教学活动。师生关系、学生之间的关系可以通过教师有意识的分组进行调节，使学生之间既有竞争又有协作，师生之间在平等的基础上思考问题，形成多边的互动方式，既有利于信息的传输，提高教学效率，又能调控好课堂气氛，使学生在良好的学习氛围中学习知识与技能，通过多边的互动培养团结、协作、竞争的意识。

（五）开发者

长期以来，由于我国采用课程开发的"中心—外围"模式，课程开发的主体是课程专家和学科专家，新开发出的课程作为"产品"推向教师，教师作为"消费者"使用这些课程。因此，教师处于课程开发的外围，没有发言权。加上课程管理体制单一、相对集权化，教师被排除于课程决策和管理之外。教师只是课程的解释者和实施者。关于体育课程，传统体育教学大纲不仅明确规定体育课程内容，而且规定每一课程内容的时数比例，结果导致不管学生是否喜欢学习这些课程内容学校的教学条件是否适应这些课程内容，体育教师都必须按照体育教学大纲规定的内容去授课。教师按照学校的实际情况去选择和开发课程内容资源的权利基本上被剥夺了。虽然历次体育教学大纲都力求突破竞技运动的教学内容体系，各自也从不同的角度尝试如何更好地突破，体育教师也不同程度地对竞技运动项目进行改造，可是作为教育工作者的体育教师最终仍然是竞技运动内容体系的追随者。

体育课程内容资源的利用和开发是保证有效实施体育课程的基本条件。如果只是选择竞技性的项目，采用竞技性的训练手段，这是十分片面的，不仅与学生的身心发展规律不一致，同时也不利于学生的身心健康发展。因此，体育教师应该转变自己的角色，使自己成为一名努力开发课程资源的开发者。

体育教师应该在保留一些竞技项目的基础上，积极地挖掘民族体育项目，同时还要引入一些学生比较喜欢的新兴运动项目，这样，体育课程体系就会变得十分丰富，学生参与体育活动的积极性也会提高，他们也能掌握更加全面的体育知识与技能。

（六）研究者

在体育教学中，学生应将自己的主动性与创造性表现出来。主动性指的是学生应该积极参与体育教学活动，并主动将自己的学习情况反馈给教师，创造性指的是学生不能为自己的学习框架所束缚，应该能根据不同的体育学习内容改变自己的学习方法与策略。而要激发学生的主动性与创造性，体育教师就应该不断总结自己的教学经验，对自己的教学经验进行分析与研究，总结出更多新颖的教学方法。此外，体育教师还应该积极地转变自己的身份，使自己成为研究者，能根据本校体育教学情况给出合理的教学方案，制定合理的教学规划，选择科学的教学方法，进而实现体育教学水平的整体提高。

第二节 体育教师的专业发展

一、教师专业发展的相关概念

（一）职业

职业是从业人员为获取主要生活来源所从事的社会工作类别。就其本质而言，职业是指个体赖以谋生的社会劳动岗位，以及必须承担的社会角色和社会责任。首先，职业应当是一种谋生手段，是一种能够为个体提供主要生活来源的社会活动；其次，职业也意味着个体在社会生活过程中对社会所承担的职责，以及所从事的专门业务；最后，职业还能够提供给个体自我实现的机会，能够使个体通过工作发展自身的才能和个性，从而顺利达到自我实现的目的。

一般来说，职业需要满足以下三个基本条件：其一是能够给予从业者合理的报酬，满足就业者的各种生活需求；其二是赋予从业者一定的社会角色，能够使其在履行义务和职责的过程中发展自身的个性和才能；其三是能够提供从业者体现个人价值的机会和舞台，使其在工作中赢得尊严、荣誉、声望和影响力。

（二）专业

专业不仅是社会分工和职业分化的结果，而且也是其特定表现形式，是人类认识自然和社会达到一定深度的表现。从词源学上来看，"专业"一词最早来源于拉丁语，原意是指公开地表达自己的观点或信仰，与之相对的是"行业"，它包含着欧洲中世纪手工行会所保留的、对其行业专门知识和技能控制只能传授给本门派人的神秘色彩。我国《现代汉语词典》中"专业"一词的解释包括以下几点：一是指高等学校的一个系里或中等专业学校里，根据科学分工或生产部门的分工把学业分成的门类；二是指产业部门中根据产品生产的不同过程而分成的各业务部分；三是指专门从事某种工作或职业的；四是指具有专业水平和知识。日本当代学者石村善助认为,专业是指"通过特殊的教育或训练掌握了业经证实的知识(科学或高深的知识),具有一定的基础理论和特殊技能,从而按照来自非特定的大多数公民自发表达出来的每个委托者的具体要求,从事具体的服务工作,借以为全社会利益效力的职业"[①]。

专业的特征主要包括以下十个特征:为社会提供不可或缺的服务;享有专业服务的专业权;接受长时间训练和入职辅导;具有一套"圈内知识";有专业自主权;组成对成员有制约力的专业团体;确立一套专业守则;获得社会当事人信任;享有相当的社会地位和职业报酬;不断接受在职培训和从事科研活动。

(三) 专业化

专业化的含义可以从两个层面进行理解:作为改善地位的专业发展的过程;作为扩大专业实践中专业知识和改善其专业技巧的过程。这也就是说,专业化一方面关注改进从业者的职业行为和服务质量,提高一个职业群体的专业性质和发展水平,它是在严格的专业训练和自身不断主动学习的基础上,逐渐成长为一名专业人员的发展过程。这一发展过程的实现不仅需要专业人员自身主动的学习和努力,以促进和提高自己的专业能力,而且良好的外部环境的创设也是专业成长所必不可少的重要条件。另一方面,专业化也关注整个职业社会地位的提升,使职业争取成为专业而持续不断努力的转变过程。它是一个普通职业群体逐渐符合专业标准,成为专门职业并获得相应的专业地位的过程。专业化是指某一职业真正成为一个专业,从业者成为专业人员得到社会承认这一发展的结果。如果从个体与群体的角度来分析,前者主要是指"个体专业化",后者则主要是指"职业专业化",二者共同构成了专业化过程和结果。由此可见,专业化不仅是专业人员的培养和教育过程,而且是人才培养、教育目标和发展趋势,体现了对其专业水平和社会地位的一种肯定和认可。

(四) 教师专业发展

教师专业发展可以从三个方面来理解:教师的专业成长过程,促进教师专业成长的过程——教师教育,促进教师专业成长的过程与教师自我专业成长的过程。教师专业发展不仅是指教师教学技能的不断进步和提高,还应是教师在知识、理念、能力、情意、信仰等多个层面的发展。教师专业发展需要教师自

---

① [日] 筑波大学教育研究会. 现代教育学基础 [M]. 钟启泉,译. 上海:上海教育出版社,1986:441.

身的努力，同时也需要外部制度、环境等给予支持。教师专业发展是指在外部条件包括教育制度、教育文化和社会环境等支持下，教师通过自身不断地学习和努力，提高教学认识，改进教学实践，促使其专业技能等不断发展和完善的过程。教师专业发展主要强调教师自身的自主发展，强调教师在教师专业发展过程中的主体地位，强调外部条件对教师专业发展的支持和促进。

二、体育教师专业发展的意义

（一）从学生体育素质方面而言

学生的体育素质不仅仅代表着学生身体素质表现出来的能力，更包含了学生对体育的情感、认知、态度等。作为一名有责任感的体育教师，所完成的工作任务不仅仅指学生完成了教学大纲的教学内容，学习了课堂规定的内容，更包括了学生在接受他的体育教学之后，学生课后能不能坚持体育锻炼，能不能产生正确的体育认知，能不能形成正确的体育价值观、终身体育锻炼的意识。

一名优秀的体育教师改变的不仅仅是学生的动作技能，更在于对学生思想的转变。一名优秀的体育教师不仅仅是教学学生运动的方法，更重要的是教会学生为什么要体育运动，体育运动对其发展的价值和意义，使学生产生正确的体育价值观，能从内心激发学生对体育的情感和热爱，让学生主动拥抱体育，享受体育带来得快乐。当前，中国学生的体质下降，并不是体育教师没有传授学生锻炼的方法和手段，而是其主观上不愿意锻炼。所以需要体育教师提升专业水平，只有这样，学生的体育素质才能真正提高，广大的青少年才能身心健康、体魄强健、意志坚强、充满活力。

（二）从体育课程改革质量方面而言

以"健康第一"为指导思想的体育与健康课程，对于实施素质教育，培养学生的爱国主义、集体主义，促进学生的德、智、体全面发展具有重要的意义。该课程分为运动参与、运动技能、身体健康、心理健康与社会适应四个方面的学习。新的课程标准对体育教师是全新的挑战，课程四个领域的学习目标不仅仅要求体育教师具有体育的教学和组织能力，还要发展学生良好的心理品质、合作和交往能力，形成健康的生活方式和积极进取、乐观开朗的人生态度。新课程改革所提出的理念非常先进，充分体现了以人为本的精神，把学生的健康成长作为首要任务，关注学生身心健康和谐发展。但能否把这种先进的理念充分融合在日常体育教学中，并使学生受益，这有赖于教师对课程标准的理解和执行。

体育教师希望通过自己的课堂来贯彻新课程标准先进的理念，但往往由于自身理论水平的不足而导致照本宣科，生搬硬套。所以体育教师要提高自己的理论水平，多读书，多思考，并结合教学实践，把理论融入体育课程教学。这样体育教师才能适应体育课程改革的要求，逐渐把这种先进的理论真正融合到自己的教学过程中去，使学生真正体会体育课程改变给自身发展带来的影响。

（三）从体育教学质量方面而言

要想成为一名优秀的体育教师比其他文化课程教师难度更大。

第一，难在语言表达。体育教师需要把抽象的动作用语言表达出来，辅助学生更快、更准确地掌握动作，这就要求体育教师的语言组织形象、准确、生动。

第二，难在应用的知识。体育是一门综合性的应用学科，至少包含了生理学、解剖学、运动生物力学、心理学等学科，体育教师要想让学生知其然知其所以然，就必须具备相关的知识，这是其他学科所不具备的。

第三，难在组织、管理上。教师在课堂里上课，比较便于管理，而一节体育课集合、游戏、分组练习、竞赛、放松活动需要体育教师良好的组织协调能力。

第四，难在教学内容上。其他学科的核心内容很少改变，更多体现在教学方法上，而体育学科则不然，不同的地域、不同的时期都有不同的侧重内容，这就要求体育教师要不断地学习适应新的变化需要。一名体育教师只有克服了这四难，才能保证教学质量，而克服这四难需要体育教师不断地实现专业发展。

三、体育教师专业发展的策略

（一）终身学习

终身教育理论确立以来受到各国的普遍重视。目前许多国家将终身教育作为本国教育改革的总目标，努力把终身教育纳入规范化渠道，并以终身教育的原则来改组、设计自己的国民教育体系。为了适应现在社会的高速发展，教师必须为自己制定合理的职业生涯规划，不断学习新知识、改进知识结构、拓宽视野。体育教师应通过全面地剖析和认识自己的专业能力、专业特长、教学、科研、技能等，找出与其他教师的差距，时时更新自己的知识领域，以适应体育专业领域知识的更新和发展。

体育教师专业理论和技术提升方式如下：（1）通过"慕课""创课"等

大规模的在线课程学习专业理论知识和实践技术，研究课程标准、教材内容，探寻有效的教学手段与方法，提升专业理论素养和教学能力。（2）观看实操课、微课、优课，参加听评课等，"采他山之石"，提升教学水平，提升驾驭课堂和管理学生的能力。（3）积极参与微信群、博客、QQ 群里的专业交流讨论，然后梳理整合，从而形成自己的教学思想。（4）通过跨学科学习和向优秀教师学习等方式，提升自己的学习能力和对教育教学发展判断能力。

（二）注重职前教育工作

通常情况下，对教师进行培训和社会上对教育的要求是不同步的。传统情况下，对教师的培训要落后于社会上的教育进步，表现出一种不平衡的状态。传统的教师培训的目标不合理、比例不平衡、知识及教学方式陈旧等因素，阻碍了教师的专业发展。为此，要想促进引人入胜体育教师的专业发展，需要从根本上加以解决。体育教师在职前接受学校教育期间，学习的课程要与时俱进，和社会及教师未来的工作相挂钩，对传统的课程体系要进行系统改革，如合理设置实习环节、锻炼自身授课能力等，认真做好体育教师的职前教育工作。

（三）行动研究

1. 教学实践研究

（1）整合教学内容。体育教师要上好每一节体育课，从课前的准备、课堂教学内用的选择、辅助教学内容的搭配到器材的使用与选择，都需要体育教师精心地研究，围绕教学重点、难点整合各个环节的内容，使其为突破本节课的教学重、难点服务。例如，耐久跑是一个非常枯燥乏味的教学内容，每次上课学生就会"谈跑色变""唉声叹气"，因此教师可整合跑的内容，增设"图形跑""双人拉手跑""变向追逐跑""听音乐跑"等跑的组织形式，以此来丰富课堂教学内容，增加耐久跑的趣味性。

（2）体育课堂教学的组织管理能力。有效的课堂教学组织和管理是提升体育课堂教学质量的保障。一节体育课从队伍的调动、场地器材的摆放到分组练习和展示评价，每一个环节都需要精心设计和谋划。例如，足球课堂教学所需器材较多，学生活动范围较大，如果体育教师组织管理能力较差，在足球课堂上可能会发生意外伤害事故。

（3）基本技术动作的讲解、示范能力。体育教学多以实践课教学为主，体育教师通过简洁的语言描述动作，可使学生对体育基本技术动作表象有一个清晰的认知；通过优美、准确、规范的技术动作示范，可使学生在欣赏优美动作同时，能直观地模仿动作，快速建立动作概念。体育教师的专业素养对学生具有熏陶和感染作用。一名外在形象好且技术动作优美、语言幽默风趣的体育教师更容易被学生接受。

（4）处理教学突发事件的能力。体育课堂教学过程中，学生活动范围较大，一些运动项目本身就存在潜在不安全因素，加上学生活泼好动、体育器材质量问题、器材的安全防护问题等都可能引发学生发生意外伤害事故。这就要求体育教师上课前认真研究教材、学生、场地器材，排除潜在安全隐患，在上课时科学、合理地处理突发事件，消除体育课堂教学安全风险。

2. 教学反思

教学反思是提高教师教学水平的有效手段，是改进教学、促进教学质量提升的有效途径。体育教师每次上完课之后，应及时反思：课前场地器材准备得是否充分、教学内容选择与主教材是否搭配、队伍调动是否合理、讲解示范是否做到清晰、简洁等，从而找出上课过程中的不足，给以后的教学提供经验和借鉴，避免重复性错误的发生。体育教师通过对自己教学活动进行理性观察与矫正总结，能够提升自己的理论水平和驾驭课堂的能力，提升自己的思想境界和专业素养。

3. 科研课题研究意识培养

科研课题研究意识应该是体育教师专业成长该有的意识。一线体育教师有多年的教学实践经验，这些经验是进行科研课题研究的重要依据，可以为科研课题研究提供理论支撑，是最可靠的数据，但有的教师不以为然，没有及时记录、归纳、总结、提炼这些零碎的经验，导致这些经验白白流失。有些教师认为科研课题研究比较困难、无从下手，一方面是因为实践经验积累不足，将那些细小的经验错误认为是无用的，分析这些问题的能力有限，思维不开拓；另一方面是缺乏研究意识，对科研课题研究的认识不到位、目的不明确、研究热情不高。所以，在日后的教学生涯中，体育教师要培养自己科研课题研究意识，补足短板，克服懒惰心理，力争在专业领域有所突破和提升。

（四）专业学习提升

1. 名师引领

名师基本上都是在教学一线工作多年，掌握丰富的经验，在教材把握、教学组织与管理、教学方法应用、专业领域研究等方面都有所建树，在业内有威望，教导过众多学生的教师。年轻体育教师在体能上可能优于这些名师，但在教学上还处于初始阶段，各方面的经验还不足，需要沉下心去吸取教训。年轻教师在教学技能、教学经验、课堂教学组织管理方面容易出现问题，遇到问题不要妄自菲薄，想短时间内提升自己专业水平，要充分利用身边的名师资源，虚心求教，认真观察，不断更新自己的教育教学理念、教学方法。

2. 同伴互助

每个体育教师都是有自己的体育专项的，有的精通艺术体操、有的擅长武术，有的专研某项球类运动。体育教师在专业的提升上，可以与同伴或团队进行专业探讨，比如：资源共享、专业理论研习、专业技术交流、专题研讨会等，通过各种各样的形式促进专业素养提升、填补专业空白。

（五）更新教学理念

在传统的体育教学模式中，教师是教学的主宰者和权威者，学生只能跟随教师的讲授被动地接受知识。这种以教师为中心的传统教学模式不利于学生的自主学习和独立思考，无法兼顾学生与学生之间的个体差异，不利于学生的个性化发展，更是违背了因材施教的原则，最终导致学生学习的积极性不高，学习兴趣不浓，导致人才培养无法满足时代发展的需求。而在当今时代，教育改革全面推进。传统的以教师为中心的填鸭式教学模式已经不适应当今时代的发展，教师应该转变和更新教育教学理念，改变传统的灌输式教学思想，坚持以学生为中心，充分调动学生的积极性、主动性、自主性和能动性。同时，教师还应该改变应试教育的理念，注重教育教学过程，侧重对学生启发引导，尊重学生的个体差异，侧重学生的思维开发，注重多样化的评价方式。

体育教师理念的转变和更新并不是朝夕之事，而是一个长期的过程。这就需要教师意识到当今时代理念更新的重要性，厘清教育改革的要求，多学习先进教育教学理念，多思考当今时代教育教学问题，多接触新时代前沿思想，多研讨科研成果。同时，教师还应该注重理念与实践的融合，使新理念能够引导教育教学实践，从而促进教师自身专业发展。

（六）夯实专业基础

体育教师只有系统地学习专业的体育教学知识才能够使自己得到专业的发展。体育教师首先要了解基础的体育知识，具备良好的体育运动技能。为了使体育教学更加专业化，体育教师还必须全面地掌握体育领域的专业知识，并将这些专业知识理解透彻，从而获得更加专业的体育教学知识和体育教学技能，而且还能为以后的体育专业理论研究打下坚实的基础。

体育教师必须要系统地、全面地了解并理解透彻体育领域的知识，这样才能够保证在教学活动中可以向学生准确传递体育知识。体育教师具备了专业的体育知识才能够按照学生的学习能力进行教材的选择，才能丰富体育教学的内容，使学生可以提高学习兴趣，集中注意力，牢固地掌握体育专业知识和技能。体育教师具备专业的体育知识还能够通过自己的主观能动性，将体育知识串联起来，在教学时调动专业知识，完成系统的体育教学活动。

由于体育这一学科的教学活动具有操作性，所以体育教师在进行教学活动时也要教授学生操作性知识。体育教师不仅需要具备丰富的、专业的体育理论知识，还需要具备体育运动技能和强健的身体，并且教学的时候要在开阔的场地进行。体育学科跟其他科目有很大差异，不仅包括体育理论部分，还包括体育实践部分。体育教师学到更深层次的专业知识，可以加深自己对体育理论和技能的理解程度，并用这些理论知识帮助自己进行科学的体育锻炼，而这种科学的锻炼方式又能反过来帮助教师理解体育理论知识。只有将体育理论和体育实践合理结合起来，体育教师才能最终掌握体育领域的专业知识。所以，体育教师只有勤学苦练，不断地夯实自己的专业基础，才能把握体育技术的发展规律和教学特点，成为一名合格的体育教师。

（七）注重职后继续教育

大多数体育教师都对继续教育有一定的需求，这就要求继续教育机构必须组织多样的培训班，以适应不同体育教师的需求，使体育教师获得继续教育的机会。各个学校也可以根据学校教师的需求，设置不同类型的培训班，吸引教师来学习。同时，培训班还可以与其他教育机构合作，使教师可以去其他地方获得更好的教育资源。体育教师通过继续教育会发现这种教育机会可以帮助他们更明确自己的职业发展道路。继续教育机构要具备教育环境和大量资金，还要建立全面的教育制度，这样才能保证继续教育机构可以拥有开展教育的能力。学校需要按照教师的实际情况分类，开展适合不同教师的继续教育，使体育教师在接受教育时获得更专业的体育知识和体育技能。

（八）注重精神激励

强化老师的精神激励，提升老师对体育老师的职业认同感。"尊师重教"是我国的优良传统，学校教学中要大力弘扬尊师重教的优良传统。体育学科旨在提升学生的身体素质，磨砺学生意志。体育学科属于基础性学科。学校管理过程中应该宣传体育教学的重要性和意义，提升家长、学生对体育学科的重视程度，积极宣传体育学科的重要性，提升老师的职业获得感。最后，学校管理过程中要充分的尊重体育老师，给予体育老师充足的话语权，以此来不断提升高中体育老师对自身职业的认同，以激发专业发展的内动力。

(九) 制定专业规划

体育教师需要剖析自身的优势和缺点,根据自己的特质制定体育专业规划,将自己逐渐变成一个专业的体育教师。体育教师的需要同时发展自己的体育思想和体育技能,需要根据自己所在学校对体育教师和体育教学的要求对自己制定计划,研究自己将来要如何提高体育教学的专业度。体育教师需要清楚自己在校内的职责和义务,也要明确自己发展的目标,根据这些信息,制定一些大大小小的目标,并努力学习和锻炼,及时调整自己的体育专业规划,以适应学校教学目标的变化。除此之外,教师也要发挥自己的主观能动性,及时发现并解决自己在教学活动中出现的问题,推动自己教学质量的提高。体育教师在进行教学活动时,要及时发现自己的错误,进行更正,还要学会吸收教学中产生的教学成果,充分理解该成果,并为自己的教学活动积累经验。

(十) 网络远程教育

网络远程教育打破了地域和时间等因素对教育普及的羁绊,将大量的信息资源融合,实现教育资源共享,是教育培训功能的一种延伸。由于其教学组织过程具有开放性、交互性、协作性、自主性等特点,所以说网络远程教育是一种以受训者为中心的教育形式。通过网络课堂,一线教师有了听专家、名师讲课的机会;通过在线培训,教师有了业余时间自修深造的机会。网络远程教育为教师提供了在多种时间、地点、环境下进行学习的机会,使有限的教育资源辐射到了更多的学校和地区,使学习教育更加人性化。

总之,体育教师的专业化不仅是社会发展与社会分工的需要,而且是与终身教育及终身体育的发展趋势相契合的。顺应世界体育教师培养的发展趋势与潮流,是我国体育教师教育改革的努力方向。体育教师专业化是深化学校体育改革的建设路径,走教师专业化之路,不断提高我国体育教师的专业化水平,是新世纪我国学校体育改革和发展的必然趋势。

第三节 体育教师嗓音训练

一、呼吸调节训练

呼吸时，呼吸的快慢和强度很重要。体育教师需要训练自己的呼吸活动，不然就无法带领学生进行体育运动。锻炼呼吸的时候，可以借助有气味的东西帮助自己锻炼呼吸活动。教师要学会控制呼吸的频率和强度，这样才能为体育锻炼打好正确呼吸的基础。许多体育运动都有助于呼吸的调节。教师可以采用跑步的形式调节呼吸，在跑步时保持正确的呼吸强度和节奏，放缓呼吸，掌握正确呼吸的方法。教师还可以采用数数的方式调节呼吸。首先要闭气，然后在脑中数数，达到几秒钟后吐气。要重复练习，不断增加闭气的时间，使肺活量增加，还能使呼吸更平缓，从而获得控制呼吸的能力。

二、共鸣训练

体育教师要在空旷的场地教学，经常需要大声讲课，这样会导致嗓子受损，嗓音不再嘹亮。教师要想获得嘹亮的嗓音需要学习如何正确发声，而不建议利用喇叭等物品放大声音。

1. 认识共鸣腔

共鸣腔的主要组成部分是人体的胸腔、口腔和头腔。人们可以学会科学地使用共鸣腔，科学地控制发声音量和呼吸速度。

2. 科学训练共鸣

体育教师要注重训练共鸣腔。

首先，要学会打开共鸣腔。体育教师可以进行打哈欠的动作训练来打开共鸣腔。人们打哈欠时，会放松自己的喉咙，打开口腔，同时还会深呼吸，这样就会打开共鸣腔。体育教师可以经常模拟打哈欠来打开共鸣腔，从而为发声打好基础。

其次，体育教师需要练习共鸣，可以通过发声来练习。体育教师可以先平缓地吸入空气，再呼出气体，呼出时发出声音来，感受发音时嗓部肌肉的状态。在学会共鸣的基础上，不断练习。

体育教师上课时，要合理地用共鸣腔发声，时间久了，自然而然就掌握了科学使用共鸣腔发声的技巧。体育教师学会共鸣发声后，能够在不伤嗓子的前提下，使全班同学都能听到自己讲课的内容。

三、吐字训练

要真正准确地咬字、吐字，达到字正腔圆、情真意切，必须依据汉语声、韵、调的固有特点，掌握"说"机能的四要素：咬、吐、走、收。遵循字头要有弹性和爆发力、字腹要夸大、拉长、字尾要送到位的原则。运用恰当的语气、语调、语势来紧密配合。

第一，"咬"要有"咬上劲"的感觉，字的发音清晰度依赖字头适度的力量。咬字集中于门牙正中间，嘴唇三分之一处，一般以哼鸣音作为起音，有由上向下的抛物感。

第二，"吐"要有"吐得出"的效果。主要来自唇、齿、舌三个部位，舌尖弹、唇喷、牙啃有较强的冲击力和爆发力。

第三，"走"要有"走"起来"荡"起来的感觉。在"咬"和"吐"的基础上，在气息的支持下，字的韵母明亮、集中、高位置地"走"起来。此时口腔要有一定开度，有张开喉咙和咽壁站定的能力。气息通过上口盖冲击到硬腭前部，以气托声，伸缩、强弱的走动。

第四，"收"要收尾、归韵的能力，力求轻巧、清晰、柔和。收音做到准确而不下掉、不松散、不漏气。练习时重点要放在"咬"和"收"上，做到咬而不死、收而不僵，力用在一头一尾上。要注意字头发音部位靠前、字腹的发音部位靠后。口咽腔前面咬字部位要经常变化，而咽喉部位始终要保持开的状态，确保声音连贯、通畅。在语言、语音、吐字、咬字上不要违反自然，不要做作，力求发音的准确性，做到口齿清晰，吐字清楚，声音饱满。

四、声音控制

正确认识共鸣腔并不断练习控制共鸣能力可以使体育教师不费力气地发出嘹亮的声音。体育课的场地较大，学生上体育课的人数较多，而体育教师必须让学生听到自己讲话的内容，这就导致体育教师不得不学会控制声音，放大声音。教师需要适度控制自己的声音，尽量在自己嗓子能承受的范围内放大声音，不要嘶吼，重视自己的嗓子，适当吃一些对嗓子好的食物，经过长期的讲课过程渐渐学会在自己的舒适区放大声音，使学生可以清晰听到教师的声音。

第四节 体育教师职业技能训练

一、体育教师职业技能训练的原则

体育教师职业技能是指体育教师在体育教育教学实践过程中，通过练习、训练，形成并巩固下来的迅速、准确、流畅、熟练地完成体育教育教学任务的一系列行为及智力活动方式的总称。体育教师职业技能是一门以技能训练为主的实践性很强的课程，在教学与训练过程中，应遵循以下原则。

（一）直观性与示范性相统一的原则

直观指用感官直接感受或直接观察，这是人们获得感性知识的唯一途径。针对体育教师职业技能训练实践性与可操作性较为突出的特点，在教学与训练过程中，要特别强调直观性与示范性。教师的一言一行、一举一动都给学生最直观的感受，都应成为运用体育教师职业技能的典范。说话要准确标准，板书要规范美观，示范要清晰。在进行技能教学时，要提供电视录像示范，为学生提供形象直观的经验。实践表明，在体育教师职业技能的教学和训练中，若能贯彻好直观性与示范性相统一的原则，增加直观性教学的内容，推出示范性的楷模，就能为学生提供更多的实践机会，使学生在直观的感知中轻松掌握教师应具备的职业技能。

（二）导练与自练相一致的原则

体育教师职业技能是一门以培养学生的实践能力为主的技能训练课，更应该强调在教师指导下的自觉练习。要有鲁班学艺的精神，锲而不舍，循序渐进，科学求实，持之以恒。技能的掌握是靠练习得来的。比如吹哨，听教师示范觉得很简单，可到了自己动口时才知道并不容易。所以在体育教学与训练中，一定要坚持导练与自练相一致的原则，教师的导练只起一个引路作用，关键还在学生自己。

（三）技能训练与相关课程相配合的原则

体育教师要想得到全面发展，具备优秀的体育素养，需要各方面的培养。

体育学科可以细分为各个不同的门类，每个门类之间都是相互协调的。体育教师职业技能课要与其他课程密切配合，才能较好地实现教学目的。同时，密切结合本地经济建设实际水平、教育发展实际情况、教师实际能力、学生实际水平，有的放矢地进行各种技能的训练。其他各门课程也要与体育教师职业技能课密切配合，统筹安排，全面地、系统地调整课程门类间的要素及其相互关系，组合成优化的体育教师职业技能结构体系，提高其整体功能，才能使学习体育专业的学生的职业技能得到全面、充分、和谐的发展。

二、体育教师职业技能训练的作用

（一）对有效教育的作用

在体育教育进行时，体育教师需要向学生讲授专业的体育知识，这个过程是复杂的过程，需要教师与学生之间的双向互动才能进行下去，需要教师与学生之间的思想和情感互相产生作用。体育教师的教学总目标是育人。体育教师必须具有崇高的职业道德和全面系统的体育专业知识以及对学生的关爱之情，这样才能完成体育教学活动。对于学生而言，体育教师不仅会向自己传授体育方面的专业知识，而且还是一个有能力的榜样。学生有时就像是教师的镜子，会照应出教师的特点。因此，体育教师必须具备良好的职业素养，成为学生的学习榜样，这样也有利于提高学生的学习兴趣，获得专业的体育知识。

（二）对体育教学成效的作用

具有良好的体育教学能力的体育教师，对学生产生的影响是很大的且是正面的。体育教师如果具有崇高的职业道德和良好的生活习惯，会对学生产生多方面的积极影响，会使学生也具有良好的生活习惯和品行。体育教师以身作则，能够有力教育学生，帮助学生形成良好的品德，获得专业的体育知识。一个不学无术的体育教师无法教会学生学到专业的体育知识和技能，一个思想品德败坏的体育教师也无法教导学生成为品德高尚的人。如果有一个品行优良的体育教师，具备踏实、善良、勇敢、正直等良好品性，就可以通过自己的言行举止，将学生也变成正直善良的人。如果体育教师不具备专业的体育知识和技能，也不会及时调整自己的教学方式，就会减弱自己对学生言传身教的作用。每一位体育教师都应该具备教育教学技能，这样才能保证体育教学活动对学生是有积极作用的。

（三）对运动技能训练的作用

我国各个学校开展体育教学的目的之一，是为了使学生获得专业的体育运动的技能和知识。学校各门体育学科的教学都有相应的培养技能，这些技能多是动作技能，但有些是智力技能，有些是两种技能兼有的。体育教师的一言一行、一举一动都给学生最直观的感受，都应成为运用教师职业技能的典范。为了实现教学目标中对学生进行基本运动技能技巧的训练的要求，体育教师说话要标准规范，演示要次序井然。作为体育教师要实现这些教育目标，就必须具有熟练的体育教师职业技能，只有这样才有可能对学生进行运动技能训练。

三、体育教师职业技能的具体训练

（一）语言技能训练

1. 准确、精练、简洁

准确简明的语言，是体育教师必备的基本功。体育教师如何运用准确简洁的语言，将诸多的知识信息按照一定的顺序、层次、条理输送给学生是十分重要的。教师在运用语言时，要经过反复、仔细的推敲，词语要经过慎重选择，力求做到重点突出，条理分明，由易到难，由浅入深。绝不允许颠三倒四，力戒废话和语病。由于体育教学是以身体练习为主的教学形式，为了完成教学任务，教师不可能，也不允许长篇大论，尤其在学生练习时，更不宜经常中断练习停下来让学生听讲。所以体育教师的教学语言就务必准确简洁。准确是指语言的科学性。教师运用准确的语言表述术语讲解动作要领，阐明概念，这有利于引导学生把握动作要领，提高练习效果。

2. 生动、形象、具体

教学语言只是精练通畅、简洁明白还不够，还应具有生动性和形象性，既简明活泼、具体形象，又逼真有趣、通俗易懂、深入浅出。生动形象是语言艺术性的主要特征，也是语言直观作用的要求。这就要求教师首先要善于运用语言艺术，能引人入胜，善于联系实际，恰当举例，把深奥的事理形象化，由近及远，由具体到抽象，把技术动作的概念、要领和过程变成生动形象的语言，引起学生丰富的联想和深入思考，使学生从感性认识上升到理性认识。

为了使体育课上得生龙活虎，朝气蓬勃，表现出体育运动的特点，充分调动学生的主观能动性和积极性，体育教师在教学过程中要通过生动形象的语言激发学生的想象力和创造力。通过生动形象的语言使学生对未见未闻的东西产生感性认识，在头脑中建立生动的运动表象，这对学生掌握运动技术动作、完成教学任务、提高教学效率都具有十分重要的意义。体育教师要使自己的讲话生动，就必须增强语言的形象性。所谓形象性，就是能够使人如临其境，如闻其声，如见其人。体育教师通常可以通过使用修辞手法，来增强语言的形象性。

绝大多数的体育教材，都具有强烈的生活气息，在客观上给体育教学的讲解提供了丰富的、生动的、形象的语言基础。教师语言运用巧妙，不仅有助于提高学生对技术动作的理解能力，而且也易于激发其学习的积极性，使他们记得牢、想得到、联得广、兴致高。语无伦次，呆板生硬，重复啰唆的语言，不仅使学生难领会要领，而且还容易分散学生的注意力，甚至使学生对上体育课产生厌烦和反感的情绪。

3. 注重情感，富于启发

教师的语言必须富于情感，情是语言的结果，又是语言的先导。要使讲话生动，必须增强语言的感情色彩。感情色彩浓厚的语言，有强烈感人的力量，而语言的感情色彩，又来源于教师的思想感情。教师的语言富于情感，会使学生产生感情共鸣，也会使学生心领神会。

在体育教学中，对学生进行思想教育时，更需要注意语言的情感。体育教师要善于发现问题，抓住时机，动之以情，喻之以理，语重心长，亲切诚恳，把教书和育人水乳交融、自然巧妙地结合起来。

此外，体育教师还可以引用一些成语、格言，使语言更富有启发性。

4. 注重体态语言的运用

进行体育教学的时候，教师和学生之间可以通过对话等有声形式相互交流，也可以通过双方的体态语言进行交流。体态语言不仅包括手势等肢体语言，还包括人的表情和神态等面部语言。体育教师在进行体育教学时，可以借助体态语言辅助讲解体育专业知识理论，提高学生学习体育专业知识和技能的兴趣，加深学生对于体育知识的印象。人类的动作包含着独特的含义。如在很多国家，摇头表示否定，点头表示赞同，昂首表示振作，侧首表示询问。手是人体最灵活、最丰富的表情器官之一，不同的手势、造型也可起到表情达意的作用。体育教师在进行体育教学时，会向学生示范如何做正确的动作，这就属于体态语言。体育教师的动作示范能够使学生直观地看到动作结构，懂得如何做正确的动作。体育教师有时候会遇到一些很难做出来的动作，这时可以用人类丰富的体态动作向学生进行比划，加快对动作技术的领会。

(二) 讲解技能训练

1. 要求

（1）讲解要有目的性

讲解的目的要明确具体。教师要根据一节课的教学目的，明确每一段讲解内容的目标。"在知识上让学生学会什么，学到什么程度，在技能上让学生学会什么"，这是教师在讲课时要考虑的首要问题。教师一定要明确：讲解是启发学生思维，而不是代替学生思维。

（2）讲解结构要明确

要在认真确定教学目标、分析教学的重点和难点、明确新旧知识相互联系的基础上，理顺知识结构之序、学生思维发展之序，提出系统化的关键问题，从而形成清晰的讲解框架。这样，易使讲解条理清楚，引起学生思考。

（3）讲解要有计划性

教师对讲解内容要有周密的计划，详尽的安排。首先要明确讲解内容的顺序，选用什么样的范例，先讲什么，后讲什么，怎样讲才能吸引学生，才能使学生接受和理解。其次，要考虑内容之间的联系，使讲解内容成为一个完整的、连贯的体系。这便于学生理解、记忆。最后，要考虑讲解与练习的衔接。讲练结合成功与否，是一节课的关键。

（4）讲解要突出引导性

在讲解过程中，要注意引导学生去思考、分析和概括，培养他们独立的、不轻易相信他人的意识，对任何事物、任何问题都要有自己的判断和独立的认识，注重教给学生学习方法，使他们会学、善学、乐学。

（5）讲解要有启发性

要把直观具体的现象、实例、事件，通过分析、综合和概括，升华为理性的概念和规律。要留有一定的思索余地，要把握好讲解的时机，对重要内容做本质论述时，应尽量创设良好的教学情境。

（6）讲解要有实例

例证是进行学习迁移的重要手段，它包括学生熟悉的生活实例和已学过的体育知识实例。例证能将熟悉的经验与新的知识和技能、原理和概念联系起来。举例的数量与质量（所举例子与概念之间的联系）要调整好，要做透彻的分析。

2. 注意事项

（1）认真钻研教材，分析授课内容，确定讲解要点，避免面面俱到、模糊笼统的讲解。

(2) 要考虑课前后之间、课与课之间、体育课与其他学科之间的联系，力争做到循序渐进，承前启后，相互渗透。

(3) 选择符合授课内容的讲解类型，根据课的不同部分、所授课时的内容特点，变化讲解方式，集中、小组、个别讲解互相配合，体现讲解的多样性。

(4) 讲解前必须明确讲解内容的范围、重点、难点以及与学生已有知识的联系，使讲解过程更集中明了，并且建立在一种知识发展的逻辑必然之中。

(5) 讲解时，要在学生掌握的全部知识储备中将与课程问题有关的部分抽取出来，作为引导、启发讲解的知识起点，促使学生运用已有知识对课程问题进行思考。如果学生不能很好地解决问题，教师再作详细的讲解。

(6) 教师要寻找最恰当的讲解形式，以便使讲解过程更有效率。

(7) 讲解要简洁精练，抓住要点，保证学生有足够的练习时间。

(8) 讲解要使全体学生都能听见，避免使用学生不懂的专业术语和词汇。

(9) 讲解要与其他教学技能相结合，提高讲解的直观性、生动性、形象性和趣味性。

(三) 示范技能训练

1. 动作示范要有明确的目的

示范是直观教学的一种主要形式。教师在做每一个技术示范动作之前，都要有明确的目的。为什么示范，什么时候示范，先示范什么，后示范什么，怎样示范，都要做到心中有数。在具体示范中要让学生观察什么，重点看什么，都要向学生讲清楚。比如，体育教师在讲授运动动作时，可以先让学生观看自己是如何运动的，使学生了解运动的正确动作。然后，体育教师再将完整的运动动作进行分解，放慢速度讲解重点动作或是动作难点。体育教师应当先做一个完整的示范，然后再讲解重要的几个动作，使学生不仅能形成完整动作的印象，而且还能牢牢记住重要的动作要领，提高自己的运动技能水平。

在教学的不同阶段，教师所采用的示范应有所不同。教师无论采用哪种示范的方法，目的一定要明确。以建立完整的动作概念为目的时，需要运用完整示范；以掌握技术动作的某一环节为目的时，可采用分解示范；以纠正错误动作为目的时，可采用正误对比示范。

2. 示范动作要正确、美观

正确是指示范动作要严格按动作技术的规格要求完成，以保证学生建立正确的动作表象；美观是指示范动作的生动和美观，以保证示范动作可以引起学生的学习兴趣。体育教学中，教师的示范动作应做到正确、熟练、轻快、美观,这样不仅可以使学生建立清晰的动作表象,还可以激发学生的学习热情,提高学习兴趣。

3. 示范的位置和方向要便于学生观察

体育教师对学生进行示范是为了展示正确的运动过程,所以整个运动过程要让学生看清楚。体育教师在进行示范之前,不仅要做对动作,而且还要找对示范的位置。体育教师找示范位置的时候,不仅要考虑学生能够看到的位置,还要考虑示范位置的距离不要太近,对学生造成影响。比如,体育教师为学生示范武术动作时,应当站在距离学生不远不近的位置,将学生排成横队,方便学生观看。又如跳远时,必须采用侧面示范,这样可以使学生看到单腿起跳、踏跳的准确技术动作。

4. 示范与讲解要有机结合

示范与讲解是体育教学中不可分割的一个整体,只有示范没有讲解,学生只能看到一个具体的动作形象;只有讲解没有示范,学生也只能获得一个抽象的概念,因此,只有将示范与讲解有机地结合起来,才能更好地发挥作用。示范与讲解的配合方式有先示范后讲解、先讲解后示范、边讲解边示范、边讲解边示范边练习等。在体育教学中选用哪种示范讲解的配合方式,应根据教学的具体情况、所学动作的难易程度及学生的年龄、心理特点等来确定。

体育教师教授体育运动技能时,应当根据学生的学习情况进行多次示范,并且要突出动作的重点。体育教师可以先教授知识点再向学生示范动作,也可以先向学生示范动作,再讲解动作要领。

总的来说,体育教师教学时,需要讲授重点动作,也需要亲自为学生示范,二者缺一不可。教师在教课时,需要向学生多多示范,加深学生对于正确的运动动作的印象,这样才能使得学生不会做错误的运动动作。

(四)诊断纠正错误技能训练

1. 要求

(1)要求教师自身熟练掌握正确动作

体育教师经常用亲身示范的教学方法教课,这样可以给学生直观的感受,使学生可以跟随教师的节奏一起做出正确的动作,加深学生对正确动作的印象。教师的示范作用很重要。教师需要确保自己做的动作是对的,这样学生学到的动作才不会出错。体育教师为学生示范动作的方式是生动形象的,能够调动学生的学习积极性,促使学生更快地学会如何做出正确的动作。

教师为学生做示范,能够提高学生学习新动作的效率。因此教师在教学起始就应尽力使学生掌握正确的动作,为了更好地掌握诊断纠正错误技能,教师需要从自身减少错误动作的产生，所以教师首先应要求自己熟练掌握所传授的知识。

（2）教师要善于观察，分析原因，对症下药

教师需要善于观察学生的动作，及时发现学生做的动作的问题，并及时告知学生，使学生的动作错误得到及时纠正。体育教师在纠正学生的动作时，需要分析学生为何做了错误动作，再去合理安排练习，使学生彻底明白正确的动作是什么，从而加深对正确动作的印象。

体育教师如果发现有的动作错误是学生都有的错误，那么就要重新示范，组织学生重新练习。体育教师要对每一个学生进行关照，及时发现学生的错误，耐心纠正这些错误，并安排学生重新练习，彻底教会学生正确的动作。

（3）纠正错误要主次分明，循序渐进

纠正错误动作必须首先抓住主要方面。所谓主要的错误是相对于构成动作的某些环节而言，它在很大程度上直接关系完成动作的成功与失败，动作掌握的优与劣。在教学过程中，有时改正一个错误动作比学习一个新动作还要困难，因此对于一些主要的错误动作的纠正要及时。

实践表明，学生学习动作时产生的主要错误有时可能不止一个。在这种情况下，要注意纠正错误动作的主次。教师要善于确定顺序，让学生一个一个地去克服，不要同时要求克服多个错误，使学生无所适从。

（4）多种纠错方法综合运用

体育教师不仅要学会运用诊断纠正错误方法，还要学会同时运用多种方法进行教学活动，只有这样，才能有效提高教学质量。体育教师在使用诊断纠正错误方法时，还要辅助运用其他方法，全面地教授学生运动知识和技能。有些学生犯错较少，那么只需要体育教师提醒就可以。而有些学生犯错较多，那么体育教师就应该采用有效方式纠正学生的错误。如果学生还是没学会正确动作，就应当暂停学生的练习活动，否则，学生一直做错误动作的话，后期很难被纠正回来。

（5）对待学生要耐心细致，循循善诱

体育教师指出学生的错误动作后，要及时纠正，这个过程中，教师要对学生有耐心，一点一点地讲解每个动作，分析学生为何做错。体育教师要根据学生的学习进度教学，当学生学习吃力时，要帮助学生分析问题，使学生可以顺利学到体育技能。

2. 诊断纠正错误技能的注意事项

（1）要注意纠正错误动作的主次。诊断纠错时要分清产生错误的原因，抓住主要矛盾，对症下药。主要错误纠正了，很多随之产生的错误动作也会

消失。

（2）教师在纠错过程中应注意对共性的错误要进行集体纠正，不具有共性的错误最好进行个别纠正，同时要注意把具有共性的主要错误进行解决纠正，不要急于求成。

（3）教师要注意自己的用词、心态，避免使用过激语言。对学生的错误多次纠正而效果不好时，教师不能指责学生或丧失对学生的信心，而要静下心来考虑是否有其他纠正方法，再去指导学生。

（4）引导学生多想多练，自主纠错。避免教师讲得多，学生想得少的情况发生。

（五）结课技能训练

1. 精心设计，追求实效

体育课结课时内容多、时间短，因此体育教师要精心设计课的结束环节，切不可认为结束部分只是简单的过渡，而忽视对结束部分的设计。结束部分设计包括整理活动设计、概括要点设计、总结点评设计、组织队形设计等，教师应根据教学内容的性质和要求、学生的认知特点和理解情况、具体的课堂教学情景、教学规律及教学原则与教学方法的要求，使学生在尽量短的时间内达到放松身心、领会要点、接受思想道德教育等目标，结课方式做到科学选用、高效突出、力求创新。

2. 语言简练，紧扣主题

结束时对要点的概括是为了让学生更快、更好地理解记忆，教师要抓住动作的重点、难点，采用准确简练的语言加以总结归纳，给学生以深刻的印象，不要把概括要点与动作讲解混为一谈。对学生的点评不要"胡子眉毛一把抓"，要紧紧抓住学生的闪光点、出现的最主要问题，言简意赅地进行表扬和批评，达到教育学生的目的。

3. 师生共评，激励为主

结束阶段教师要对课堂教学进行全面的、综合的分析评价，要给学生留有发表自己意见和建议的机会，使教师及时获得最佳的信息反馈，培养学生自我评价、相互评价的能力，评价必须正确、公正、全面、客观，方法要恰当，应以表扬、鼓励为主。

4. 组织严密，按时下课

教师要准确把握课堂教学的进程和时间，合理安排结束部分的内容，教学组织严密，避免因整队、讲解而造成时间上的浪费。此外，教师还应尽量做到按时下课。是否能按时结束课是反映教师教学计划、组织工作是否得当的标志之一。体育课既不能虎头蛇尾草率收场,也不能前紧后松,为拖延时间而随心所欲地生拉硬扯一些与教学内容不相关的活动来应付,等着下课。

5. 作业布置,系统科学

课外作业是培养学生终身体育锻炼的意识和行为的重要途径,教师要根据学生年龄、身体素质发展的敏感期、教学内容、季节特点等,有计划、有目的地布置课外作业,做到科学、系统、全面地发展学生的体能和技能,使学生养成良好的体育锻炼习惯。

参考文献

[1] 安基华,李博士.体育教学理论与实证研究[M].长春:吉林人民出版社,2019.

[2] 蔡金明.体育教学技能训练[M].哈尔滨:哈尔滨工业大学出版社,2017.

[3] 曹垚.现代体育教学理论与实践训练探索[M].长春:吉林人民出版社,2020.

[4] 查毅.体育教学设计与实践研究[M].长春:吉林文史出版社,2019.

[5] 陈蕾.慕课背景下的高校体育教学改革探究[J].科技资讯,2019(32).

[6] 陈炜,黄芸.体育教学与模式创新[M].北京:光明日报出版社,2016.

[7] 陈轩昂.新时期高校体育教学的改革与发展[M].北京:航空工业出版社,2019.

[8] 陈玉群.体育教学改革与发展历程的动态研究[M].北京:光明日报出版社,2016.

[9] 陈玉群.体育教学研究[M].北京:光明日报出版社,2016.

[10] 戴信言.高校体育教学多种模式的探索[M].中国原子能出版社,2016.

[11] 高家良,郝子平.体育教学理论与实践创新研究[M].西安:西北工业大学出版社,2020.

[12] 顾长海.现代运动训练理论与实践研究[M].上海:同济大学出版社,2018.

[13] 郭道全,魏富民,肖勤主,等.现代高校体育教学概论[M].北京:中国商务出版社,2015.

[14] 侯峰.慕课背景下高校体育教学改革研究[J].科技资讯,2020(20).

[15] 胡建文.信息技术与高效体育教学模式融合研究[M].长春:吉林出版集团股份有限公司,2021.

[16] 胡磊.慕课语境下的体育教学改革探析[J].才智,2017(15).

[17] 吉丽娜，李磊. 高校体育教学与训练理论实践探究［M］. 北京：地质出版社，2017.

[18] 贾振勇. 体育教学改革与实践应用探［M］. 北京：新华出版社，2018.

[19] 姜玉玲，刘排. 翻转课堂引入高校体育教学的价值及实施策略［J］. 当代体育科技，2022，12（13）.

[20] 焦延歌，巫坤亚. 体育教学理论与实践研究［M］. 北京：中国言实出版社，2017.

[21] 金俊. 体育教学方法及教学技能探究［M］. 北京：研究出版社，2020.

[22] 孔凌鹤，马腾. 现代体育教学的多维分析与创新研究［M］. 北京：中国商务出版社，2016.

[23] 李晶. 高校体育翻转课堂的教学困境与应对策略研究［J］. 当代体育科技，2021，11（18）.

[24] 李利华，邢海军，谢佳. 体育教学思维创新与运动实践研究［M］. 南昌：江西高校出版社，2019.

[25] 李蓉. 体育教学中智慧课堂的构建及实施研究［J］. 灌篮，2021（5）.

[26] 李婷婷，刘琦，原宗鑫. 现代学校体育教学理论与方法［M］. 长春：吉林人民出版社，2020.

[27] 李玮宁，周学，刘晶，韩雪. 翻转课堂在学校体育教学改革中的价值探析及实施策略［J］. 视界观，2020（13.

[28] 李小宝，徐永生，王丽华，黄锦. 高校体育教学改革中微课建设的应用分析［J］. 电脑迷，2018（3）.

[29] 李雪. "智慧课堂"下的体育教学应用探究［J］. 基础教育论坛，2021（30）.

[30] 李鹰. 体育教学方略［M］. 上海：上海教育出版社，2012.

[31] 李芝兰. 基于翻转课堂模式探究体育教学改革［J］. 当代体育科技，2018（32）.

[32] 林国庆. 基于智慧课堂的体育教学策略与应用［J］. 内江科技，2018（5）.

[33] 刘少华. 微课教学模式下体育教学方法的改革策略探索［J］. 新教育时代电子杂志（教师版），2018（27）.

[34] 逯春梅. 谈微课教学对体育教学改革的影响［J］. 活力，2019（2）.

[35] 吕伯文. 基于翻转课堂的体育教学改革与实践［J］. 知识文库，2020（15）.

[36] 罗家弘，何寄峤. 浅谈高校体育教学方法的改革途径［J］. 才智，2015

（28）．

［37］罗江波．高校智慧体育课堂的价值分析及模式研究［J］．当代体育科技，2022，12（9）．

［38］罗茜，单保海，朱岩．智慧课堂在体育教学中的应用研究［J］．休闲，2019（2）．

［39］马鹏涛．高校体育教学改革创新与科学化训练研究［M］．北京：新华出版社，2018．

［40］马尚奎，李俊勇．体育教学导论［M］．长春：吉林人民出版社，2016．

［41］马顺江．互联网+教育背景下高校体育教学创新思路研究［M］．沈阳：辽宁大学出版社，2021．

［42］马腾，孔凌鹤．现代体育教学改革与信息化发展研究［M］．北京：中国商业出版社，2018．

［43］孟国荣，张华，李士荣．基础体能训练方法解析［M］．哈尔滨：哈尔滨地图出版社，2009．

［44］邱伯聪，潘春辉，钟伟宏．体育多元教学论［M］．长春：吉林人民出版社，2020．

［45］冉会．翻转课堂模式运用在体育课堂的有效策略研究［J］．运动精品，2021，40（3）．

［46］邵伟德．学校体育学理论与教改探索［M］．北京：北京体育大学出版社，2002．

［47］沈建敏．体育教学创新与运动训练研［M］．北京：新华出版社，2018．

［48］宋军．高校体育保健课与体育教学［M］．成都：四川大学出版社，2018．

［49］宋骞．高校体育教学方法的改革探究［J］．当代体育科技，2014（21）．

［50］宋子祺．高校智慧体育课堂的推广困境与对策研究［J］．林区教学，2021（10）．

［51］苏巍徐崔华．体育教学科研与实践［M］．上海：同济大学出版社，2020．

［52］孙存占．体育教学与健康教育［M］．南昌：江西高校出版社，2019．

［53］体育教学技能训练［M］．成都：电子科技大学出版社，2019．

［54］王丹．体育教学的理论与实践探索［M］．北京：北京理工大学出版社，2019．

［55］王刚，张德斌，崔巍．体育教学管理与模式创新［M］．延吉：延边大学出版社，2019．

［56］王惠．高校体育教学方法研究［M］．北京：光明日报出版社，2016.

［57］王鲁克．体育教学技能［M］．北京：人民体育出版社，2014.

［58］王玮．智慧学习环境对高校体育教学改革的影响分析［J］．科教导刊（电子版），2021（13）.

［59］王志昂．基于翻转课堂的体育教学模式改革研究［J］．当代旅游，2018（11）.

［60］韦勇兵，申云霞，汤先军．体育教学与运动技能分析［M］．长春：吉林人民出版社，2019.

［61］吴江．体育教学与文化融合［M］．北京：冶金工业出版社，2015.

［62］夏越．现代高校体育教学研究［M］．北京：北京理工大学出版社，2019.

［63］向政．高校体育教学方法改革与创新［M］．北京：光明日报出版社，2016.

［64］肖艳丽，臧科运，薛敏．我国体育课程价值取向研究［M］．西安：陕西科学技术出版社，2020.

［65］谢宾，王新光，时春梅．高校体育教学与运动训练研究［M］．长春：吉林人民出版社，2021.

［66］许斌，戴永冠．俱乐部制体育教学体系的理论与实践研究：以广东工业大学为例［J］．广州体育学院学报，2009（4）.

［67］许冬明．"翻转课堂"下大学体育教学改革路径分析［J］．黑河学院学报，2018（4）.

［68］薛文忠，杨萍．健康、传承、弘扬［M］．长春：东北师范大学出版社，2019.

［69］闫叶．疫情常态化下高校智慧体育课堂的实施路径探究［J］．文体用品与科技，2022，4（4）.

［70］杨春越，林柔伟，蒋文梅．体育教学设计与实践［M］．延吉：延边大学出版社，2017.

［71］杨雪芹，赵泽顺．体育教学设计［M］．桂林：广西师范大学出版社，2014.

［72］杨艳生．体育教学改革与创新实践研究［M］．长春：吉林人民出版社，2021.

［73］杨卓．现代运动训练内容分析与创新方法研究［M］．北京：中国商务出版社，2018.

［74］叶应满，王洪，韩学民．现代运动训练的理论分析与科学方法研究

[M]．成都：电子科技大学出版社，2017．

［75］殷娅娜．浅谈智慧课堂在体育教学中的合理应用［J］．新教育时代电子杂志（学生版），2020（47）．

［76］应文．基于慕课理念的高校体育教学改革及实践探索［J］．科学咨询（教育科研），2020（6）．

［77］袁静．微课在体育教学中的应用［M］．中国原子能出版社，2016．

［78］张建福．基于智慧课堂的体育教学策略与应用［J］．高考，2021（29）．

［79］张京杭．高校体育教学方法实践探索［M］．北京：现代出版社，2019．

［80］张坤．慕课教学对当前大学体育教学改革的启示［J］．当代体育科技，2018（12）．

［81］张训．微课教学模式下体育教学方法的改革策略探索［J］．产业与科技论坛，2017（7）．

［82］张艳．高校体育教学与体育竞赛活动研究［M］．北京：北京工业大学出版社，2018．

［83］张英波．现代体能训练方法［M］．北京：北京体育大学出版社，2006．

［84］张子俊．高校体育"翻转课堂"模式构建分析［J］．文体用品与科技，2021（4）．

［85］赵琦．体能训练理论与方法［M］．南京：东南大学出版社，2017．

［86］周春娟．高校体育教学的影响因素分析与改革探索［M］．青岛：中国海洋大学出版社，2018．

［87］周遵琴．高校体育教学改革与发展［M］．成都：电子科技大学出版社，2015．